高等职业教育公共基础课系列教材

就业与创业指导

主　编　张成刚
副主编　王美珍　周福栋

电子工业出版社
Publishing House of Electronics Industry
北京·BEIJING

内 容 简 介

本书涉及就业与创业两部分内容，共 8 个单元，具体如下：单元一"宏观形势与人才需求"；单元二"职业生涯规划与决策"；单元三"职业能力与职场适应"；单元四"求职准备与面试技巧"；单元五"就业流程与劳动保护"；单元六"创新创业与机会把握"；单元七"创业准备与创业实施"；单元八"初创企业管理与发展"。本书案例丰富，引用了就业与创业实例，贴近生活；适用性强，具有可操作性的知识；时代性强，案例涉及求职过程中遇到的实际问题；注重创新，提供了翔实的创业教育模式和相关实践。

未经许可，不得以任何方式复制或抄袭本书之部分或全部内容。
版权所有，侵权必究。

图书在版编目（CIP）数据

就业与创业指导 / 张成刚主编．—北京：电子工业出版社，2022.9
ISBN 978-7-121-37556-9

Ⅰ．①就… Ⅱ．①张… Ⅲ．①大学生－职业选择－高等学校－教材 Ⅳ．① G647.38

中国版本图书馆 CIP 数据核字（2021）第 270525 号

责任编辑：胡辛征
印　　刷：三河市良远印务有限公司
装　　订：三河市良远印务有限公司
出版发行：电子工业出版社
　　　　　北京市海淀区万寿路 173 信箱　　邮编 100036
开　　本：787×1092　1/16　印张：18.5　字数：444 千字
版　　次：2022 年 9 月第 1 版
印　　次：2022 年 9 月第 1 次印刷
定　　价：55.00 元

凡所购买电子工业出版社图书有缺损问题，请向购买书店调换。若书店售缺，请与本社发行部联系，联系及邮购电话：（010）88254888，88258888。
质量投诉请发邮件至 zlts@phei.com.cn，盗版侵权举报请发邮件至 dbqq@phei.com.cn。
本书咨询联系方式：（010）88254361 或 hxz@phei.com.cn。

前　言

人有恒业，方有恒心。党的二十大报告指出："实施就业优先战略。就业是最基本的民生。强化就业优先政策，健全就业促进机制，促进高质量充分就业。"这是全面建设社会主义现代化国家的内在要求，也是践行以人民为中心的发展思想、扎实推进共同富裕的重要基础。

改革开放40多年以来，特别是党的十八大以来，我国就业工作发生了历史性变革、取得了历史性成就，走出了一条中国特色就业发展道路，向更高质量、更充分就业不断迈进。党的十八大以来的十年，我国就业局势保持总体稳定，在14亿多人口的大国实现了比较充分的就业。城乡就业格局发生历史性改变，城镇新增就业年均超过1300万人，2021年城镇就业人员占比超过六成，比2012年提高了13.8个百分点。同时，就业结构不断优化，第三产业吸纳就业能力增强，从业人员占比从2012年的36%提升到2021年的48%。失业水平保持低位，城镇调查失业率总体低于预期控制目标。

当前，我国进入新发展阶段，国内外经济环境快速变化，劳动力供求和就业市场挑战不断，完善促进创业带动就业的保障制度，支持和规范发展新就业形态，健全劳动法律法规，完善劳动关系协商协调机制，完善劳动者权益保障制度变得十分重要。国务院印发的《"十四五"就业促进规划》（以下简称《规划》）提出，聚焦高校毕业生等重点群体，坚持市场化社会化就业与政府帮扶相结合，促进多渠道就业创业。该《规划》对持续做好高校毕业生就业工作做出如下部署。一是拓宽高校毕业生市场化社会化就业渠道。结合国家重大战略布局、现代产业体系建设、中小企业创新发展，创造更多有利于发挥高校毕业生专长和智力优势的知识技术型就业岗位。健全激励保障机制，畅通成长发展通道，引导高校毕业生到中西部、东北、艰苦边远地区和城乡基层就业。围绕乡村振兴战略，服务乡村建设行动和基层治理，扩大基层教育、医疗卫生、社区服务、农业技术等领域就业空间。为有意愿、有能力的高校毕业生创新创业提供资金、场地和技术等多层次支持。二是强化高校毕业生就业服务。健全校内校外资源协同共享的高校毕业生就业服务体系，完善多元化服务机制，将留学回国毕业生及时纳入公共就业人才服务范围。加强职业生涯教育和就业创业指导，加大就业实习见习实践组织力度，开展大规模、高质量高校毕业生职业技能培训，提高高校毕业生就业能力。实施常态化高校毕业生就业信息服务，精准组织线上线下就业服务活动，举办行业性、区域性、专业性专场招聘，加强户籍地、求职地、学籍地政策服务协同，提高供需匹配效率。对离校未就业高校毕业生开展实名制帮扶，健全困难高

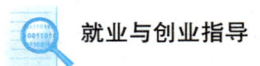

校毕业生就业援助机制。强化择业就业观念引导，推动高校毕业生积极理性就业。开展"最美基层高校毕业生"学习宣传活动。

高职毕业生走出校门后，有的选择"逃离北上广"，有的选择"留在大城市闯一闯"，有的投身"双创"的时代浪潮，还有的选择投身乡村振兴，到祖国最需要的地方去就业。每个选择都值得尊重，每场青春都应该闪亮。如何通过职业指导教学引导他们择己所爱，择己所长，择世所需，最大限度发挥个人的潜力，为社会创造最大价值，是摆在当前学校就业工作者面前的重大课题。

为此，我们共同编写了《就业与创业指导》一书。本书从学生实际生活和劳动力市场实际需求出发，贯彻"用身边事教育身边人"的理念，从宏观形势与人才需求角度切入，系统地介绍了职业生涯规划知识，力求帮助学生认识自我，提高职业能力与职场适应性，树立技能成才的职业理想，引导学生做好求职准备与掌握面试技巧，遵循就业流程，在职场中懂得自我保护，行有余力则积极创业，通过创业带动更多人就业，为人人出彩提供可能。

本书由张成刚（首都经济贸易大学）担任主编，王美珍（成都工贸职业技术学院）、周福栋（南京信息职业技术学院）担任副主编。在编写过程中，编者参考和引用了国内外专家、研究者的有关著作、论文和科研成果，在此表示诚挚的感谢！由于编者水平有限，错漏在所难免，恳请读者批评指正，以便修订。

编　者

目　　录

单元一　宏观形势与人才需求 1
  1.1　关注就业与创业政策 2
    一、就业是民生之本 2
    二、职业院校毕业生就业与创业政策 4
  1.2　分析就业形势 9
    一、宏观就业形势 10
    二、区域就业形势 11
    三、大学生面临的就业形势 12
    四、就业市场解读 14
  1.3　端正就业观念 17
    一、就业观念的种类 18
    二、树立正确的就业观念 19
    三、高职毕业生应树立什么样的就业观念 20
    四、树立技能成才的职业理想 22

单元二　职业生涯规划与决策 29
  2.1　探索职业世界 30
    一、劳动分工催生了职业 31
    二、职业在不断发展变迁 32
    三、现代规范化的职业 34
    四、产业、行业与职业 36
  2.2　评估职业自我 40
    一、职业兴趣 41
    二、职业性格 44
    三、职业能力 46
    四、实现职业价值 48
  2.3　职业生涯规划 55
    一、职业生涯规划的内容 56

		二、职业生涯规划的方法	59
	2.4	明确就业方向	66
		一、找准就业定位	66
		二、就业选择的方法	68

单元三	职业能力与职场适应		73
	3.1	遵守职业道德规范	74
		一、职业道德的含义	75
		二、职业道德的特征	75
		三、职业道德的功能	76
		四、职业道德的内容	77
		五、职业道德与行业道德	78
	3.2	提高个人职业素养	81
		一、职业素养的意义	82
		二、职业素养及其相近概念	82
		三、素质冰山模型	84
		四、职业素养的构成要素	87
		五、提高职业素养的方向	88
	3.3	提升岗位胜任能力	91
		一、岗位及岗位构成要素	92
		二、岗位胜任能力及其内容	94
		三、提升岗位胜任能力的方法	97
	3.4	促进职场生活适应	100
		一、学生角色与职业角色的区别	101
		二、从学生角色向职业角色的转变	102
		三、适应职业生活	103
		四、应对职场挫折与压力	106
		五、创业型企业的职业适应	107

单元四	求职准备与面试技巧		113
	4.1	收集就业信息	114
		一、就业信息的收集渠道	115
		二、科学处理就业信息	117
	4.2	准备求职材料	121
		一、求职材料概述	122

二、求职信	122
三、个人简历	124
四、就业推荐表	129
五、求职手册的制作	131
4.3 调整就业心态	**137**
一、做好就业前的心理准备工作	138
二、就业过程中常见的心理问题	139
三、就业心理问题的解决	142
4.4 熟悉职场礼仪	**146**
一、职场礼仪	146
二、职场礼仪的类型	147
三、职场礼仪禁忌	150
4.5 掌握面试技巧	**155**
一、掌握面试技巧的必要性	156
二、面试的常见形式	156
三、面试中常见问题的回答技巧	157
四、面试的注意事项	160
五、面试仪容礼仪常识	162
4.6 规避求职陷阱	**169**
一、常见的求职陷阱及其危害	170
二、求职陷阱的应对措施	171

单元五 就业流程与劳动保护 175

5.1 遵循就业程序 176
一、就业管理与服务部门参与就业工作 177
二、用人单位的招聘程序 178
三、毕业生的就业程序 179
四、就业协议书的签订 181
五、承担违约金的规定 181

5.2 签订与解除劳动合同 183
一、就业协议书与劳动合同的区别 183
二、劳动合同的种类 184
三、劳动合同的内容 185
四、订立劳动合同的程序 186
五、解除劳动合同的规定 187

5.3 保护就业权益 190
　　一、毕业生的权利与义务 191
　　二、就业权益保护相关法律法规 193
　　三、劳动维权注意事项 196
　　四、职业健康保护 198
　　五、女职工的劳动保护 198

单元六　创新创业与机会把握 201
6.1 培养创新意识 202
　　一、创新意识简介 203
　　二、影响创新意识产生的环境因素 205
　　三、创新意识的培养 206
6.2 培养创业精神 210
　　一、创业精神的定义 211
　　二、创业精神的基本特征 213
　　三、培养创业精神的基本途径 213
　　四、创业精神五要素 214
　　五、创业项目分析 216
6.3 分析创业环境和创业机会 220
　　一、创业环境 221
　　二、大学生自主创业的环境分析 222
　　三、把握创业机会 224

单元七　创业准备与创业实施 231
7.1 选择创业项目与模式 232
　　一、创业企业的分类 233
　　二、创业项目的选择 233
　　三、创业模式 234
7.2 创业资源整合 237
　　一、创业资源 238
　　二、梳理创业资源 238
7.3 准备创业计划 242
　　一、创业计划书的作用 243
　　二、创业的基本流程 243
　　三、创业计划书的制作 245

　　　　四、创业计划书的撰写 246
7.4　实施创业计划 250
　　　　一、项目市场调查 250
　　　　二、筹措启动资金 251
　　　　三、选址开业 252

单元八　初创企业管理与发展 255
8.1　营销与管理 256
　　　　一、开展市场营销 257
　　　　二、初创企业管理 263
8.2　财务风险管控 268
　　　　一、财务管理 269
　　　　二、财务风险控制 271
8.3　企业文化建设 278
　　　　一、企业文化的作用 278
　　　　二、企业文化建设的主要内容 279
　　　　三、企业创始人与企业文化的形成 281
　　　　四、企业文化的传承与发展 282

参考文献 284

单元一　宏观形势与人才需求

引导语

就业是最大的民生，只有解决好就业问题，才能实现社会长治久安，才能实现劳动者安居乐业。职业院校毕业生是技能人才的中坚力量，其背后是无数个家庭殷切的期待和希望支撑，如果这个群体就业质量不高，那么势必造成沉重的家庭负担和社会问题。

党的二十大报告提出，"实施就业优先战略。就业是最基本的民生。强化就业优先政策，健全就业促进机制，促进高质量充分就业。健全就业公共服务体系，完善重点群体就业支持体系，加强困难群体就业兜底帮扶。统筹城乡就业政策体系，破除妨碍劳动力、人才流动的体制和政策弊端，消除影响平等就业的不合理限制和就业歧视，使人人都有通过勤奋劳动实现自身发展的机会。健全终身职业技能培训制度，推动解决结构性就业矛盾。完善促进创业带动就业的保障制度，支持和规范发展新就业形态。健全劳动法律法规，完善劳动关系协商协调机制，完善劳动者权益保障制度，加强灵活就业和新就业形态劳动者权益保障"。

"高质量充分就业"是新时代我国就业的新愿景。为了让职业院校学生对就业政策和就业形势有所了解，本单元将介绍我国的就业与创业政策，以及当前的就业形势。

单元学习目标

1. 知晓职业院校毕业生就业与创业相关政策；
2. 端正就业观念，认识技能人才发展优势；
3. 能够分清职业理想和理想职业；
4. 能够感知区域经济社会发展对技能人才的需求；
5. 能够结合自身情况探索就业方向。

1.1 关注就业与创业政策

 学习目标

1. 能够认识到就业与创业政策对个人的意义；
2. 能够梳理和理解就业与创业的关系；
3. 能够根据国家政策规划个人生涯发展。

 **导入案例**

身残志坚的暖心客服

在网购盛行的今天，相信大家对客服并不陌生。客服是随着线上交易的不断发展而产生的新兴职业。小杨在成都某职业院校就读数控技术专业，毕业后成了一名客服。小杨因为患有小儿麻痹症而落下残疾，腿脚不是很灵便，虽然生活可以自理，但是走路非常慢。他立志提高自己的文化水平，以便将来能够自食其力，不给家庭增加负担。因此，他在学校学习技术的过程中，虽然不能像其他同学一样熟练地操作各种机器设备，但是各门课程他都学得很好。他上课从来没有迟到过，学校举办的各种活动也都积极参加，从来不用辅导员操心。在顺利毕业后，小杨通过学校的推荐找到了一份非常适合他的工作——客服。他每天都认真工作，耐心地处理所有售后问题，他的工作得到了同事们的认可，每个月也能拿到足够自己生活的薪水，不用家人担心。

【启示】就业是民生之本，没有稳定的经济来源，就不能维持个人生存，对身体残疾的小杨来说更是如此。国家为了促进残疾人就业，对集中雇用残疾人的用人单位给予优惠政策，也制定了具体的扶持措施，为残疾人就业创造了条件。

 **应知应会**

一、就业是民生之本

（一）就业是最大的民生

就业是民生之本、稳定之基、发展之要、安邦之策。就业是最大的民生，也是经济社会发展最基本的支撑。没有稳定的就业，就没有稳定的经济来源，就不能维持个人生存，就谈不上民生。就业不仅是生存的经济基础，也是人们融入社会、共享发展成果的前提，关系着千家万户的生活。

稳定就业就是稳定社会，调整经济结构、推进供给侧结构性改革才有稳定的环境。实现稳定就业、充分就业，既是发展的条件，也是发展的标志。稳定就业、充分就业，是对民生真正的重视，是对稳定有效的保障，是对发展本质的要求，是对社会重大的责任。

> **议一议**
>
> 在近年来的政府工作报告中，多次提到要对高职院校实施扩招。扩招可以让更多青年凭借一技之长实现人生价值。从就业的角度来看，这会给职业院校的毕业生带来什么影响？

（二）创业带动就业

在我国经济发展新常态下，就业总量压力依然存在，就业结构性矛盾更加凸显。面对新的就业形势，必须着力培育大众创业、万众创新的新引擎，继续坚持扩大就业发展战略，深入实施更加积极的就业政策，把创业与就业结合起来，以创业创新带动就业，催生经济社会发展新动力，为促进民生改善、经济结构调整和社会和谐稳定提供新动能。

随着职业院校毕业生人数的持续攀升，就业形势日益严峻。鼓励创业是缓解当前就业压力的有效途径，是毕业生全面发展、自我实现的需要，有利于培养创新精神、创业意识、创新创业能力和艰苦奋斗的作风，有利于促进中小企业的快速发展，有利于催生社会经济发展的新动力，促进社会不断发展。

2021年8月国务院印发的《"十四五"就业促进规划》提出，到2025年要实现的目标之一是"创业带动就业动能持续释放。创业引领作用更加凸显，对高质量就业的带动能力不断增强。创业环境更加优化，政策服务体系更加完备，创业机会更多、渠道更广，更多人可以通过创业实现人生价值"。

> **找一找**
>
> 在我们身边有这样一批人：他们从职业院校毕业后，立足基层就业，从一线做起，依靠自己的勤奋和努力，在工作岗位上踏踏实实钻研技术、锻炼技能，逐渐成长为技能高手和企业骨干，成长为"企业爱将"和"大国工匠"，甚至成为行业明星与楷模。你能列举出哪些人？他们在哪些领域"独领风骚"？

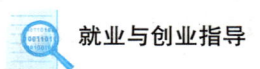

二、职业院校毕业生就业与创业政策

（一）就业与创业的宏观政策

党的十八大报告指出，"要贯彻劳动者自主就业、市场调节就业、政府促进就业和鼓励创业的方针，实施就业优先战略和更加积极的就业政策"。党的十九大报告指出，"保障和改善民生要抓住人民最关心最直接最现实的利益问题，既尽力而为，又量力而行，一件事情接着一件事情办，一年接着一年干。坚持人人尽责、人人享有，坚守底线、突出重点、完善制度、引导预期，完善公共服务体系，保障群众基本生活，不断满足人民日益增长的美好生活需要，不断促进社会公平正义，形成有效的社会治理、良好的社会秩序，使人民获得感、幸福感、安全感更加充实、更有保障、更可持续"。党的十九大报告还指出，"要坚持就业优先战略和积极就业政策，实现更高质量和更充分就业。大规模开展职业技能培训，注重解决结构性就业矛盾，鼓励创业带动就业。提供全方位公共就业服务，促进高校毕业生等青年群体、农民工多渠道就业创业。破除妨碍劳动力、人才社会性流动的体制机制弊端，使人人都有通过辛勤劳动实现自身发展的机会"。

党的二十大报告指出，"实施就业优先战略。就业是最基本的民生。强化就业优先政策，健全就业促进机制，促进高质量充分就业。健全就业公共服务体系，完善重点群体就业支持体系，加强困难群体就业兜底帮扶。统筹城乡就业政策体系，破除妨碍劳动力、人才流动的体制和政策弊端，消除影响平等就业的不合理限制和就业歧视，使人人都有通过勤奋劳动实现自身发展的机会。健全终身职业技能培训制度，推动解决结构性就业矛盾。完善促进创业带动就业的保障制度，支持和规范发展新就业形态。健全劳动法律法规，完善劳动关系协商协调机制，完善劳动者权益保障制度，加强灵活就业和新就业形态劳动者权益保障"。

我国坚定不移地实施就业优先战略和人才优先发展战略，把实施积极的就业政策摆在更加突出的位置，贯彻劳动者自主就业、市场调节就业、政府促进就业和鼓励创业的方针，不断提升劳动者素质，强化各类政策协同机制、优化社会资本带动机制、完善就业创业服务机制、健全劳动关系协调机制、构建就业形势综合监测机制，实现比较充分和更高质量的就业，为全面建成小康社会提供强大支撑。

2019年1月24日，国务院印发《国家职业教育改革实施方案》，把职业教育摆在教育改革创新和经济社会发展中更加突出的位置，明确指出，"牢固树立新发展理念，服务建设现代化经济体系和实现更高质量更充分就业需要，对接科技发展趋势和市场需求，完善职业教育和培训体系，优化学校、专业布局，深化办学体制改革和育人机制改革，以促进就业和适应产业发展需求为导向，鼓励和支持社会各界特别是企业积极支持职业教育，着力培养高素质劳动者和技术技能人才"。

查一查

表 1-1 所示为部分就业与创业政策文件，请大家查询阅览，如果你知道更多，请分享给大家。

表 1-1 部分就业与创业政策文件

序号	文件	编号
1	《教育部办公厅关于进一步做好高校毕业生就业创业工作的通知》	教学厅〔2016〕5 号
2	《中共中央办公厅 国务院办公厅印发〈关于进一步引导和鼓励高校毕业生到基层工作的意见〉》	中办发〔2016〕79 号
3	《教育部关于贯彻落实中央文件精神进一步引导和鼓励高校毕业生到基层工作的通知》	教学〔2017〕3 号
4	《国务院关于做好当前和今后一个时期促进就业工作的若干意见》	国发〔2018〕39 号
5	《国务院关于印发国家职业教育改革实施方案的通知》	国发〔2019〕4 号
6	《国务院办公厅转发人力资源社会保障部等部门关于促进以创业带动就业工作指导意见的通知》	国办发〔2008〕111 号
7	《国务院办公厅关于深化高等学校创新创业教育改革的实施意见》	国办发〔2015〕36 号
8	《国务院关于大力推进大众创业万众创新若干政策措施的意见》	国发〔2015〕32 号
9	《国务院关于印发"十三五"促进就业规划的通知》	国发〔2017〕10 号
10	《国务院关于推动创新创业高质量发展打造"双创"升级版的意见》	国发〔2018〕32 号
11	《国务院关于进一步做好稳就业工作的意见》	国发〔2019〕28 号
12	《国务院办公厅关于支持多渠道灵活就业的意见》	国办发〔2020〕27 号
13	《国务院关于印发"十四五"就业促进规划的通知》	国发〔2021〕14 号
14	《国务院办公厅关于进一步支持大学生创新创业的指导意见》	国办发〔2021〕35 号

（二）多渠道、多形式就业鼓励政策

1. 到基层和一线就业

相关部门要进一步完善并落实毕业生到基层就业学费补偿贷款代偿、考研加分等优惠政策，继续组织实施好"特岗计划""三支一扶""大学生志愿服务西部计划"等基层就业项目，要围绕乡村振兴战略，引导毕业生到现代农业生产、经营等领域就业与创业；鼓励毕业生到文化创意、健康养老、服务外包等现代服务业就业与创业，以及到社会组织就业、到部队建功立业。

2. 到中小微企业就业

相关部门要鼓励和促进毕业生到实体经济行业就业，充分发挥中小微企业吸纳毕业生就业的主渠道作用；要积极落实中小微企业吸纳毕业生的社保补贴、培训补贴、降税减费等优惠政策。

3. 服务国家战略开拓岗位

相关部门要主动对接国家经济社会发展的人才需要，围绕京津冀协同发展、长江经济带发展、海南自贸试验区建设等，引导毕业生到重点地区、重大工程、重大项目、重要领域就业；鼓励毕业生到艰苦边远地区就业与创业。

4. 拓展新兴业态就业空间

职业院校毕业生要结合学科专业特色，主动对接以技术集成和商业模式创新为特点的新业态人才需求，充分利用平台经济、众包经济、共享经济、数字经济等新业态，实现多元化就业。

> **查一查**
>
> 国家鼓励普通高等学校学生入伍服义务兵役，他们可以享受哪些优惠政策呢？请在表1-2的基础上查询并分享。

表1-2　部分高等学校学生应征入伍政策文件

序号	文件	编号
1	《教育部 总参谋部关于印发〈应征入伍普通高等学校录取新生保留入学资格及退役后入学办法（试行）〉的通知》	教学〔2013〕8号
2	《财政部 教育部 总参谋部关于印发〈高等学校学生应征入伍服义务兵役国家资助办法〉的通知》	财教〔2013〕236号
3	《关于对直接招收为士官的高等学校学生施行国家资助的通知》	财教〔2015〕462号

（三）毕业生创业优惠政策

我国相关部门出台了一系列毕业生创业优惠政策。针对自主创业，《高校毕业生等青年就业创业政策汇编（2023年）》提出：

"高校毕业生自主创业可参加创业培训，申请获得培训补贴。

"可得到资金支持，免收有关行政事业性收费，享受税收优惠政策，申请一次性创业补贴，申请最高20万元的创业担保贷款，由财政给予贴息，合伙创业的还可适当提高贷款额度。

"可在公共创业服务机构享受创业服务，获得咨询辅导、政策落实、融资服务等服务，政府投资开发的孵化基地等创业载体还会安排一定比例场地，免费向高校毕业生提供。

"高校毕业生灵活就业的，可申请获得社会保险补贴。"

议一议

毕业后自主创业是很多毕业生的梦想和追求。请大家议一议，你们想进行哪方面的创业？创业过程中会面临哪些困难和问题？目前，你们为以后的创业在做哪些准备？

 总结案例

奋斗的人生，一定会成为赢家

赵家繁 18 岁考入湖北科技职业学院，作为一名通信工程专业的大学生，他立志利用自己所学的专业知识，借助互联网工具来帮助乡民解决"苗木信息"极度不对称问题。他和技术团队在学校实验室苦熬一个多月，研发出了名为"林木种苗"的 App 和"网站的苗木交易供需信息对接平台"，并将它们通过行业展会、苗场直播、电商平台广泛地在苗木市场上进行推广，促成了江夏区 300 多户乡民通过网络卖出树木 80 余万棵，创收 200 余万元，他也挣得人生第一桶金。

2017 年退伍返校后，他开始在电子商务领域二次创业，后来成立了武汉市出彩裳映文化传媒公司。为了将公司尽快推上正轨，积累起自己的模特团队和客户资源，他和他的团队走上街头，去各学校门口发传单找模特，在服装城一家一家上门拜访找客户，同时在网上寻找优秀的大流量服装网店，打听了地址他就带领团队直接上门拜访，满足客户的个性化需求。在异地创业，又要兼顾学业，赵家繁被称为"飞行达人"。

2019 年，他的创业行为得到了共青团中央青年发展部的肯定，获得了"2018 年大学生创业英雄 100 强"荣誉称号，成为湖北省上榜的唯一一名高职院校在校生。

【启示】赵家繁的成功，离不开他进入大学时立下的志向，也应了那句谚语——"只要功夫深，铁杵磨成针"。赵家繁的两个创业项目，不仅为自己赢得了丰厚的回报，还为社会创造了就业机会，其中第一个创业项目还解决了乡民的现实问题。

了解身边的创业政策

目标：收集创业扶持和优惠政策。

时间：课余时间。

活动要求：通过调研，收集学校及所在地政府出台的鼓励创新创业的政策文件及具体举措，班级同学间交流并整理汇总。

思 考 与 讨 论

1. 如何理解党的二十大报告中提出的"促进高质量充分就业"？
2. 在校大学生该如何应对"大众创业万众创新"的时代要求？

单元一 宏观形势与人才需求

1.2 分析就业形势

1. 能够积极关注近年来的就业形势；
2. 能够主动了解并分析自己所学专业近三年的就业情况；
3. 能够做好应对新形势的相应准备。

访谈："用工荒""就业难"并存成常态

光明智库： 就业市场上"用工荒""就业难"共存的怪象连续多年引发网友关注。这种现象是如何产生的？

蔡昉（著名经济学家）： 准确地说，"用工荒""就业难"并不是同时存在的两种分割现象，而是同一种现象的两种表现，这是劳动力市场上的常态。企业有用工需求，劳动者有就业意愿，而中间有两个因素阻断了供求双方，使其匹配起来较困难。一是结构性因素。劳动力市场虽然存在空缺，但劳动者的技能与岗位需求不适应，劳动者需经培训才能实现人岗匹配，在这段时间里，他们处于结构性失业状态。二是摩擦性因素。由于信息传递不畅通和市场功能的局限，劳动者与岗位之间的衔接有时间上的迟滞，有一段时间这些人处于摩擦性失业状态。这就是需要实施积极的就业政策，提高供求双方的匹配程度。从时间角度来看，可以预计有些岗位会逐渐消失，而有些岗位会被创造出来。着眼于长远，综合性、通识性的人力资本更具韧性和持久性。因此，要鼓励潜在的劳动者接受更多通识教育，以获得适应就业形势的技能。

莫荣（中国劳动和社会保障科学研究院院长）： 当前，我国处于新旧动能转换、技术进步加速的转型期，产业转型升级所需的高层次研发人员、高技能工人和创新型复合人才不足，部分新成长劳动力的实践能力还难以跟上市场变化。在经济下行压力下，受固定资产投资增速放缓、原材料价格上涨等因素影响，吸收大量劳动力就业的中小企业面临生产经营困难局面，稳岗压力或进一步加大。

曾湘泉（中国人民大学劳动人事学院教授，中国就业研究所所长）： "用工荒""就业难"并存是我国就业市场结构性矛盾的突出表现，造成这一现象的原因是多方面的。一是受劳动力供给"滞后效应"的影响，就业市场总体供求发生较大变化。据国家统计局相关数据，自2012年起，我国劳动年龄人口数量和比重连续7年出现双降。二是高等院校招

- 9 -

生人数扩张，并且一些学生的技能难以适应就业要求，"就业难"的压力持续上升。

（资料来源：就业形势怎么看－光明日报－光明网，有改动）

【启示】从人群来看，农民工、大学毕业生、退役军人受多重因素叠加的影响，会在一定程度上面临就业难题。但大学毕业生具有年龄优势，善于学习新技能，是未来劳动主力军。一方面，国家实施公共就业帮扶政策；另一方面，大学毕业生要主动学习，早日走上理想的工作岗位。

一、宏观就业形势

"十四五"时期，就业领域出现了许多新变化新趋势。人口结构与经济结构深度调整，劳动力供求两侧均发生较大变化，产业转型升级、技术进步对劳动者技能素质提出了更高要求，人才培养培训不适应市场需求的现象进一步加剧，"就业难"与"招工难"并存，结构性就业矛盾更加突出，逐步成为就业领域主要矛盾。尽管从2012年开始我国劳动人口到达峰值后便开始下降，但劳动力总量仍在高位运行，就业形势依然严峻，就业任务依然艰巨。部分企业"招工难"与部分劳动者"就业难"状况并存的就业结构性矛盾依然存在。

（一）挑战：结构性失业风险加大

"十三五"时期，经济结构和产业结构调整进入关键期，就业结构调整面临更大不确定性，结构性失业风险明显增大。中国经济已经逐渐转变成为服务业主导的经济形态，依靠土地、房地产、基础设施等大规模投资的增长模式正在失去动力，依靠廉价劳动力、资源等的粗放型产业加快淘汰，经济结构和产业结构的变化也导致就业结构的转变。

"十四五"时期，我国产业结构将加速转型升级，难以避免会对这一时期的就业工作带来影响。城镇就业压力依然较大，促进高校毕业生等重点群体就业任务艰巨，在工业化、城镇化进程中，还有大量农村富余劳动力需要转移就业，规模性失业风险不容忽视。同时，就业歧视仍然存在，灵活就业人员和新就业形态劳动者权益保障亟待加强；人工智能等智能化技术加速应用，就业替代效应持续显现；国际环境日趋复杂，不稳定性不确定性明显增加，对就业的潜在冲击需警惕防范。总之，我国就业形势仍较严峻。

近年来，待就业群体屡创新高，灵活就业人员规模庞大，结构性矛盾依旧突出（出现"就业难"与"招工难"并存的尴尬困境）。

（二）机会：中高技能人才供不应求

未来，我国高技能人才队伍建设将面临以下困难：一是供求总量与结构性矛盾突出，二是经济社会发展过程中技能劳动者需求结构和形态特征不断变化。

由摩根大通支持和发起，清华大学和复旦大学合作完成的《中国劳动力市场技能缺口研究》称，中国正从产业链低端的"世界工厂"向高附加值产品的生产者过渡，对拥有中、高技能的劳动力的需求不断上升。数据显示，拥有一定职业资格等级的技能劳动者占全国就业人员总量的19%左右，高技能人才仅占5%。尤其在汽车、电子等高技术领域，专业技能人才的短缺更为严重。

中华人民共和国人力资源和社会保障部（简称人力资源和社会保障部）的数据显示，技术技能人才的求人倍率超过2，也就是说，一名技术技能人才至少对应2个岗位。我国"技工荒"问题突出，截至2020年年底，技能劳动者仅占就业人口总量的26%；"十三五"期间，高技能人才仅占技能人才总量的28%。随着我国发展质量效率提高、经济结构不断调整、产业转型升级，对高技能人才的需求将日益旺盛。

总之，近年来，受产业转型升级、用工成本上升等因素影响，企业对劳动者学历、素质、技能的要求明显提高，操作工等一般性岗位数量有所减少，"经营管理""高级技工"等技术型、高技能人才需求紧俏。

> **看一看**
>
> 2017年，中共中央、国务院印发《新时期产业工人队伍建设改革方案》，对提高技术工人待遇，实现多劳多得、技高者多得提出了明确要求。党的十九大报告提出，建设知识型、技能型、创新型劳动者大军，弘扬劳模精神和工匠精神，营造劳动光荣的社会风尚和精益求精的敬业风气。《关于提高技术工人待遇的意见》是为落实《新时期产业工人队伍建设改革方案》，创新技能导向的激励机制，进一步鼓励辛勤劳动、诚实劳动、创造性劳动，增强生产服务一线岗位对劳动者的吸引力，建设知识型、技能型、创新型劳动者大军，营造劳动光荣的社会风尚和精益求精的敬业风气，就提高技术工人待遇而提出的。

二、区域就业形势

国务院印发的《"十四五"就业促进规划》提出，提高区域就业承载力。

（一）推动区域就业协调发展

支持东部地区发挥创新要素集聚优势，率先实现产业升级，开拓高质量就业新领域，培育高质量就业增长极。加快完善中西部和东北地区基础设施，提升产业集聚区公

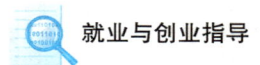

共服务效能，引导产业向中西部和东北地区有序梯度转移，推动就业机会向中西部和东北地区扩散。支持中西部和东北地区根据国家战略导向和发展重点，对接先进生产要素和创新资源，发展特色优势产业，改造提升传统产业，积极布局新兴产业，厚植就业创业沃土。

（二）实施特殊类型地区就业促进行动

健全巩固拓展脱贫攻坚成果长效机制，统筹各类政策资源，强化后续扶持，以脱贫地区为重点，支持欠发达地区因地制宜发展吸纳就业效果好的富民产业。支持革命老区、边境地区等发展本地特色产业，推进资源型地区加快培育发展接续替代产业，完善就地就近就业配套设施，做好边民、少数民族劳动者和失地农民、下岗矿工、停产企业员工等困难群体就业帮扶。对高失业率地区开展专项就业援助，针对性开发和推荐就业岗位，促进失业人员再就业。

（三）壮大县乡村促就业内生动力

深入推进新型城镇化和乡村振兴战略有效衔接，推动县乡村联动发展，促进产镇融合、产村一体，打造"一县一业""一乡一特""一村一品"经济圈，做好产业和就业帮扶。推进以县城为重要载体的城镇化建设，补短板强弱项，增强综合服务能力，促进绿色低碳发展，吸引各类生产要素向县城流动聚集，做大做强县域经济，扩大县城就业需求。支持乡镇提升服务功能，增加生产生活要素供给，为发展产业、带动就业创造良好条件，把乡镇建设成拉动农村劳动力就业的区域中心。完善农村一二三产业融合发展体系，丰富乡村经济业态，促进乡村产业多模式融合、多类型示范，打造乡村产业链供应链，加快乡村产业振兴步伐，培育乡村就业增长极。

国家为平衡区域就业机会采取了很多措施，各地也在吸纳毕业生回乡发展上推出了很多优惠政策，因此一些毕业生调整了自己的就业区域选择，不再局限于沿海等经济发达的地区，纷纷选择回到家乡谋求个人发展，为家乡的经济发展贡献一分力量。

三、大学生面临的就业形势

（一）就业压力增大

我国人口基数较大，需要就业的人员多。近年来，随着高校招生规模扩大，高等教育已步入大众化阶段，导致大学生就业压力增大。

（二）就业态势平稳

《2021年中国大学生就业报告》指出，2020届高职院校毕业生毕业半年后的就业率为90.9%，比2016届（91.5%）略低，其中"双高"院校就业率为93.0%，其他高职院校就业率为90.6%。2020届高职院校毕业生平均月收入为4253元，明显高于城镇居民2017年月均可支配收入（3652元）；就业满意度为69%；工作与专业相关度为63%，与2019届基本持平；毕业半年内的离职率由2016届的43%降至41%。2020届高职院校毕业生毕业半年后就业最多的行业为建筑行业，为11.4%，而就业比例增长最多的是教育行业，较2016届增长了2%。失业量较小，就业率、薪资和就业满意度综合较高的专业，也是需求增长型专业，相关行业随着市场的不断变化，对这些专业的毕业生需求在持续增长；而失业量较大，就业率、薪资和就业满意度综合较低的专业的毕业生可以适当调整就业方向。

另根据国家统计局估算，2020届大学毕业生中约有20.4万人选择创业。2020届大学毕业生半年后自主创业的比例为1.7%，2020届高职院校毕业生毕业半年后创业的比例为2.8%，高于本科毕业生（1.1%）。2017届高职院校毕业生毕业半年后自主创业的比例为3.8%，在毕业3年后自主创业的比例近乎翻番，达到7.5%。这说明一些毕业生选择了自主创业，但是毕业生自主创业面临的生存挑战仍在加剧，创业效果应从长评价。

在2020届高职院校毕业生的未就业人群中，大多数毕业生在继续找工作（52%），在处于未就业状态的毕业生中，有18%在"准备升学"，5%在"准备公务员考试"，3%在"参加职业技能培训"。

（三）部分大学生就业能力不足

当前在就业问题上，一些大学生实践能力不足、动手能力较差、知识面较窄，对企业实际了解甚少，对岗位的认知较少，不从自身条件和现实环境出发，自身定位不准，与社会要求错位。一些大学生的职业素养与企业的要求有一定的差距，不讲诚信，与人沟通协作的意识和能力不强。此外，一些大学生就业观念滞后，缺乏主动择业创业的积极性，对工作中可能出现的困难缺乏思想准备，具有较为强烈的求稳定、求舒适、求发展、求成长诉求，"等""靠""要"的思想存在，对就业的期望值很高。这些都对大学生的就业产生了不利的影响。一些大学生有焦虑、自卑、自负等心理障碍，这也成为他们顺利就业的阻碍。

一些大学生放缓了求职就业的步伐。2018年7月，中国青年报社社会调查中心联合问卷网，对2009名受访者进行的一项调查显示，72.9%的受访者周围有"慢就业"的大学生，62.4%的受访者认为大学生选择"慢就业"是因为还没将未来规划好。在部分被动"慢就业"的"待机族"中，存在不喜欢所学专业但又不知道喜欢什么、自身能力与职场要求不匹配、自身职业定位有偏差、内生动力不足等问题。

从实际情况来看，目前我国大学生的就业形势是不少就业岗位既存在"人找岗位"的现象，也存在"岗位找人"的现象。随着市场的不断变化，创业型企业增多，当下中小微企业已经成为吸纳大学生就业的主渠道，但是中小微企业在招聘大学生时都不同程度面临

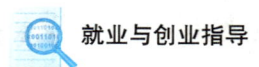

"招不来、留不住、待不长"的人力资源困境，许多中小微企业的招聘人员奔波于校园招聘、社会招聘，他们求贤若渴，却可能无人问津，连简历都收不到多少。

> **查一查**
>
> **青年就业面临的问题与挑战**
>
> 　　当前，我国青年就业形势总体稳定，但随着我国经济社会发展、技术快速进步和人口素质结构变化，青年就业面临新的问题和挑战，具体表现在以下方面。
>
> 　　第一，经济发展面临需求收缩、供给冲击、预期转弱三重压力，加上一些不确定因素的影响，在一定程度上抑制就业需求，青年作为新成长劳动力受影响较为明显。特别是高校毕业生群体就业总量压力较大，供给短时间内大规模增加，使得人力资源市场难以迅速消化。
>
> 　　第二，人工智能、机器人技术快速发展，其产生的就业替代效应不容忽视，虽然新技术推动各种新业态、新就业形式不断涌现，但在为广大青年提供更多新就业机会的同时，也存在不能保证就业或收入连续性、无法确保获得与工作相关的福利和保障等风险。
>
> 　　第三，随着产业转型升级的加速，就业结构性矛盾日益突出，没有技能的年轻人越来越难找到工作。高校毕业生就业专业匹配度不高、新生代农民工技能素质无法满足产业转型升级的需要等问题需要持续关注。
>
> 　　第四，受经济社会环境变化影响，青年劳动就业观念不断变化，参与就业、稳定就业的比重都有所下降，其职业期望和就业流向都出现新动向，越来越多的青年选择"躺平"，一些人宁可"啃老"也不愿意进入劳动力市场。

四、就业市场解读

　　今后一段时期，我国将坚持普惠性、保基本、均等化、可持续方向，围绕标准化、法制化、信息化，建立健全基本公共服务制度，提升基本公共服务能力，为群众提供更加方便快捷、优质高效的人力资源和社会保障基本公共服务。

　　在就业市场，我国已基本形成覆盖城乡的公共就业服务体系，并基本建成统一规范的公共就业服务制度。公共就业服务机构是由政府投资兴办的，提供免费就业服务的机构具有如下特征：一是由国家建立，在国家领导或监督下开展业务，国家给予充分的资金保障；二是垂直管理，上下形成网络，覆盖全国各地；三是工作人员队伍向专业化发展，并保持队伍相对稳定；四是为求职者和失业人员提供免费的就业服务，且向雇主提供的基本就业服务也免费。

　　自2011年以来，人力资源和社会保障部依托公共就业服务机构建立起了人力资源市场供求和企业用工情况分析报告制度。报告内容一般包括本地区人力资源市场供求变化情况、高校毕业生供求变化情况、监测企业用工变化情况及对本地区就业情况的总体判断和走势预测。

在了解周边就业形势的时候，要注意人力资源市场供求指数，如供求总量、供求结构、经济景气指数及预期指数、用工缺口率、招聘难易指数、企业员工平均工资，以全面、系统地了解本地人力资源市场供求状况和变动趋势。

供求总量、供求结构、经济景气指数及预期指数等反映了本地区总体的人力资源需求水平变动情况，不同行业、职业的人力资源需求变动，以及从现状和对未来的信心的角度预测本地区企事业单位的用人动向，从而有助于求职者针对需求信息做出更加理智的求职选择，也有助于政府和企业制定更符合市场趋势的人力资源策略。

用工缺口率、招聘难易指数、企业员工平均工资等是企业和劳动者都十分关心的，它们直接影响着企业的用工成本和劳动者的生活质量。企事业单位提供的招聘难易指数及岗位实际薪酬的变动情况，可以从宏观和微观层次反映出本地区的招聘和薪酬状况。

需求与供给是既相互独立又联系密切的两个方面，人力资源市场的主要作用是使需求与供给达到平衡。我们在分析就业形势的时候，应该加以综合考虑，从而判断较为宏观的就业环境。

 **总结案例**

爱岗、踏实的成都地铁人

毕小胡，成都某职业院校 2015 级数控技术专业的学生。在大学二年级的时候，学校和成都地铁合作组建了一个订单班，当时小胡觉得，毕业后不一定有更好的工作机会，于是抱着试试看的态度报名参加了订单班，一起去的还有同班的其他 5 位同学。进入订单班后，小胡和几位同学不仅要学习本专业的所有课程，还要利用业余时间参加地铁公司组织的培训。2018 年毕业后，小胡和几位同学进入成都地铁，在不同的岗位实习。小胡先做了三个月的站务实习生，随后成为正式员工进入站台岗。在站台岗的一年时间内，他利用休息时间努力学习，考取了客运值班员岗位，之后除忙日常工作外，他还在为晋升值班站长做准备。小胡对这份工作比较满意，工资虽然不是特别高，但是福利很好，也比较稳定，公司晋升的机会也比较多，随着岗位的晋升，收入也会相应提高。此外，和他一起去成都地铁的几位同学对工作也都比较满意，没有人离职。小胡表示非常感谢学校给予的工作机会。

【启示】在就业的道路上，同学们并不孤单，学校就业指导部门的教师们也在行动，他们在积极地与企业谈合作，开拓就业岗位，而且这些就业岗位大多是与同学们的专业相匹配的优质岗位，同学们在学校学习的同时，也要积极关注学校推荐的就业岗位，抓住机会。

活动与训练

分析区域就业形势

目标：分析自己拟就业区域的就业形势。

时间：课余时间。

活动要求：通过调研，分析自己拟就业区域的就业形势，班级同学间交流并整理汇总。大家可以登录人力资源和社会保障部专题网站查询中国劳动就业市场的动态数据。

思考与讨论

1. 造成高职院校毕业生就业困难的原因有哪些？
2. 分析自己所处的就业环境，和同学讨论如何寻找有利因素，避免不利因素。

1.3 端正就业观念

学习目标

1. 知晓就业观念的构成要素，并树立正确的就业观念；
2. 理解"职业理想"与"理想职业"的关系；
3. 能够描述工匠精神的内涵并自觉践行。

导入案例

转变观念，迈出就业第一步

彭某某，女，四川内江某职业院校会计专业毕业，一直想找一份与专业对口的工作，但是参加过几次本地现场招聘会均未被录用，处于失业迷茫状态。彭某某虽然取得了会计从业资格证书（曾经是会计岗位的"准入证"，2017年该证书被取消），但是达不到从事会计工作所需要的技能水平，而她本人就职意向比较单一，导致她毕业后仍未就业。对彭某某进行职业指导的思路是转变其就业观念，采用先就业后择业的策略，拓宽其就职意向的范围，先选择一份虽然不对口但是比较适合自己的工作先就业，这样既能满足个人生活所需，又可以积累工作经验，逐渐融入社会。鉴于彭某某对会计专业的钟爱，指导她对自己的会计职业生涯做一个合理的规划，制定近、中、远期目标，通过自学或者参加与会计相关的技能培训，分步考取初级会计职称（助理会计师）、中级会计职称（会计师）、高级会计职称（高级会计师）、注册会计师。另外，指导彭某某拓宽就业信息收集的渠道，除在本地寻求就业机会之外，还可以关注周边大城市的就业机会。最终，彭某某进入一家建材公司从事调度工作，她表示会利用业余时间实施自己的会计职业生涯发展计划，在提升自己会计专业能力的同时，也会关注本地及周边大城市的工作机会。就业观念转变了，彭某某不再迷茫了，有了奋斗的目标，生活开始充实起来。

（资料来源：中国公共招聘网，有改动）

【启示】面临毕业，高职毕业生要根据现有的工作机会梳理自己的知识、技能，选择自己能够胜任的岗位，做有针对性的求职准备，不能一味地找自己想从事的工作。大家要从实际出发，适时调整自己的就业观念，先就业再择业，这样可以在尽快融入社会的同时，满足个人的生活所需，从而不断完善自我，更好地服务社会、报效国家。

应知应会

一、就业观念的种类

就业观念指的是人们对某一特定职业的根本看法和态度,也是社会对从事某种专业工作人员的较为恒定的角色认定。就业观念是职业人所具有的意识,是人们对职业劳动的认识、评价、情感和态度等心理成分的综合反映,也是职业道德、职业操守、职业行为、职业表现等职业要素的总和,是全部职业行为的支配器和调控器。

就业观念由3个要素构成:维持生活、完善个性、服务社会。三者的地位和在人们心中所占的比例不同,会造成就业观念不同。另外,这些要素的组合也会构成不同的就业观念,包括职业地位观、职业待遇观、职业苦乐观等。

(一)职业地位观

持有这种就业观念的人希望获得较高的社会地位,看重别人的尊重和自己的名声。因此,他们在工作中会努力争取机会锻炼、表现自己,对有益于提升自己社会地位的工作,积极、专注、用心。一般来说,他们重视学习、努力提升自己,并且目标明确、重视利用资源。但是,由于他们过于追求名声,在追逐名利的过程中,思维会变得狭窄,有时会向现实妥协,丧失自己的原则。

(二)职业待遇观

重视收入的人追求殷实富足的生活,利润意识强,因此有较强的工作动力,不介意工作强度和工作环境等因素。但是,他们有可能因为缺乏长远的眼光而急功近利。一些毕业生在职业选择上存在着思想误区,对薪酬、职位、地域等工作条件的要求过高,导致职业定位存在偏差。有的毕业生倾向在大城市工作,而忽略中小城市,导致大城市存在"扎堆"现象。同时,许多毕业生的职业规划意识较为薄弱,导致就业的难度提升。

(三)职业苦乐观

希望在工作中得到自我价值提升的人,往往希望工作中不断出现新的、具有一定难度的任务,以更好地发挥其能力。因此,他们在工作中会苦中作乐,把完成高难度的任务当作一种成就,并且能力提升或晋升的速度会很快,他们的自信心和效能感也会逐渐增强。但是,如果过于重视工作内容的挑战性,个体对工作内容可能会比较挑剔,一般的、简单的、常规的工作不会引起他们的重视,因此可能会出现怠慢的现象,这样不利于职场新人最初的发展。

> **想一想**
>
> 经过多年的学校学习和技能训练，就要走上工作岗位了，你是否思考过：为什么要工作？是否可以接受到中小城市的一线岗位工作？按照自己目前的技能水平，应该获得什么样的薪酬？

二、树立正确的就业观念

（一）就业观念影响择业者的择业意向

就业观念决定着择业者对职业的认识和评价。每个择业者都在自觉或不自觉地以某种就业观念指导自己选择职业的行为。人们生活、学习环境的不同，如教师、家长对职业的认识不同，社会择业指导水平的差别等，都影响着择业者，使他们产生不同的择业方向、不同的职业行为。有的人择业方向正确，有的人却进入误区；有的人在职场中成绩卓著，有的人却毫无作为，甚至屡次在择业竞争中失败。

（二）就业观念影响职业人的从业态度

就业观念对职业人的从业态度有着特殊的影响。一个职业人积极性的高低和完成任务的水平，在很大程度上取决于他的职业观念。职业伦理学研究表明，先进生产者的从业态度指标最高。做任何事情的结果都与职业人所持有的态度密切相关。严谨客观、精益求精的从业态度，使职业人有极强的使命感，他们会努力打造"敬业、乐业、专业"的个人职业品牌。如果职业人从业态度不端正，就会过分追求短期利益，谁给的钱多就为谁"打工"，不爱惜自己的名声、前途，甚至为了钱可以置道德与法律于不顾，发生诸如携款潜逃等恶性事件。树立正确的就业观念是职业人做好本职工作的前提。

（三）就业观念影响职业人的创业效果

在职场中有这样两类人：一类人踌躇满志，觉得自己是可以一步登天的淘金者；另一类人踏踏实实地从小事做起。事实证明，前者更像是赌徒，不少这样的人由于不切实际的幻想，最终赔上了自己的未来；后者尽管看上去毫不起眼，但他们在其位，谋其职，尽其责，踏实地迎接属于自己的成果。任何事情都有积极和消极两种对待方式，以不同的观念去对待，对职业人的驱动力也就不一样，自然会得到不同的结果。具有积极的就业观念的职业人随时能抓住机遇，不断寻求新的发展。

（四）就业观念影响职业人的专业行为

正确的就业观念是"全心投入、尽职尽责"的前提。职业无高低贵贱之分，无论从事何种工作，都应该全身心热爱、全身心投入，对本职工作保持积极乐观的态度和高度负责的精神，而不应该以对本职工作没兴趣为借口得过且过，也不应该以本职工作的经济效益低为托词而消极怠工。美国一位著名的思想家说过，你在哪个位置，就应该热爱哪个位置，因为那里是你发展的起点。对一个喜欢自己的工作并认为它很有价值的人来说，工作是生活中十分令人愉快的一部分，只要对自己的工作发自内心地热爱，即使在平凡的岗位上也能做出不平凡的成绩。

> **议一议**
>
> 你是否认同以上对于就业观念的论述？你对其中哪一条最认同？大家一起议一议。

三、高职毕业生应树立什么样的就业观念

（一）树立崇高的职业理想

崇高的职业理想应当把个人的志向和国家利益、社会需求有机地结合起来。如果仅从个人的角度考虑问题，就非常容易"走进死胡同"。随着高等教育的大众化、普及化，接受过高等教育的大学生从以前的"天之骄子"，转而成为社会的普通劳动者。社会中的各行各业都需要职业院校毕业的技术技能人才，在任何岗位上，只要通过诚实劳动来为社会创造价值，实现自己的价值，就是值得肯定的。

> **看一看**
>
> **"焊接玫瑰"——唐成凤**
>
> 唐成凤说："我愿拿着焊枪，在劳动中绽放最美的青春。"在唐成凤眼里，焊接工作有趣、焊接产品新奇、"焊花"绚烂。向优秀焊工学习，亲手焊出漂亮的焊缝，绽放美丽的"焊花"，是唐成凤心中最初的梦想。
>
> 毕业于四川锅炉高级技工学校的唐成凤刻苦钻研焊接技术，勤奋工作，以高超的焊接技能出色地完成了各项高难度、高要求的焊接任务。她是全国劳动模范、全国五一劳动奖章获得者，并且荣获"全国五一巾帼标兵""四川省五一巾帼奖章"。
>
> "择一行，终一生。"唐成凤手拿焊枪，匠心筑梦，匠心圆梦。她把国家之梦、民族之梦作为自己的梦想，践行工匠精神。她将自己的岗位变成舞台，将自己的劳动变成创造，努力成为堪当民族复兴重任的时代新人，将工匠精神内化于心、外化于行，在技能报国的理想追求中塑造自己的精彩人生，成就自己一生的梦想。

（二）树立良好的敬业精神

对即将踏入社会的毕业生来说，树立敬业精神是思想成熟的标志之一。毕业生是否具

有敬业精神，直接关系着其今后的职业生涯是否顺利、个人能否成才、事业能否发展等一系列问题。具有敬业精神已成为当今社会对毕业生综合素质的新要求。因此，热爱本职工作，忠于职守，对社会和人民负责，保证工作质量，对技术精益求精，能团结协作、公平竞争的良好敬业精神是就业的必要条件。

（三）树立勇于面对竞争的观念

在社会主义市场经济体制下，就业实行的是在国家政策指导下自主择业的方式。毕业生就业制度改革的一个重要特点就是把社会主义市场经济的重要思想——竞争，引入毕业生的就业之中，建立起公平的人才竞争环境。物竞天择，适者生存，竞争获胜，将是社会主义市场经济体制下选择职业不变的规则。因此，竞争意识是现代人必备的素质之一，面对就业竞争的现实，毕业生应当摆脱被动依赖、消极等待的状况，勇于竞争，树立"爱拼才会赢"的观念，做好多方面的竞争准备。

1. 树立强烈的竞争意识

人才市场上的供求关系总会存在这样或那样的不平衡之处，同一职业往往有较多的择业者期望获得，如果没有主动竞争的意识和积极参与应聘的行为，是难以顺利就业的。

2. 培养雄厚的竞争实力

竞争实力是综合素质的体现，包括思想品德素质、专业素质、文化素质、身心素质等。竞争实力是在毕业生生活的过程中逐渐培养和塑造的。在公开、公正、公平的竞争原则下，竞争实力是个人实现择业理想的资本。

3. 坚持正确的竞争原则

毕业生在就业竞争面前，要保持自己的人格尊严，诚实守信，凭自身的竞争实力并运用恰当的竞争技巧去赢得用人单位的青睐。

4. 保持良好的竞争心态

有竞争就有风险，参与竞争就难免遭受挫折。处于就业竞争中的毕业生，尤其要注意提高遭受挫折后的心理承受能力。毕业生要保持良好的竞争心态，主动摆脱遭受挫折后的颓丧情绪，认真分析失败的原因，调整自己的心态和择业目标，鼓足勇气，争取新的机会，绝不能因此而灰心丧气、一蹶不振。

（四）树立先就业再择业后创业的思想

毕业生要改变一步到位、"从一而终"的就业观念。市场经济配置人力资源的特征是人才流动，毕业生不必急于在短时间内找到"铁饭碗"，要树立不断进取的职业流动观念，并学会在流动中发现机会、抓住机会、把握机会。

从现阶段的就业形势来看，国家宏观政策是鼓励大学生自主创业。同时，社会经济的发展为广大毕业生自主创业提供了良好的社会环境。"条条大路通罗马",毕业生应挖掘创业潜能,摆脱依赖心态。创业,这包含机遇与挑战的字眼,已经成为无数毕业生心中的梦想。自主创业给具有创造力、活力的毕业生提供了就业和深造以外的"创新之路"。

(五)树立到基层、农村去的观念

全国的几十万个行政村,加上基层社区及其他的基层所提供的就业岗位,在大城市、机关提供的就业机会日趋饱和的情况下,为毕业生提供了不可小觑的就业机会,为毕业生施展才华、实现理想创造了条件。当代毕业生应积极响应国家和社会的召唤,到基层去、到西部去、到生产第一线去、到祖国和人民最需要的地方去,接受锻炼、接受挑战。"宝剑锋从磨砺出,梅花香自苦寒来。"没有艰苦的锻炼,没有基层工作经验和能力的积累,是很难有大的作为和光明的前途的。毕业生到基层,特别是行政村去,既有利于农村的经济建设,也有利于锻炼自己。

(六)树立发挥专业所长,但也注重综合素质的观念

毕业生在择业时要先考虑所学的专业,根据专业特点谋求职业,以做到专业特点与职业要求相匹配,发挥专业优势,同时不能忽略综合素质和能力。大多数用人单位招聘人才的标准是:注重应聘者的个人能力和综合素质,至于专业是否完全对口并不过分计较。一味地强调专业对口,会使毕业生在激烈的竞争中失去很多机会。具有开拓精神的毕业生应看重行业的发展前景,并及时调整自己的择业方向,勇于选择与自己所学专业相近或相关的职业。学校的教育不仅是传授专业知识和技能,更重要的是培养学生的综合素质和综合能力。

> **想一想**
>
> 对照经济社会发展对技能人才的需求,进行自我审视,看看你目前的能力水平与现实需求是否有差距,差距体现在哪些方面。

四、树立技能成才的职业理想

(一)职业理想与理想职业

1. 职业理想

人生理想主要是通过职业理想来确立,并最终通过职业理想来实现的。所谓职业理想,是指个体在一定的世界观、人生观和价值观的指导下,对自己未来的工作岗位、工作部门、工作种类及事业成就大小的想象和设计。在任何情况下,每个人都应该有一个长远而又切合实际的职业理想。

职业理想具有可实现性,追求社会对自身劳动的认可,与人们对精神生活、物质生活水

平提高的向往直接相关,同具体的奋斗目标相联系(见图1-1)。人们往往通过职业活动追求职业理想的实现,在职业活动中体现自己的道德理想,借助职业活动取得的报酬实现精神生活、物质生活水平的提高,从而实现自己的生活理想。职业理想对确定人生目标、促进人生目标的实现有积极作用。建立在能胜任、能发挥自身优势基础上的职业理想,能促使人生价值的实现。职业理想是人们实现职业愿望的精神支柱和力量源泉,能增强人生前进的动力。

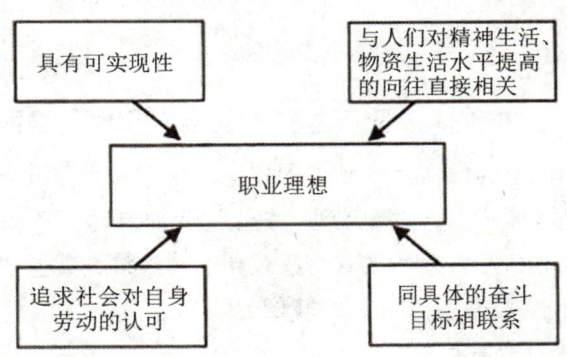

图1-1 职业理想的内涵

2. 职业理想与理想职业的比较

职业理想是指人们对未来所从事的职业和所要取得何种成就,对社会做出哪些贡献的向往和追求,包括对职业的认识、态度和职业选择;而理想职业是实现职业理想的平台,它是依据职业理想结合个人的具体情况而选择出来的。

理想职业建立在个人的专业知识与能力、兴趣和职业激情的基础上,当我们热爱的、擅长的领域具有较大的市场需求时,这个领域就是我们的理想职业,也就是图1-2所示的三个圆重叠的部分。

其实,这种"理想职业"少之又少,毕业生应该脚踏实地做出现实的选择。毕业生应先将具有市场需求且自己擅长的职业作为谋生手段,干一行爱一行,再慢慢地培养自己在工作领域的兴趣,从而将自己所从事的职业转变为理想职业;或者先将具有市场需求且自己热爱的领域作为努力方向,提升能力至擅长的水平,再进行职业转换,慢慢地找到自己的理想职业。不管采用哪种方式,只要朝着职业理想去努力,就可以为社会做贡献,并实现自己的人生价值。"金牌工人"许振超、"工人专家"李斌、"创新尖兵"罗东元、"油井女杰"束滨霞等高技能人才都是这样逐渐培养自己在工作领域的兴趣,将所从事的职业转变为理想职业的。由此可见,最终能实现自己职业理想的职业,就是理想职业。

图1-2 理想职业是热爱的领域、擅长的领域和市场需求重叠的部分

职业理想正确与否,不是由主观感觉而判定的,而是经过实践的检验。由人与职业的

匹配性而判定的。需要注意的是，由于毕业生在从事职业活动之前，缺乏职业实践体验，难免会情绪化、会冲动，导致自己的职业理想发生偏差。

经过实践的检验，毕业生会重新审视自己的选择是否正确，正确的应当巩固，不正确的应当做出合理的调适，使自己追求的目标建立在既符合现实需要，从长远发展来看又有可能实现的基础上。

（二）走立足技能成才、技能报国之路

1. 建设规模宏大的技能人才队伍是建设社会主义现代强国的需要

从中国高铁亮相巴西里约热内卢，到中国核电设备进入南非核电站，中国制造驰名全球。作为全球第二大经济体，中国对知识型、技能型、创新型劳动者大军十分渴求。

在新一轮全球产业竞争中，发达国家纷纷聚焦实体经济，实施"再工业化"战略，加强对先进制造业的前瞻性布局。2015年，我国发布实施制造强国战略第一个十年的行动纲领，谋求从制造大国向制造强国转型升级。党的二十大报告提出，"坚持把发展经济的着力点放在实体经济上，推进新型工业化，加快建设制造强国、质量强国、航天强国、交通强国、网络强国、数字中国"。

发展是第一要务，人才是第一资源。2017年的政府工作报告提出，"我们比历史上任何时期都更需要一支拥有现代科技知识、精湛技艺技能和较强创新能力的高素质技能人才队伍"。然而，我国技能人才供不应求问题依然突出。近年来，随着政策体系不断完善，培养、激励机制逐步健全，我国技能人才队伍建设取得了长足进步，但技能人才发展总体水平与经济社会发展需要相比，还有很多不适应的地方。高技能人才占技能劳动者比例还不到三成，掌握"高、精、尖"技术的高技能人才数量更少。此外，我国技能人才队伍分布不均衡、人才断档问题突出，年轻高技能人才严重短缺。

> **查一查**
> 1. 近年来，"工匠精神"成为高频词，请分析原因。
> 2. 请找找具有工匠精神的人物，并分享给大家。

针对技能人才社会地位低、经济待遇差、成长通道窄等问题，中央和地方拿出一项项真金白银的利好政策。比如，国家层面出台了《关于加快发展现代职业教育的决定》《关于提高技术工人待遇的意见》《国务院关于推行终身职业技能培训制度的意见》等；一些地区在人才落户等方面，给予技能人才和专业技术人才同等待遇。

在政治舞台上，"技能面孔"数量大增。在党的二十大上，许多大国工匠响亮发声。在历年全国"两会"上，技能人才成为代表委员中备受瞩目的群体。

实现金牌"零"的突破、位列金牌榜榜首……自2011年参加世界技能大赛（简称世赛）以来，我国成绩实现节节高。"世赛为广大青年提供了技能成才的广阔舞台，也为社

会大众了解技能运动打开了一扇窗。"作为技术翻译参加了两届世赛的陈晓曦认为,各地竞相涌现的技能比赛与世赛形成"矩阵效应",对青年择业具有强大的感召力。

当前,技能人才在就业市场上持续走俏。"上个不好的大学,不如学门手艺。"作为全国技术能手、全国劳动模范,中车长春轨道客车股份有限公司首席技能专家李万君的一项重要工作就是带徒育人。从门下学徒的心态变化,他明显察觉:没办法才来当工人的少了,真心想学技能的多了。

> **看一看**
>
> ### 从你我身边走出的"焊接工匠"
>
> 2014年9月,抱着学会一门赖以生存的手艺的初衷,小许在初中毕业后来到成都某职业院校就读焊接技术专业。偶然一次,他在学校的荣誉展示栏中看到本专业优秀毕业生的简介,被他们的成就深深震撼了,他在心中默默许下愿望:有朝一日,我也要像他们一样成为优秀的高技能人才。
>
> 接下来的校园生活,他不再抱着浅尝辄止的心态去学习,而是立志要做一名焊接工匠。在坚定目标后,他开始心无旁骛地学习和操练。上课时,他专心记录老师讲的每一个要点;实训时,他认真对待每一次操作。后来,凭借在班上优异的成绩,经过班主任陈老师的推荐和技能考核,他顺利进入焊接集训队。在集训队训练期间,每次学校承办焊接技能大赛,小许都会去当志愿者,去观摩那些参赛选手比赛,从中汲取了很多经验和教训。"苦心人,天不负。"2018年5月,小许代表四川省参加全国中等职业学校职业技能大赛,荣获"焊接技术一等奖",实现了四川省在"焊接技术"赛项金奖"零的突破"。由于具备精湛的技术,小许被破格晋升为焊接技师,同时被授予成都市"技术能手"荣誉称号。
>
> 毕业后,小许就职于一所研究机构,收入非常不错。他说自己将以此作为新的起点,去迎接新的挑战,为成长为一名优秀的巴蜀工匠坚定地奋斗下去!
>
> 【启示】这个案例告诉我们,祖国的建设需要各行各业的人才,我们要结合自己的实际情况,找到适合自己的方向,在某个领域努力提升自己的知识储备和技能水平,在为祖国建设添砖加瓦的同时,自己也能获得生活所需。

2. 新时代技能人才要有新作为

人才资源是第一资源。技能人才是我国人才队伍的重要组成部分,是推动我国现代化发展的一支重要力量。

在全面建设社会主义现代化国家新征程中,职业教育前途广阔、大有可为。要**坚持党的领导**,坚持正确办学方向,**坚持立德树人**,优化职业教育类型定位,深化产教融合、校企合作,深入推进育人方式、办学模式、管理体制、保障机制改革,稳步发展职业本科教育,建设一批高水平职业院校和专业,推动职普融通,增强职业教育适应性,加快构建现代职业教育体系,培养更多高素质技术技能人才、能工巧匠、大国工匠。各级党委和政府要加大制度创新、政策供给、投入力度，弘扬工匠精神，提高技术技能人才社会地位，为全面建设社会主义现代化国家、实现中华民族伟大复兴的中国梦提供有力人才和技能支撑。

职业教育是培养技术技能人才、促进就业创业创新、推动中国制造和服务水平的重要基础。近些年来，各地区各相关部门认真贯彻党中央、国务院决策部署，推动职业教育发展取得显著成绩。要坚持以习近平新时代中国特色社会主义思想为指导，着眼服务国家现代化建设、推动高质量发展，着力推进改革创新，借鉴先进经验，努力建设高水平、高层次的技术技能人才培养体系。要瞄准技术变革和产业优化升级的方向，推进产教融合、校企合作，吸引更多青年接受职业技能教育，促进教育链、人才链与产业链、创新链有效衔接。加强职业学校师资队伍和办学条件建设，优化完善教材和教学方式，探索中国特色学徒制，注重学生工匠精神和精益求精习惯的养成，努力培养数以亿计的高素质技术技能人才，为全面建设社会主义现代化国家提供坚实的支撑。

> **看一看**
>
> **龚睿的技能成才之路**
>
> 龚睿（见图1-3），成都工贸职业技术学院电子应用技术专业毕业生，现就职于成都市殡仪馆。
>
> 数年来，龚睿先后获得成都市殡仪行业职业技能竞赛（遗体火化师竞赛）二等奖、第五届全国民政行业职业技能竞赛暨全国首届遗体火化师职业技能竞赛一等奖。2019年，龚睿被民政部授予"全国民政系统劳动模范"称号，被成都市委组织部、市总工会评为"成都工匠"。2020年3月，龚睿被成都市总工会授予"五一劳动奖章"。
>
>
>
> 图1-3　成都工匠——龚睿

> **看一看**
>
> 阅读有关"工匠精神"的读物，观看《大国工匠》《大国重器》等纪录片。

（三）善于自觉培育和践行工匠精神

2016年的政府工作报告中强调要"培育精益求精的工匠精神"。这是"工匠精神"这一概念第一次出现在治国文件之中，这说明"培育工匠精神"的诉求上升为国家意志和全民共识。近年来，我国广泛开展质量提升行动，进一步加强全面质量管理，逐步健全优胜劣汰质量竞争机制。质量之魂，存于匠心。要大力弘扬工匠精神，厚植工匠文化，恪尽职业操守，崇尚精益求精，培育众多"中国工匠"，打造更多享誉世界的"中国品牌"，推动中国经济发展进入质量时代。

"工匠精神"的基本内涵包括敬业、精益、专注、创新等方面的内容。

1. 敬业

敬业是从业者基于对职业的敬畏和热爱而产生的一种全身心投入的认认真真、尽职尽责的职业精神。中华民族有"敬业乐群""忠于职守"的传统，敬业是中国人的传统美德，也是实现人生价值的重要途径。

2. 精益

精益就是精益求精，是从业者对每件产品、每道工序都凝神聚力、追求极致的职业品质。所谓精益求精，是指已经做得很好了，还要求做得更好，"即使做一颗螺丝钉也要做到最好"。精益求精是工匠精神的灵魂所在。

3. 专注

专注就是内心笃定，着眼于细节，有耐心、执着、持之以恒，这是"大国工匠"必须具备的精神特质。从中外实践经验来看，工匠精神意味着执着，即几十年如一日的坚持。

4. 创新

"工匠精神"强调执着、坚持、专注甚至陶醉、痴迷，但绝不等同于因循守旧、拘泥一格的"匠气"，而是具有追求突破、追求革新的创新内蕴。这意味着工匠必须把"匠心"融入生产的每个环节，既要对职业有敬畏之心，注重产品质量，又要富有追求突破、追求革新的创新活力。

总结案例

身边的大国工匠——刘丽

1993 年，从技校毕业的刘丽来到有着光荣传统的大庆油田第二采油厂，成了一名采油工。至今，她在这个岗位上已经工作了约 30 年。刚上班时，在与"铁人"王进喜同辈的父亲的嘱托下，她认真工作，迅速成长为一名技术能手，仅上班 4 年就被推选参加全国技术大赛，并取得第三名的好成绩。这些都源于她背后的艰苦奋斗，在备赛时为了提升技能，她每天只睡三四个小时，实在太累了，就在寝室走廊的地毯上躺着休息一会儿。除了艰苦奋斗，巾帼工匠刘丽还懂得用"大智慧"来为大庆油田的高产、稳产做贡献，她创造了很多能降低劳动强度、大大提高工作效率的新技术。2011 年 8 月，以刘丽名字命名的"刘丽工作室"成立。在工作室成立之初，她把培训作为重要职能，先后探索实施了体验式五步阶梯培训等多种培训方式，累计培训 1.5 万余人次，实现了采油技术的传承。

约 30 年的打拼，让她获得了一系列荣誉：中国质量工匠、全国技术能手、全国"最美职

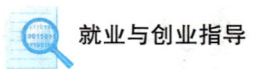

工"、全国劳动模范、2021年"大国工匠年度人物"等。

（资料来源：中国质量新闻网，有改动）

【启示】这个案例告诉我们，全面建设社会主义现代化国家需要各行各业各层次的人才，职业院校学生要结合自身实际情况，找到适合自己的职业领域，为国家做出自己的贡献，同时获得职业成就感与幸福感。

活 动 与 训 练

就业岗位范围分析

目标：分析自己所学专业的就业岗位范围。

时间：课余时间。

活动要求：通过调研，分析自己所学专业的就业岗位范围，班级同学间交流并整理汇总。

思 考 与 讨 论

1．在高职大学生就业问题上，正确的就业观念有什么作用？
2．作为当代高职大学生，你是如何树立正确的就业观念的？
3．当代高职大学生应该如何从实际做起，走技能成才、技能报国之路？

单元二　职业生涯规划与决策

📖 引导语

　　青年兴则国家兴，青年强则国家强。青年是新时代的生力军，青年技能人才是实现中国创造的中坚力量。新时代，技能青年要有担当。一代人有一代人的责任，一代人有一代人的担当，新时代呼唤新作为。青年脚踏实地、磨炼技艺，勇做时代的弄潮儿，在生动火热的实践中放飞青春梦想，方能不负韶华，不负这美好的新时代。

　　新时代，技能青年要有本领。使命在肩，靠本领才能铸就伟业。进入新时代，踏上新征程，每个技能青年都应该执着追梦，永不放弃，练就过硬的本领，勇于创新创造，拼尽全力，让青春在卓绝的技能中闪闪发光。这是一个能够创造奇迹的新时代，摆弄机器、手握焊枪也能站上世界冠军的领奖台；这是一个能够成就梦想的新时代，剪剪裁裁、洗洗吹吹照样能引领国际新时尚。

　　迈入新时代的中国，犹如充满无限可能的"梦工厂"，让我们一起探索未来的职业和工作世界，分析自我成长的优势和不足，在此基础上找到适合自己的发展路径，从而保持一往无前的奋斗姿态，让青春焕发出时代的风采。

📖 单元学习目标

1. 理解产业、行业、职业、专业之间的关系；
2. 理解兴趣、性格、能力、价值观，并能调试自我职业心理；
3. 熟悉职业生涯规划，会撰写职业生涯规划书；
4. 熟悉就业定位选择，掌握就业选择的方法。

2.1 探索职业世界

 学习目标

1. 能够简单描述新旧职业的发展变迁；
2. 能够基本厘清产业、行业与职业的关系；
3. 能够说出我国的八大职业分类。

 导入案例

新兴职业：社会工作者

小林是深圳某职业院校经济学院社区管理与服务专业的毕业生，现任深圳某社工服务中心自聘督导兼区域主管。当年，小林选择了一门他并不了解的新兴专业——社区管理与服务，通过老师的介绍，他知道了这门专业的发展前景很好。通过在学校深入学习和老师们的帮助与指导，他感受到了这门专业助人与自助的巨大魅力。老师和同学对他的关心和指导，让他在感到温暖的同时也更加坚定地走上社工之路。

毕业后，他认真工作，不断努力提升个人能力，工作之余积极投身行业的发展建设。他还善于沉下心来反思并总结工作，曾在国家级期刊上发表多篇专业实务文章，并受到知名媒体的报道。不懈努力和辛勤付出使他从一名普通社工成长为项目负责人，从督导助理破格提拔为自聘督导。

针对外界评论社工薪酬低、工作辛苦的问题，他认为没有一份工作是不辛苦的，行业性质不同决定发展方向不同，而处在不同位置会影响个人的视野，只有不断提升个人的核心竞争力，才能在职场中应对来自不同方面的挑战，希望人们能对新兴职业社工多一份包容、理解和支持。

【启示】职业随着时代的发展而变迁，以往的热门职业多年后也许不再那么受欢迎，而有些新兴职业随着社会经济的发展而不断崛起。同学们在选择未来职业的时候，要留意身边不断涌现的新兴职业。这些新兴职业未来也许具有很好的发展潜力，从中也可能找到自己的职业方向。

应知应会

一、劳动分工催生了职业

远古时代，社会生产力水平很低，人类活动的目的简单，基本的生产活动是采集、狩猎，有食物就一拥而上，没有就一起挨饿。在原始社会末期，人们由最初对野生植物的采集而逐步发展为对植物有目的地种植，由最初对野生动物的猎获逐步发展为对野生动物有目的地驯养。于是，有了人类历史上第一次社会大分工——农业（种植业）和畜牧业的分离。

> **议一议**
>
> 以5～6人为一个小组，设想你们在远古森林里，仅有的工具是陶罐、石头、木棒、火种，讨论一下怎么分工合作可以达到如下目标：
> （1）每个季度有1件衣服更换；
> （2）每天能吃饱，并有3天的食物储备；
> （3）每晚有地方住，能赶走夜晚袭击人的野兽；
> （4）在外出狩猎的时候，能找到回家的路。

在第一次社会大分工后，农业的发展为手工业的兴盛奠定了基础。制陶、冶金、铸造等手工业都发达起来，手工业种类日渐增多，生产技术日益复杂，于是发生了第二次社会大分工：手工业和农业的分离。人们的劳动范围不再局限于农业和畜牧业，而是有了更多的、更复杂的劳动分工。

在第二次社会大分工之后，商品交换日益频繁，交换地区不断扩大，需要有一些人专门经营商品交换业务，成为商品生产者之间不可缺少的中间人，于是出现了商人，产生了专门从事商品交换的行业——商业。商业的发展，商人的出现，是人类历史上的第三次社会大分工。

第三次社会大分工促进了商品经济的发展。随着工商业的发展，奴隶社会中逐渐产生了城市，奴隶主在城市修建宫殿、宅邸、宏伟的庙宇、祭坛，从此出现了脑力劳动和体力劳动的分离。

经过三次社会大分工，职业活动成为普通的社会现象，于是有了农民、牧民、工匠、商人等从事专门工作的群体。可以说，社会分工是职业产生的基础。在漫长的社会进化过程中，社会分工的不断发展，催生了一批又一批的社会职业。

二、职业在不断发展变迁

（一）旧职业在不断消失

据统计，我国旧职业已消失约 3000 个。随着社会的发展，掏粪工、抄写工、补锅匠等"传统职业"已纷纷"下岗"，淡出人们的生活。自 1978 年以来，第一产业就业人员比例逐步下降，第二产业、第三产业就业人员比例逐步上升。从 1994 年开始，第三产业（服务业）就业人员的比例超过了第二产业。例如，《中华人民共和国职业分类大典（2015 年版）》在涉及第一产业的"农、林、牧、渔业生产及辅助人员"大类中减少了 6 个小类、83 个职业，随着农业科技化、机械化、现代化的进程，农业职业类型的数量有所下降。一批不适应社会化大生产的农业职业逐渐消失，与此同时，一些传统农业职业发生了新的变化。例如，啤酒花生产工已消失，传统的农民转化为农机师、农艺师。另外，在第三产业领域，过去很多技术、手艺已经不再需要，以此谋生的人纷纷转行，另谋他业。于是，在不知不觉中，一些传统职业在悄悄退出历史舞台。例如，在《中华人民共和国职业分类大典（2022 年版）》中，"电报业务员"已被取消。

> **查一查**
>
> 请大家根据所在学校或家庭周边的情况，完成下面的职业调查表（见表 2-1）。
>
> 表 2-1　职业调查表
>
> | 职业（工种） | 发展情况 | | | | |
> | --- | --- | --- | --- | --- | --- |
> | 唱片工 | □没听过 | □见到过 | □偶尔有 | □比较多 | □很常见 |
> | 补锅匠 | □没听过 | □见到过 | □偶尔有 | □比较多 | □很常见 |
> | 磨刀人 | □没听过 | □见到过 | □偶尔有 | □比较多 | □很常见 |
> | 钟表匠 | □没听过 | □见到过 | □偶尔有 | □比较多 | □很常见 |
> | 翻瓦匠 | □没听过 | □见到过 | □偶尔有 | □比较多 | □很常见 |
> | 抄写员 | □没听过 | □见到过 | □偶尔有 | □比较多 | □很常见 |
> | 公交车售票员 | □没听过 | □见到过 | □偶尔有 | □比较多 | □很常见 |
> | 电话接线员 | □没听过 | □见到过 | □偶尔有 | □比较多 | □很常见 |
> | 胶卷冲印师 | □没听过 | □见到过 | □偶尔有 | □比较多 | □很常见 |
>
> 这些都是很多年前比较常见的职业，根据汇总调查的结果，你发现了什么？

（二）新职业在陆续崛起

新职业是指社会经济发展中已经存在一定规模的从业人员，具有相对独立成熟的专业技能要求，但现行《中华人民共和国职业分类大典》中未收录的职业。新职业包括全新职业和更新职业。

1. 全新职业

全新职业是指随着经济社会发展和技术进步而形成的新的社会群体性工作。

2. 更新职业

原有职业内涵因技术更新发生较大变化，从业方式与原有职业相比已发生质的变化。

事实上，伴随着社会经济发展的浪潮，各种全新的职业应运而生。特别是近年来，随着全球互联网的飞速发展，人们消费需求越来越多元化，对服务的专业化需求不断增多，使得一些原先不曾有的新职业群体不断扩大。

如今，人们不但需要而且能够对生活提出更为品质化、个性化和精细化的需求。为了更好地管理身体，于是有了健身教练；为了更好地照顾婴儿，于是有了育婴师；为了吃得更便捷，于是有了外卖员……层出不穷的新职业让社会分工不断精细化，一些新职业背后依托的是新业态、新模式。不断涌现的新职业在为社会创造出大量就业机会的同时，也体现着经济社会发展的活力与创造力。

（三）职业竞争日趋激烈

从农耕社会、工业社会，到信息社会和智能时代，新技术的发展迅速改变了传统的劳动形态。移动支付取代了收银员，人工智能取代了重复劳动者，就如当年的汽车司机取代马车夫一样。可以预见，未来社会分工会越来越细，职业也会越来越多元化。

改革开放40多年来的职业变迁，可用"现代化、高级化、职业化"加以概括。现代化是指职业结构均衡，由"金字塔形"向"纺锤形"转变。农、林、牧、渔、水利业从业人员占比不断下降，行政管理人员、商业服务业人员、专业技术人员等"中间层"占比不断提高。高级化是指非农化和"白领化"的趋势，蓝领阶层占比降低，白领阶层占比提升，大量人口流动到了较高层级的职业。职业化是指分工逐渐精细，专业化程度不断提高，尤其是职业含金量提升，受过良好教育、掌握技术的人更受欢迎。

在传统的职业生涯模式中，一个人的职业一生很少发生变动。职业发展路径和阶段看得见、摸得着，比较标准化，可以预期。随着现代社会分工的发展和专业化程度的提高，市场竞争日趋激烈，整个社会对从业人员的职业观念、职业纪律、职业态度、职业技能和职业作风的要求越来越高。一部分新兴职业将越来越受欢迎，而另一部分职业将逐渐被淘汰，这是社会发展的必然结果。这就使人才在行业间、部门间的流动大幅增加，也促使劳动者不断接受教育、更新知识、掌握新技术，不断迎接新的挑战。

> **看一看**
>
> **新职业集中的领域**
>
> （一）信息服务业
>
> 与信息产业相关的职业是发展速度最快的职业群。计算机工程师、计算机系统分析师，以及计算机基础科学和各个领域的应用专家、操作技术人员是近年来增长最快的职业群。
>
> （二）管理和咨询服务业
>
> 在这个职业群的发展中，专业管理人员和专业咨询服务人员的功能划分更加细化，在社会组织中的责任、地位和声望日益提高。金融分析师、投资咨询师、心理咨询师、人力资源管理师、保险评估师、保险精算师、收益精算师、税务代理师、理财师等已成为十分热门的职业。
>
> （三）社会服务业
>
> 提高居民生活质量、满足居民消费需求的服务性职业也有了突破性的发展。家政服务、旅游、康乐、健身、医疗及其他生活服务领域都有许多新职业涌现。家政服务助理、养老护理师、育婴师、健身教练、社会体育指导员、室内装饰设计师等职业的出现，反映了人们对生活质量的要求越来越高，服务性消费需求越来越多样化。

三、现代规范化的职业

（一）职业的界定

职业是劳动分工的产物，也是劳动者在社会活动中获取生活来源、实现自身价值的依托。职业是指人们在社会中所从事的有稳定、合法收入的活动，即参与社会分工，利用专门的知识和技能，创造物质财富、精神财富，获得合理报酬，满足物质需求和精神需求的工作。这其中包含5种关系。

（1）与他人的社会关系：强调职业是一种社会分工。

（2）与知识和技能的关系：从事每种职业都应当具有相应的知识和技能。

（3）技能与财富的关系：一般只有具备相应的技能，才能创造一定的财富。

（4）财富与报酬的关系：获得与所创造的财富相适应的合理报酬。

（5）报酬与需求的关系：从事某职业的人通过获得的报酬来满足个人的物质需求和精神需求。

（二）职业的特征

一项社会活动要称为职业，必须同时具备以下特征。

（1）目的性。职业以获得现金或实物等报酬为目的。

（2）社会性。职业是从业人员在特定社会生活环境中所从事的一种与其他社会成员相互关联、相互服务的社会活动。

（3）稳定性。职业在一定的历史时期内形成，并且具有较长的生命周期。

（4）规范性。职业必须符合国家法律和社会道德规范。

（5）群体性。职业必须具有一定的从业人数。

（三）职业的构成要素

一般来讲，职业是由以下要素构成的。

（1）职业名称：职业的符号特征，一般用社会通用称谓来命名。

（2）职业主体：从事一定社会分工活动的劳动者，必须具有承担该职业所需要的资格和能力。

（3）职业客体：职业活动的工作对象、内容、劳动方式和场所等。

（4）职业报酬：通过职业活动所取得的各种报酬。

（5）职业技术：劳动者在从事职业活动时所运用的自然技术、社会技术与思维技术的总和。

看一看

绿色职业和数字职业

（一）绿色职业

绿色职业这一概念来源于2008年联合国环境规划署与国际劳工组织共同发布的《绿色职业：在一个可持续的、低碳的世界里实现体面工作》报告，该报告将绿色职业定义为"在农业、制造业、研发部门、管理和服务业领域有助于持续保护和恢复环境质量的职业"。绿色职业主要指那些帮助保护生态系统和生物多样性的工作，通过高效的方式减少能源、材料和水源消耗的工作，减少或者避免所有形式的废弃物和污染物产生的工作。

亚洲企业领袖协会（Asia Business Council）预计，到2030年，全球绿色职业工作岗位的数量将达到1亿个，大概占将来劳动力的2%。在韩国，工业中出现的绿色职业包括太阳能光伏研发人员、海洋生物能源研究人员、地热系统开发工程师、风力发电研发人员、碳捕捉和储存研究人员、温室气体审核师、海水淡化研究人员、高级水处理研究人员、LED设备工程师、LED照明系统工程师、LED热防护系统工程师、混合燃料电池研发人员、混合动力系统开发人员、海洋环境管制专家、船用替代燃料研究人员、环保型船舶设计、智慧城市规划师、智慧城市基础设施操作员、建筑能源顾问等。

（二）数字职业

数字职业是伴随着数字经济、数字技术出现的新职业类群。现有文献中对数字经济、数字技术、数字劳动等多有阐述，但鲜见有关数字职业内涵与特征的介绍。

数字技术产业化和产业技术数字化是判定数字职业的两个基本视角。数字技术产业化是指由数字技术衍生拓展所形成的生产和服务组织方式，如云计算、大数据等；产业技术数字化是指在原生产技术和新兴技术中嵌入数字技术或与数字技术深度融合衍生拓展所形成的生产和服务组织方式，如智能制造、增材制造等。

数字职业不是某个具体职业的称谓，而是以数字技术及其应用为表征，体现数字经济业态的一个职业范畴。数字职业具有以下特征。第一，数字职业与数字经济业态发展相一致，如前所述，其涵盖数字技术产业化和产业技术数字化两个层次。第二，数字职业具有"职业簇""职业链"的概念属性。在《中华人民共和国职业分类大典（2022年版）》中，数字职业广泛分布于第二、第四及第五、第六大类之中，集中于专业技术人员（第二大类）、社会生产服务和生活服务人员（第四大类）、生产制造及有关人员（第六大类）的职业领域。第三，在数字素养公民化、全球化时代，标注为数字职业的从业者是需要经过系统教育或专门培训才能胜任工作的，他们是具有高度专业素养的数字人才。第四，数字职业能力素质的要求具有特殊规定性。

《中华人民共和国职业分类大典（2022年版）》对数字职业和绿色职业进行了标注。这次共标注了97个数字职业，约占职业总数的6%；同时标注了133个绿色职业，约占职业总数的8%。其中，既是绿色职业又是数字职业的共有23个。这反映出数字经济和绿色产业带来的职业变化。

四、产业、行业与职业

（一）产业分类

产业基本划分为三大类。

第一产业是指农、林、牧、渔业（不含农、林、牧、渔专业及辅助性活动）。

第二产业是指采矿业（不含开采专业及辅助性活动），制造业（不含金属制品、机械和设备修理业），电力、热力、燃气及水生产和供应业，建筑业。

第三产业即服务业，是指除第一产业、第二产业以外的其他行业。第三产业包括批发和零售业，交通运输、仓储和邮政业，住宿和餐饮业，信息传输、软件和信息技术服务业，金融业，房地产业，租赁和商务服务业，科学研究和技术服务业，水利、环境和公共设施管理业，居民服务、修理和其他服务业，教育，卫生和社会工作，文化、体育和娱乐业，公共管理、社会保障和社会组织，国际组织，以及农、林、牧、渔业中的农、林、牧、渔专业及辅助性活动，采矿业中的开采专业及辅助性活动，制造业中的金属制品、机械和设备修理业。

（二）行业分类

行业分类就是有规则地按照一定的科学依据，对从事国民经济生产和经营的单位或者个体的组织结构体系的详细划分，包括林业、汽车业、银行业等。

国民经济行业分类（见表2-2）是划分全社会经济活动的基础性分类，当前我国新行业分类共有20个门类、97个大类、473个中类、1380个小类。

表2-2 产业行业对照简表

三次产业分类	门类	类别名称
第一产业	A	农、林、牧、渔业
第二产业	B	采矿业
	C	制造业
	D	电力、热力、燃气及水生产和供应业
	E	建筑业
第三产业	F	批发和零售业
	G	交通运输、仓储和邮政业
	H	住宿和餐饮业
	I	信息传输、软件和信息技术服务业
	J	金融业
	K	房地产业
	L	租赁和商务服务业
	M	科学研究和技术服务业
	N	水利、环境和公共设施管理业
	O	居民服务、修理和其他服务业
	P	教育
	Q	卫生和社会工作
	R	文化、体育和娱乐业
	S	公共管理、社会保障和社会组织
	T	国际组织

《国民经济行业分类》（GB/T4754—2017）规定了全社会经济活动的分类与代码，适用于在统计、计划、财政、税收、市场管理等国家宏观管理中，对经济活动进行分类，并用于信息处理和信息交换。

（三）职业分类

职业分类是指采用统一的标准和方法，按照统一的分类原则，对社会从业人员所从事的工作进行全面和系统的划分。职业分类广泛应用于社会统计、信息服务等方面，并且对就业选择和职业培训具有重要影响。

第一部《中华人民共和国职业分类大典》颁布于 1999 年。2022 年，人力资源和社会保障部完成《中华人民共和国职业分类大典（2022 年版）》，职业划分为 8 个大类、79 个中类、449 个小类、1636 个细类（职业）。

（四）产业、行业与职业的关系

产业、行业与职业既有相同点，联系密切，又有一定的区别。产业、行业与职业都是社会分工的产物，是社会生产力不断发展的必然结果。这是它们在本质上的共同点。在社会发展过程中，随着新技术的出现，产生了新产品及相应职业的从业人员。随着新产品的生产及相应从业人员数量的不断增加，新的行业逐渐形成。当新行业发展到一定规模时，就会与其他相关行业进行整合，依据发挥作用的程度并入或形成新的产业。

产业、行业与职业的不同之处是它们在国民经济领域中，在着眼点的层次上是由高到低的，而概念涉及的范围是由大到小的。产业的着眼点是生产力布局的宏观领域，体现的是以产业为单位的生产力布局上的社会分工，产业由行业组成。行业的着眼点是企业或组织生产产品的微观领域，体现的是以行业为单位的产品生产上的社会分工，行业由若干企业组成。职业的着眼点是组织内工作人员的具体工种，体现的是以人为单位的劳动技能上的社会分工，职业由人的技能组成。

 **总结案例**

新兴岗位：3D 打印设备上机工程师

小月同学初中毕业后，没能进入高中学习，在和爸爸、妈妈一起参观了成都某职业院校各个专业的学习环境后，她对 3D 打印产生了浓厚的兴趣。3D 打印实训室明亮整洁，那些 3D 打印设备看起来非常神奇，经过老师的介绍，她感觉 3D 打印有非常好的发展前景，工作环境也比较好，非常适合女孩子学习，就这样小月报名了。小月是一个比较踏实的孩子，各个科目的学习和实践都能认真完成。经过 3 年的学习，她掌握了 3D 打印技术的基本技能。毕业后，小月成功进入一家覆盖 3D 打印领域全产业链的高科技公司，成了一名 3D 打印设备上机工程师。她对自己的工作比较满意，工作环境不错，也能应用自己的专业技能，在工作中可以接触各种新的工作任务，学习新的操作技术，自己也在不断成长。她感觉公司未来有很好的发展前景，后期随着自己技术和能力的不断提升，还可以晋升为组长、主管甚至部长，她对未来充满了希望。

【启示】随着技术的革新，新的行业和职业不断出现，毕业生要以开放包容的心态看待这些新兴的行业和职业，多去了解和学习。俗话说"三百六十行，行行出状元"，在某个领域深深扎根，总会等到丰收的那一刻。

活动与训练

寻找新职业

目标：每人至少寻找 20 个新职业。

时间：30 分钟。

活动要求：通过网络，查找 2019 年以来人力资源和社会保障部颁布的新职业。同时，根据网络报道或个人经验，记录下可能被正式颁布的潜在新职业。

思考与讨论

1. 根据职业的定义，说一说哪些工作看起来很像职业，但又不能称之为职业。
2. 人工智能会让什么职业消亡？又有什么新职业会兴起？
3. 面对职业世界的发展变迁，我们应该做些什么？

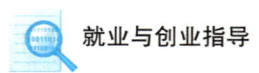

2.2 评估职业自我

 学习目标

1. 能够理解兴趣，并测定自己的职业兴趣；
2. 能够理解能力，并测定自己的职业能力；
3. 能够进行初步职业规划。

 导入案例

对孩子充满爱的托育老师矜矜

矜矜学的是学前教育专业，2012年毕业后，她去了一家小型托育中心工作。在很多没有耐心的人看来，3 岁以下的孩子听不懂话，没办法沟通，照顾这么小的孩子特别让人头疼，但是矜矜不这么认为，她非常喜欢天真无邪的小朋友。半年之后，矜矜为了能够更好地提升自己在婴幼儿托育早教方面的实践能力，选择进入一家比较大的托育早教机构。在那里，她从 11 个月还不会走路的小朋友带起，并且把他们带到了上幼儿园。矜矜爱孩子，工作认真细心，责任心强，还特别有耐心，孩子们都愿意亲近她，她也得到了家长们的认可，这使得矜矜每天都非常开心，也特别有成就感。

后来，矜矜成了一个小型托育中心的合伙人，她非常热爱这个行业，喜欢和孩子们相处，并且随着我国教育事业的快速发展和全面二孩、三孩等相关政策的实施，国家逐渐加大对学前教育的重视和对相关政策的倾斜力度，矜矜觉得这个行业发展的契机已经到来。目前，很多职业院校开办了婴幼儿托育服务与管理专业，政府在托育机构的管控和扶持上也慢慢开始行动起来了，矜矜表示自己未来会在这个行业坚定地走下去。

【启示】兴趣是最好的老师，人们在自己感兴趣的领域工作，会主动投入时间和精力钻研学习，乐此不疲，也更容易做出成绩。从事自己感兴趣、有助于提高能力且社会需求较大的工作，无疑对个人发展是十分有利的，因此深入地探索职业自我，可以较早地帮助自己找到正确的方向。

一、职业兴趣

（一）职业兴趣概述

兴趣是指一个人经常趋向于认识某种事物，力求参与某项活动，并且有积极情绪色彩的心理倾向。职业兴趣是指一个人在探究某个职业或者从事某项职业活动时所表现出来的特殊心理倾向，它使个人对某个职业给予优先注意，并具有向往的情感。职业兴趣是职业选择的重要依据，可促进才能发挥、提高工作效率，可提高职业稳定性和工作满意度。

人们对某个职业感兴趣，既可以体现为对职业工作过程本身感兴趣，也可以体现为对由这个职业带来的各种功利感兴趣。但如果一个人仅对后者感兴趣，那么这种兴趣可能是短暂的。一个人只有对工作本身感兴趣，淡化职业兴趣中的功利色彩，这种职业兴趣才是长久的、可贵的，这是我们最推崇的职业兴趣。

> **想一想**
>
> **兴趣到职业有多远**
>
> 如何判断自己的兴趣能否发展为职业？请认真思考以下问题。
>
> （1）如果不给你报酬，你是否还想做这件事？
>
> （2）把这件事从兴趣培养成职业，所耗费的时间成本你是否能承担？
>
> （3）市场上是否有这样的岗位提供给你？
>
> （4）你是否已经达到职业的要求或者你是否可以承担从现有水平到达标所要耗费的一切资源？
>
> （5）当兴趣变成职业后，你需要做一些违背自己意愿的事情，你并不能随心所欲地主导兴趣，你是否可以接受？
>
> 如果以上问题的答案都是"是"，你就可以把自己的兴趣发展为职业。现在，你已经明确自己可以把兴趣发展为职业。如果你想这样做，那么请按照以下步骤去做。
>
> Step1：做一项调查，看看自己的水平与职业水平相差多少。
>
> Step2：列出你欠缺的所有职业能力，并列出相对应的提高方式与所需时间。
>
> Step3：不高估自己的能力，选择能给新人提供培训的公司。
>
> Step4：从你的现有能力所匹配的薪资开始，一步一步达到越来越高的标准，再追求升职加薪。当这家公司无法让你的能力得到发挥时，可以跳槽去更高标准的公司。
>
> Step5：重复Step4，直到你想并有能力自己单干，再开始新的调研。

（二）职业兴趣的形成

职业兴趣的形成经历了有趣、乐趣、志趣 3 个阶段。

1. 有趣

这是由于被一时新奇、表面的现象所吸引而产生的兴趣。例如，今天看电视剧中的飞行员很酷，又能飞往不同的城市，便梦想成为一名飞行员；明天看了篮球赛，又萌发当一名职业篮球运动员的想法。这种兴趣来得快，去得也快，属于职业兴趣的有趣阶段。

2. 乐趣

由于亲自参与并对某一职业领域有了深入了解或在职业活动中取得了一定的成绩，进而发展到乐趣的水平。这种兴趣具有专一性、自发性和持久性的特点。例如，有的人在真正做了技师后才能体会到自己在企业生产中具有不可取代的地位，从而努力工作，以做好本职工作为乐趣。

3. 志趣

志趣是由乐趣经过实践的锻炼发展而来的，它与人的崇高理想和坚强意志相联系。例如，奥运冠军把自己的乐趣放在球场上，他们以打球为乐趣，不怕苦，不怕累，他们靠意志、耐力最终站上了世界最高领奖台。志趣具有社会性、自觉性和方向性等特点，是一种高尚的兴趣，对每个人的工作、学习有巨大的推动作用。

（三）霍兰德职业兴趣测验

美国职业指导专家霍兰德认为，个人职业兴趣特性与职业之间应有一种内在的对应关系。根据兴趣的不同，人格可分为研究型（I）、艺术型（A）、社会型（S）、企业型（E）、常规型（C）、现实型（R）6 种类型，每个人的性格都是这 6 种类型的不同程度组合。霍兰德职业兴趣类型理论示意图如图 2-1 所示。

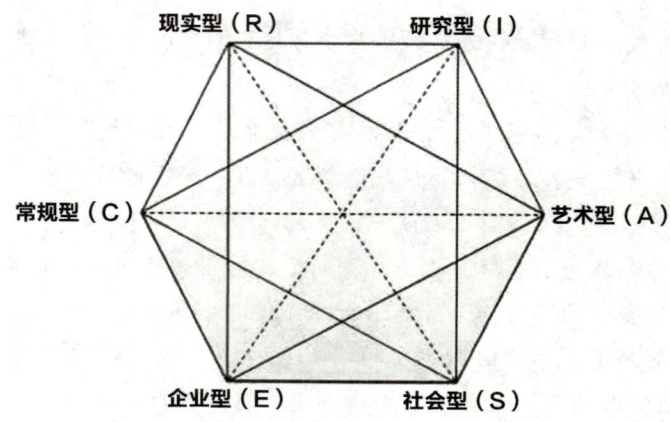

图 2-1　霍兰德职业兴趣类型理论示意图

霍兰德职业兴趣测验是霍兰德根据他本人丰富的职业咨询经验及其职业兴趣类型理论编制的测评工具，应用比较广泛。此测验的题目由7个部分组成，具体包括：①你理想的职业；②你感兴趣的活动；③你擅长的活动；④你喜欢的职业；⑤你的能力简评；⑥统计答案和确定你的职业倾向；⑦你所看重的东西——职业价值观。测验结束后，根据职业兴趣代码和相应职业对照表分析职业兴趣。

玩一玩

职业兴趣岛屿度假计划

现在你获得了一个免费度假的机会——去下列6个岛屿中的一个，唯一的要求是你必须在这个岛上住至少半年的时间。请不要考虑其他因素，仅凭自己的兴趣按一、二、三的顺序挑出你最想前往的3个岛屿。

R岛：自然原始的岛屿。岛上自然生态保持得很好，有各种野生动物。居民以手工见长，自己种植瓜果蔬菜、修缮房屋、打造器物、制作工具，喜欢户外运动。

I岛：深思冥想的岛屿。岛上有多处天文馆、科技博物馆及图书馆。居民喜好观察、学习，崇尚和追求真知，常有机会和来自各地的哲学家、科学家、心理学家等交流心得。

A岛：美丽浪漫的岛屿。岛上有很多美术馆、音乐厅，还有街头雕塑和街边艺人，弥漫着浓厚的艺术文化气息。居民保留了传统的舞蹈、音乐与绘画，许多文艺界的朋友都喜欢来这里寻找灵感。

C岛：现代、井然有序的岛屿。岛上的建筑十分现代化，是进步的都市形态，以完善的户政管理、地政管理、金融管理见长。居民个性冷静保守，处事有条不紊，善于组织规划，细心且做事高效。

E岛：显赫富庶的岛屿。居民善于企业经营和贸易，能言善道。岛上经济高度发展，有高级饭店、俱乐部、高尔夫球场。来往者多是企业家、经理人、政治家、律师等。

S岛：友善亲切的岛屿。居民个性温和、友善、乐于助人，社区均自成一个密切互动的服务网络，居民重视互助合作和教育，懂得关怀他人，岛上充满人文气息。

活动步骤：

（1）按自己首选的岛屿分组就座。

（2）选择同一个岛屿的同学交流自己为什么选择这个岛屿，看看大家有什么共同的兴趣爱好，并归纳为关键词。

（3）根据大家的交流给自己的小组命名并选取一个标志物和标识，在白纸上制作本小组的宣传海报。

（4）每个小组请一位同学用2分钟时间展示自己小组的宣传海报，并给全班同学介绍小组成员的共同特点。

此外，请在老师的引导下，通过网络完成霍兰德职业兴趣测验。

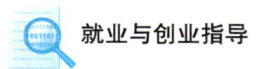 就业与创业指导

二、职业性格

（一）职业性格概述

性格是个人对客观现实的稳定态度及与之相适应的习惯化了的行为方式。职业性格是指人们在长期特定的职业生活中所形成的与职业相联系的、稳定的心理特征。例如，有的人对待工作总是一丝不苟，严肃认真；在待人处事中总是表现出高度的原则性、果断、公平、负责；对自己要求高，表现为谦虚、自信、严于律己等。这些特征的总和就是他的职业性格。

职业心理学研究表明，不同的职业对从业者的性格要求不同。比如，从事医护职业的人员应乐于助人、责任心强、冷静自信、稳定性强；保险推销员应能说会道，并且具有说服能力；而自我创业者应喜欢冒险、乐观、自信、有野心、精力充沛及具有创新精神等。职业性格在很大程度上影响着一个人事业的发展。如果一个人的性格与他从事的职业相适应，他工作起来就会得心应手，心情舒畅，容易取得成功；而如果一个人的性格与他从事的职业不相适应，性格就会对工作的开展起阻碍作用。

（二）职业性格的形成

1. 职业环境与职业性格的形成

职业环境制约着一个人的职业性格，职业性格的特征能反映一个人对现实职业的态度，而职业态度与职业关系密切。工作单位的经济状况、社会地位、领导作风、员工的关系、规章制度等，都会影响人们职业性格的形成。

2. 职业实践与职业性格的形成

作为职业活动主体，从业者职业性格形成的速度和质量依赖其职业积极性和多方面的职业活动。不同阶段所从事的职业不同，其中某项职业活动对职业性格的影响可能会起到主导作用。处在相似社会条件下的人，如果从事同一类型的职业活动，那么他们可能表现出相似的职业性格特征。可见，职业性格正是在职业实践活动中不断形成和完善的。

3. 自我培养与职业性格的形成

职业性格是在学习和职业活动中逐渐形成的。也就是说，从业者的职业性格可以在学习和职业活动中进行调适和培养。职业性格培养是一个长期的过程，在这个过程中，从业者会遇到各种意想不到的困难，要自我激励，只要坚持不懈，总有一天会获得成功。需要注意的是，职业性格可以调适，但要改变或培养某种职业性格需要有认真的态度与正确的方法。

（三）MBTI 职业性格测试

美国的心理学家伊莎贝尔·B.迈尔斯（Isabel B. Myers）和凯瑟琳·C.布里格斯（Katharine C.Briggs），以荣格的人格类型理论为基础开发出迈尔斯-布里格斯类型指标（Myers-Briggs Type Indicator，MBTI），其在职业性格测试领域被应用广泛。MBTI 人格的 4 个维度如图 2-2 所示。

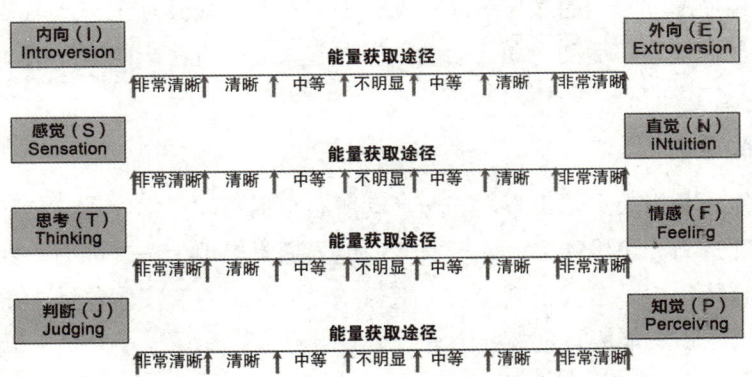

图 2-2　MBTI 人格的 4 个维度

MBTI 人格有 4 个维度，每个维度包括 2 个方面，分别是内向（I）和外向（E）、感觉（S）和直觉（N）、思考（T）和情感（F）、判断（J）和知觉（P）。每个人都有自己的偏好和习惯，在面对具体任务时，不同的个体可能有不同的选择。这 4 个维度两两组合，可以得到 16 种职业性格，每种类型的职业性格又有一定的差异。

> **看一看**
>
> **关于性格的观察与思考**
>
> 我是一个内向的人，在新公司入职后不久，另一个姑娘小柯也进入我所在的组，原来的老同事将要转岗，在交接工作时，给我们两个人今后的工作"提建议"。不出我所料，小柯因之前做过销售类工作，被期待成为"多和人接触"的外向型角色，而我则被称为"细心的人"，被希望能够参与项目的具体执行工作。后来，奇怪的事情发生了。我越发开始对琐碎的工作失去兴趣，感觉每次的校对十分麻烦，而小柯反而能够沉下心来检查表格、做 PPT。此外，对于每次因工作流程不得不去沟通的事情，更多是由我跟进和协调，不管心里多有意见，我拿起电话就能应对自如，保持笑意盈盈。在工作之外的场合，小柯比我表现出更多的外向气质，对人好奇，对流行话题敏感，很容易打开话匣子；而我除了工作需要，很少主动和别人搭讪，对流行话题缺乏兴趣，结束了分内的工作，一秒钟就能回到自己的世界。当再次做枯燥表格的时候，我不禁思考，这是为什么呢？难道人的性格可以改变吗？或者性格并不能按照"内向"和"外向"简单区分？还是说，其实"性格"和"表现出来的个性"是可以分开的？亲爱的小伙伴，你怎么看？

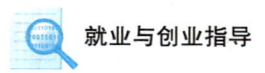

三、职业能力

（一）职业能力概述

能力是指直接影响人们的工作效率，保证人们顺利完成某项工作所需要的个性心理特征。职业能力是指在学习活动和职业活动中发展起来的，直接影响职业活动的效率，使职业活动得以顺利完成的心理条件。

1. 一般职业能力

一般职业能力是指人们从事不同职业活动所必须拥有的基本能力，包括观察力、记忆力、想象力、注意力和思维能力等。一般职业能力通常表现为语文能力、数学能力、表达能力、交往与合作能力、自我控制能力、适应变化能力、自我反省能力、抗挫折能力、收集处理信息能力、审美能力、创新能力等。

2. 特殊职业能力

特殊职业能力又称专门职业能力，在职业活动中，各种职业都有自身所需要的特殊职业能力。例如，刺绣工人应具备手和眼快速协调的能力，高级管理人员应具备运筹帷幄的指挥能力，教师应具备流畅而生动的语言表达能力。这些特殊职业能力相互之间，对有的人来说是有交叉关系的，如一个人既可以是画家，又可以是诗人；而对有的人来说则是全异关系，如一个机械师，让他去建筑设计院搞设计，他将无所适从。

一般职业能力和特殊职业能力是不可分割的统一整体。一般职业能力是一切特殊职业能力的基础，一般职业能力的发展为特殊职业能力的发展创造了有利条件，而在特殊职业能力发展的过程中，又会促进一般职业能力的发展，只有在二者的共同作用下，才能使职业活动顺利开展。

（二）职业能力的形成

1. 职业能力在职业实践中形成

职业能力形成于职业实践活动，并体现在职业实践活动之中，不经过实践，就不可能形成职业能力。个体职业劳动者的职业能力是以其自身职业知识、职业技能形式表现的，是心理素质、智力素质、身体素质共同作用的结果，是以职业劳动者主体直接作用于职业实践活动来体现的。

2. 职业能力在特定条件下累积形成

不同的职业对从业者的身体素质、心理素质有不同的要求。职业能力的形成与发展受先天遗传、个人发展、职业环境及人的心理素质等多方面因素的制约。职业能力是逐步形成、累积、发展的，表现为初级、中级、高级等不同发展与完善水平，广博的职业知识、丰富的职业实践活动、良好的心理品质、适宜的职业发展环境等对职业能力的发展和提高有明显的促进作用。

3. 职业能力一旦形成将长期保持

当职业劳动者形成一定水平的职业能力，此职业能力会成为职业劳动者自身素质的组成部分，并且长期保持下去。换言之，职业能力经过累积形成之后，不会很快消失，会保持较长的时间并内化为个人能力的一部分。

（三）普通能力倾向成套测验

普通能力倾向成套测验（General Aptitude Test Battery，GATB）最初是美国劳工部从1934年开始利用10多年时间研发出来的。它是对许多职业群同时检查各自的不适合者的一种成套测验。这种测验方法在许多国家被广泛应用，备受人们推崇。这种测验方法主要是实现对许多职业领域中工作所必需的几种能力倾向的测定。它由15个测验项目构成，其中11个是纸笔测验，其余4个是操作测验，一共可以测验9种能力倾向。这9种能力倾向对完成各种职业的工作至关重要，包括智能、言语能力、数理能力、书写知觉、空间判断能力、形状知觉、运动协调、手指灵巧度、手腕灵巧度。

以上9种能力倾向中的任何一种，都需要通过实践性测验获得。记分采用标准分数，各能力因素的原始分数转换为标准分数后便可绘制个人能力倾向剖析图，并与职业能力倾向类型相对照，从而可以从测验结果中知道能够充分发挥个人能力特性的职业活动领域。

测一测

职业能力简易测试

目标：通过比较自己已经具备的能力与理想工作所需具备的能力之间的差距，确定努力的方向。

建议时间：20分钟。

活动步骤：

1. 首先根据自己的职业目标，选定一个职位，然后查阅相关资料，回答表2-3中的问题。其中，确定的标记"√"，不确定或不知道的标记"○"，不需要或自己缺乏的标记"×"。

表 2-3　职业能力分析表

职位名称	所需具备的能力	已经具备的能力
	1. 语文能力（　　）	1. 语文能力（　　）
	2. 表达能力（　　）	2. 表达能力（　　）
	3. 沟通、协调能力（　　）	3. 沟通、协调能力（　　）

续表

职位名称	所需具备的能力	已经具备的能力
	4. 领导能力（　　）	4. 领导能力（　　）
	5. 专业技能（　　）	5. 专业技能（　　）
	6. 计算机软件操作能力（　　）	6. 计算机软件操作能力（　　）
	7. 中英文打字能力（　　）	7. 中英文打字能力（　　）
	8. 销售能力（　　）	8. 销售能力（　　）
	9. 会计业务能力（　　）	9. 会计业务能力（　　）
	10. 机械操作能力（　　）	10. 机械操作能力（　　）
	11. 法律知识（　　）	11. 法律知识（　　）
	12. 判断力（　　）	12. 判断力（　　）
	13. 创造力（　　）	13. 创造力（　　）
	14. 直觉和敏感度（　　）	14. 直觉和敏感度（　　）
	15. 其他重要的专业知识（　　）	15. 其他重要的专业知识（　　）

2. 找出自己已经具备的能力与理想工作所需具备的能力之间的差距，确定自己需要努力的方向，并制订改进计划。

四、实现职业价值

选择一份职业，我们可以实现哪些价值呢？这些价值可以给我们带来职业满足感，也是我们努力工作的动力。职业带给人们的价值多种多样，而人们的需求也各不相同。人们往往不清楚自己到底想要什么，而一旦学会认清自己在职业中想要获得的价值，也就是职业价值观，就会自然地在择业过程中将职业价值观融入其中，即使在十分困难的时刻，也会紧盯长远目标不放松并且全力以赴，这样较容易在工作中取得更大的成就。

认清职业价值观可以通过匹配心理学家的职业价值观分类，也可以依靠自我思考、探索。认清个人的职业价值观有助于实现职业价值。

德国心理学家斯普兰格对职业价值观进行了分类，并列出了与之匹配的职业类型。

（1）理论型：例如学者，从对真理的探索中得到价值。

（2）经济型：例如实业家，从追求利益中感受到价值。

（3）权力型：例如政治家，通过执掌权力从统治中感受到价值。

（4）社会型：例如社会活动家，从爱与奉献中感受到价值。

（5）审美型：例如艺术家，从对美的追求中感受到价值。

国内一些专家把职业价值观分为9类。

（1）自由型：从自由、自立、自强、不受人干涉的工作中感受到价值。

（2）小康型：从追求安逸、尊敬中感受到价值。

（3）权力型：又称支配型，通过取得某种掌权地位来驱使他人而感受到价值。

（4）自我实现型：从追求真理、发挥个性、展现自我中感受到价值。

（5）志愿型：从帮助他人、默默奉献中感受到价值。

（6）技术型：从依靠一技之长而立足社会中感受到价值。

（7）经济型：从获得高薪、高福利中感受到价值。

（8）合作型：从亲情和友情中感受到价值。

（9）享受型：注重安逸、享受、规避劳苦和风险。

看一看

职业锚，又称职业系留点。锚是船停泊时使用的器具，用铁制成。职业锚是指当一个人不得不做出选择的时候，他无论如何都不会放弃的职业中的至关重要的东西或价值观，实际就是人们选择和发展自己的职业时所围绕的中心。

职业锚是自我意向的一个习得部分，指个人进入早期工作情境后，由习得的实际工作经验所决定，与在经验中自省的动机、价值观、才干相符合，达到自我满足和补偿的一种稳定的职业定位。职业锚强调个人能力、动机和价值观3个方面的相互作用与整合。职业锚是个人同工作环境互动作用的产物，在实际工作中是不断调整的。职业锚测评通过对你过去行为的分析和未来目标的探索，帮你认清你没有深入探索和认真体会的清晰、真实的自我，从而在面临职业选择时，做出与自己价值观、内心真实自我相匹配的职业决策。如果有时间，你可以找一个量表开展测试。职业锚的8种类型如图2-3所示。

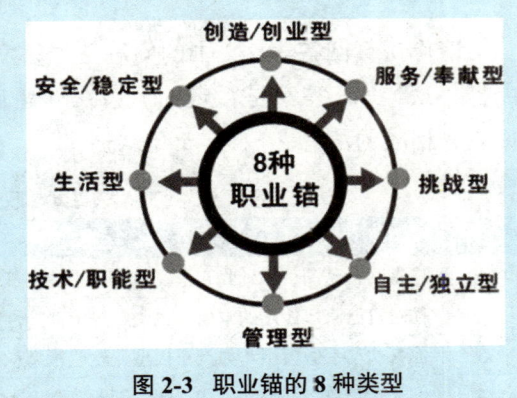

图2-3 职业锚的8种类型

总结案例

兴趣是最好的老师——金牌得主敬博家

敬博家是四川交通职业技术学院2018级汽车运用与维修专业的学生，自入学以来，他潜心学习，对专业精益求精。敬博家从小就喜欢摆弄玩具车，经常把它们拆了装，装了拆，父母不但没有骂他"不务正业"，反而非常支持。因为有这个爱好，他后来考入四川交通职业技术学院，学习汽车运用与维修专业。一个偶然的机会，第44届世界技能大赛汽车技术项目银牌获得者杨文浩学长的那句"拼了命，才会有收获"给他留下了深刻的印象，他立志要像杨文浩学长一样学好技术，为国争光。在深入接触汽车维修后，他发现里面有很深的学问，在训练过程中虽然也有感到枯燥的时候，但因为喜欢，他坚持了下来。敬博家后来入选了第45届世界技能大赛汽车技术项目辅助团队，在辅助其他选手的同时，他不断学习，努力提升自己的专业技能和综合素养，逐渐在各种比赛中崭露头角，在一个又一个的比赛中取得了好成绩。在2019年第46届世界技能大赛四川省选拔赛中，敬博家获得四川省选拔赛汽车技术项目第一名；2020年，他获得中国第一届职业技能大赛汽车技术项目金牌，成功入选世界技能大赛汽车技术项目国家集训队。

【启示】在我们有选择的机会时，应主动探索自己的兴趣，结合兴趣寻求发展方向，这样更能激起奋斗的热情，当我们看到成效时，也会反过来激起我们对自己从事的职业的热情，从而形成良性循环。当然，兴趣仅是一种主观的情绪和心理倾向，也有很多人能够干一行爱一行。当我们没有办法从事自己感兴趣的职业时，要学会调整自己的心态，努力取得成绩，以此激励我们爱上自己的工作。

简易职业兴趣测试量表

请你认真回答表2-4中的问题，若答案是肯定的，请在问题后面与"是"对应的括号内打"√"；若答案是否定的，请在问题后面与"否"对应的括号内打"√"。此外，请你完成相应的汇总。

表2-4 职业兴趣测试量表

序号	第一组	是	否
1	你喜欢自己动手修理收音机、自行车、缝纫机、钟表等物品吗？	（　）	（　）
2	你对自己家里使用的电扇、电熨斗等电器的性能、质量了解吗？	（　）	（　）
3	你喜欢动手做模型（如汽车模型、轮船模型、建筑模型）吗？	（　）	（　）
4	你喜欢与数字、图表（如记账、制图、制表）相关的工作吗？	（　）	（　）
5	你喜欢制作工艺品、装饰品等吗？	（　）	（　）
	总次数	（　）	（　）

序号	第二组	是	否
1	你喜欢在别人买东西时给他当顾问吗？	（　）	（　）
2	你热衷于参与集体活动吗？	（　）	（　）
3	你喜欢接触不同类型的人吗？	（　）	（　）
4	你喜欢拜访别人，与别人讨论各种问题吗？	（　）	（　）
5	你喜欢在会议上积极发言吗？	（　）	（　）
	总次数	（　）	（　）

续表

序号	第三组	是	否
1	你喜欢没有干扰地、有规则地从事工作吗？	（　）	（　）
2	你在做任何事情前都会进行周密的安排吗？	（　）	（　）
3	你善于查阅字典、年鉴、百科全书等吗？	（　）	（　）
4	你喜欢按固定的程序有条不紊地工作吗？	（　）	（　）
5	你喜欢有规律的、内容程式化的工作吗？	（　）	（　）
	总次数	（　）	（　）

序号	第四组	是	否
1	你喜欢倾听别人的难处并乐于帮助别人解决困难吗？	（　）	（　）
2	你愿意为残疾人服务吗？	（　）	（　）
3	在日常生活中，你愿意为他人提供帮助吗？	（　）	（　）
4	你喜欢向别人传授知识和经验吗？	（　）	（　）
5	你喜欢防病治病和照顾病人的工作吗？	（　）	（　）
	总次数	（　）	（　）

序号	第五组	是	否
1	你喜欢主持集体活动吗？	（　）	（　）
2	你喜欢接近领导和老师吗？	（　）	（　）
3	你喜欢当众发表自己的观点和意见吗？	（　）	（　）
4	如果老师不在，你能主动维持班级的秩序吗？	（　）	（　）
5	你具有强烈的责任感，并且工作上有魄力吗？	（　）	（　）
	总次数	（　）	（　）

序号	第六组	是	否
1	你爱读文学著作中对人内心世界的细致描述吗？	（　）	（　）
2	你喜欢听人们谈论他们的活动和想法吗？	（　）	（　）
3	你喜欢观察和研究人的心理和行为吗？	（　）	（　）
4	你喜欢阅读有关领导人物、政治家、科学家等名人的传记吗？	（　）	（　）
5	你想了解世界各国的政治和经济制度吗？	（　）	（　）
	总次数	（　）	（　）

续表

序号	第七组	是	否
1	你喜欢参观技术展览会或收听（观看）技术新闻节目吗？	（ ）	（ ）
2	你喜欢阅读《我们爱科学》之类的科普期刊吗？	（ ）	（ ）
3	你想了解生机勃勃的大自然的奥秘吗？	（ ）	（ ）
4	你想了解科学精密仪器和电子仪器的使用方法吗？	（ ）	（ ）
5	你喜欢复杂的绘图和设计工作吗？	（ ）	（ ）
	总次数	（ ）	（ ）

序号	第八组	是	否
1	你喜欢设计一款新的发型或服装吗？	（ ）	（ ）
2	你喜欢作画吗？	（ ）	（ ）
3	你想尝试写小说或编剧本吗？	（ ）	（ ）
4	你想加入学校的宣传队或演出小组吗？	（ ）	（ ）
5	你爱用新方法、新途径解决问题吗？	（ ）	（ ）
	总次数	（ ）	（ ）

序号	第九组	是	否
1	你喜欢操作机器吗？	（ ）	（ ）
2	你很羡慕机械工程师的工作吗？	（ ）	（ ）
3	你想了解机器的构造和性能吗？	（ ）	（ ）
4	你喜欢交通驾驶类工作吗？	（ ）	（ ）
5	你喜欢研究新的机器设备吗？	（ ）	（ ）
	总次数	（ ）	（ ）

序号	第十组	是	否
1	你喜欢从事非常具体的工作吗？	（ ）	（ ）
2	你喜欢从事很快就能看到产品的工作吗？	（ ）	（ ）
3	你喜欢从事能让别人看到成果的工作吗？	（ ）	（ ）
4	你喜欢从事用时短，但可以做得很好的工作吗？	（ ）	（ ）
5	你喜欢参与有形的而不是抽象的活动吗？	（ ）	（ ）
	总次数	（ ）	（ ）
	10 组总次数	（ ）	（ ）

续表

计分方式		
组别	回答"是"的次数	相应兴趣类型编码
第一组	（ ）	兴趣类型 1
第二组	（ ）	兴趣类型 2
第三组	（ ）	兴趣类型 3
第四组	（ ）	兴趣类型 4
第五组	（ ）	兴趣类型 5
第六组	（ ）	兴趣类型 6
第七组	（ ）	兴趣类型 7
第八组	（ ）	兴趣类型 8
第九组	（ ）	兴趣类型 9
第十组	（ ）	兴趣类型 10

分数解释：

回答"是"的次数越多，表示兴趣越浓厚；反之，表示兴趣越淡薄。请参照表 2-5，找出与自身兴趣相符的职业。

表 2-5　分数解释

兴趣类型编码	兴趣类型	兴趣类型解释与相应的职业
1	愿与事物打交道	这一类人喜欢与事物打交道（如工具、器具或数字等）的职业，而不喜欢与人或动物打交道的职业。相应的职业有修理工、裁缝、木匠、出纳员、会计等
2	愿与人打交道	这一类人喜欢与他人接触的工作，喜欢销售、采访、传递信息一类的工作。相应的职业有记者、营业员、服务员、推销员等
3	愿从事有规律的工作	这一类人喜欢常规的、有规律的活动，喜欢从事有预先安排的细致的工作。相应的职业有邮件分拣员、图书馆管理员、办公室职员、档案管理员、统计员等
4	愿从事社会福利和助人类的工作	这一类人乐意帮助别人，试图改善别人的状况，喜欢独自与人接触。相应的职业有医生、律师、护士、咨询人员等
5	愿从事领导和组织工作	这一类人喜欢管理工作，爱好掌管一些事务，他们在企事业单位中起到重要的作用。相应的职业有辅导员、行政人员、管理人员等
6	愿研究人的行为	这一类人喜欢谈论涉及人的话题，他们爱研究人的行为举止和心理状态。相应的职业有心理咨询师、政治学老师、人类学研究人员等
7	愿从事科学技术的工作	这一类人喜欢分析、推理、测试等工作，擅长理论分析，喜欢独立解决问题，也喜欢通过实验获得新发现。相应的职业有生物学家、化学教师、工程师、物理学家等
8	愿从事抽象的和创造性的工作	这一类人喜欢能充分发挥想象力和创造力的工作，爱创造新的式样和概念。相应的职业有演员、创作人员、设计人员、画家等
9	愿从事操纵机器的技术工作	这一类人喜欢运用一定的技术操纵各种机器，从而制造产品或完成其他任务。相应的职业有机床工、驾驶员、飞行员等

兴趣类型编码	兴趣类型	兴趣类型解释与相应的职业
10	愿从事具体的工作	这一类人喜欢制作看得见、摸得着的产品，希望很快看到自己的劳动成果，他们从完成的产品中获得自我满足。相应的职业有厨师、园林工、理发师、室内装饰工等

思考与讨论

乔布斯曾说过："The only way to do great work is to love what you do. If you haven't found it yet, keep looking. Don't settle. As with all matters of the heart, you'll know when you find it." 中文大意是，成就一番伟业的唯一途径是热爱自己的事业。如果你还没能找到自己热爱的事业，继续寻找，不要放弃。跟随自己的心，总有一天你会找到。但卡尔·纽波特教授并不这么认为，他提到："Follow Your Passion, Is Bad Advice." 中文大意是，追随你的激情，不是一个好的建议。他有以下3条建议。①不要追随激情。事实上，没有预设的激情。只有在你拥有卓越且有价值的才华之后，激情才会尾随而来。②脱颖而出。职业成功没有捷径，只能靠勤奋，让自己成为某个领域的专家，让人们无法忽视你的才华和技能。③入木三分。努力工作，尤其是深度工作。不要分散注意力，专注地完成需要认知能力、能够创造价值的任务。总体来说，卡尔·纽波特认为，你如何做事情比你做哪件事情更为重要。在兴趣和专长之间，他更倾向于专长。他认为，只有专长才能带给人们良好的职业体验，提倡做有价值的事情，通过努力工作，成为一名专家。他觉得这个路径可以帮助人们从工作中找到快乐。

你赞成谁的观点？请寻找具有相同观点的同学，组成辩论队，与持有不同观点的同学开展一场辩论赛。

2.3 职业生涯规划

学习目标

1. 了解职业生涯规划的含义和作用；
2. 熟悉职业生涯规划的环节和步骤；
3. 掌握职业生涯规划的方法。

导入案例

为准服装设计师做职业咨询

某高校服装设计专业大四学生小张前来咨询，他还有半年就毕业了，成绩一般，有点自卑，不知道自己未来是应该找工作还是应该创业，比较迷茫。通过沟通，我们了解到小张对自己的认识不够深入，对行业也缺乏了解。于是，我们先指导小张通过360度评估、霍兰德职业兴趣测验、MBTI职业性格测试深入了解自己。他的兴趣代码为SEA、性格代码是ENFP，从中可以看出小张很喜欢和人打交道，有抱负，对艺术比较感兴趣。当然，我们也告知小张测试的结果仅供参考，并给他留了作业——通过各种渠道了解服装设计相关领域人士的工作情况，还要与自主创业且有一定成绩的校友联系，了解创业的过程。通过深入了解这些情况，小张逐渐认识到，自主创业十分艰难，除了一腔热情，还需要资金、团队、机遇等，他目前没有很好的项目，因此暂时不考虑创业。至于就业，根据他了解到的情况，并结合自己的兴趣和专业基础，他觉得自己可以从事创作设计、结构设计、工艺设计等工作。他最喜欢结构设计，结构设计又称打版或版型处理，这是整个服装设计过程中十分重要的一个环节。这项工作刚从业时月薪通常为4 000～6 000元，稳定后可以达到10 000元左右。虽然工作中也伴随着各种压力，但相比创业，更为轻松、稳定。

在确定就业目标后，小张开始收集相关就业信息，并做好其他准备，最终在毕业前成功应聘到一家服装设计公司做结构设计。

（资料来源：中国公共招聘网，有改动）

【启示】当我们在职业选择和职业发展过程中遇到困难时，可以寻求职业规划咨询师的帮助。他们拥有系统、科学的理论和有效、实用的工具，可以帮助我们梳理职业发展中的各种问题，并提供应对方法，帮助我们成长。无论我们遇到什么困难，都可以积极寻求外界的帮助，消除阻碍，保持身心健康发展。

 就业与创业指导

应知应会

一、职业生涯规划的内容

（一）职业生涯规划的含义

职业生涯涵盖个体一生的发展历程，是指一个人在一生中所从事工作、担任职务的职业经历或相继历程，是伴随个体终身的动态发展过程。

一般来说，职业生涯规划是指个人结合自身情况及眼前的机遇和制约因素，为自己确定最佳的职业发展目标，选择职业发展道路，确定教育、培训和发展计划等，并为自己实现职业发展目标而确定行动方向、行动时间和行动方案。

它是按照职业生涯发展的阶段实现具体行动以达到目标的、以终为始和自内而外的实践过程。

> **想一想**
> 你童年时最喜欢模仿什么角色？
> 现在你最崇拜从事什么职业的人？
> 你想过什么样的退休生活？

（二）职业生涯规划的作用

职业生涯规划对一个人的职业发展乃至整个人生都具有重要的影响，正确的职业生涯规划能使一个人走向成功，错误的职业生涯规划有可能使人误入歧途，而没有职业生涯规划的人生就像脚踩西瓜皮，滑到哪里算哪里。提到职业生涯规划，很多同学会说"计划赶不上变化，想那么多干啥"。其实，若我们制定了恰当的职业规划，就明确了自己的奋斗目标，在实践过程中如果实际情况与自己的规划不同，或者发生了一些变化，有明确职业规划的人比没有职业规划的人更能够及时调整规划，想办法解决困难，寻找不同的路径，最终依然能够实现自己的目标。

具体来说，职业生涯规划的作用体现在以下几个方面。

第一，有利于明确职业发展目标。职业生涯规划可以帮助人们进行客观的自我分析和环境分析，在知己知彼的前提下制定合理且可行的职业发展目标。

第二，有利于引导个人发挥潜能，激励自我走向成功。职业生涯规划会帮助人们分阶段实现目标，同时阶段成就也能不断激励人们向新的目标迈进，努力工作，持续发展。

第三，有利于更好地抓住工作重点。进行职业生涯规划的一个十分重要的作用就是判

断工作的轻重缓急，紧紧抓住工作重点，从而更好地完成工作，并在工作中获得发展，最终取得成功。

第四，有助于评估自身的工作绩效。人们可以根据职业生涯规划评价已经取得的成绩，评估个人现状和目标的差距，并且采取恰当的措施应对外部环境的变化，从而不断推动自身进步。

> **看一看**
>
> ### 职业生涯阶段
>
> 1. 成长期（0～14岁）
>
> 这个阶段对职业充满幻想和憧憬。个人大多出于一时的兴趣而想从事某个职业，如天文学家、宇航员、将军、厨师、主持人等，并以游戏的方式扮演各种自己喜欢的职业角色，如警察、医生、教师等。
>
> 2. 探索期（15～24岁）
>
> 在这个阶段，个人开始认真地思考和探索各种可能的职业选择，并试图将自己的职业选择与自己对职业的了解、自己的兴趣和能力、教师和家长对自己的评价等结合起来。
>
> 3. 确立期（25～44岁）
>
> 这是一个人从确定自己的职业到稳定发展的阶段。这个阶段又分为修正阶段和安定阶段。
>
> （1）修正阶段（25～30岁）：这个阶段的人一般刚入职不久，处于职业的不稳定期，跳槽现象发生比较频繁。对大部分没有职业规划的人来说，这个阶段还处于职业探索期，他们通过不断变换工作来判断自己到底适合从事什么职业。
>
> （2）安定阶段（31～44岁）：在这个阶段，个人的职业已经基本确定，接下来应该更好地发挥自己的能力，取得职业成就。安定阶段是一个人职业发展的黄金时期，处于这个时期的人身体机能良好，职业能力也达到了较高的水平，一个人是否有较大成就关键看这个阶段。
>
> 4. 维持期（45～60岁）
>
> 在这个阶段，人们一般已在自己的工作领域取得了一定的成就，占据了较为稳定的一席之地，因此人们将大部分精力放在保有这一职位上，一部分人开始拥有第二职业、第三职业。
>
> 5. 衰退期（60岁以后）
>
> 60岁以后属于衰退期，大多数人这个时候已经离开了工作岗位。他们的子女大多已经成人，不用再过多操心；工作的压力也没有了，时间都由自己来安排，可以自由发展自己的兴趣爱好。

（三）职业生涯规划的环节

知己，是向内看，了解自己的兴趣、能力、价值观、个性，以及父母的管教方法、学校与社会教育自己产生的影响。

知彼，是向外看，包括了解职业的特性、所需的能力、就业渠道、工作内容、工作发展前景、职业的薪资待遇等。

抉择，包括抉择技巧、抉择方式及抉择可能面临的冲突、阻力、助力等。

目标，是赢得成功、有所作为的基本前提。坚定目标的意义不仅在于面对种种挫折与困难时能百折不挠、抓住成功的契机，还在于身处逆境能产生巨大的奋进动力，使自己的潜能得到最大化挖掘与释放。

行动，再长的路，一步一步走也能走完；再短的路，不迈开双脚也无法到达。"道阻且长，行则将至。"

> **想一想**
>
> 5年以后，你希望拥有怎样的生活？要实现这一理想，需要具备什么样的条件？在这些条件当中，你能达到的有哪些，不能达到的有哪些？
>
> 为了5年以后过上自己想过的生活，你准备怎么做？经过畅想、讨论，你的感想有哪些？请写下来。

（四）职业生涯规划的步骤

第一，自我评估。其主要包括对个人的需求、能力、兴趣、性格、气质等进行分析，以确定什么样的职业比较适合自己和自己具备哪些能力，即弄清楚"我想干什么、我能干什么及我要选择什么"。

第二，环境评估。其包括对社会政治环境、经济环境和组织环境的分析，即评估和分析环境的特点、发展与需求变化趋势、自己与环境的关系，以及环境对个人提出的要求、环境对个人的影响等。

第三，制定专业的职业生涯目标。制定符合实际的短期目标、中期目标与长期目标，同一时期目标不宜多，并且目标要明确、具体、可操作。

第四，制订行动计划，撰写求职简历，应聘面试，参加组织培训，构建人际关系网等。

第五，反馈与修正职业选择，调整职业生涯路线，修正人生目标，变更计划与实施措施等。

> **看一看**
>
> ### 职业生涯规划理论
>
> 在职业生涯规划的实际操作中，我们会用到各种理论，其中以心理学、管理学理论

居多。总体来说，职业生涯规划理论可以归结为以下几类。

一是人格特质理论。人格特质理论认为，特质决定个体行为，是人格的有效组成元素，也是测评人格常用的基本单位，在进行职业生涯规划时常应用的有卡特尔16种人格因素测验、明尼苏达多项人格测验、MBTI职业性格测试等。

二是职业发展理论。金斯伯格的职业生涯发展理论将人的职业发展划分为准备、选择、适应、稳定、衰退和结束6个阶段，每个阶段都有特定的任务；施恩的职业锚理论主要认证个人的职业生涯会随着时间的积累而沉淀出稳定的价值取向，主要有技术、管理、创造、安全、自主5种价值取向。

三是职业选择理论。帕森斯的特质因素论和霍兰德的职业类型论都强调个人特性与职业特性的匹配相关度。霍兰德将职业环境和从业者人格都分为现实型、研究型、艺术型、社会型、企业型和常规型6种，具有某种人格特征的人与具有相似特征的职业匹配度最高，个体的人格与环境之间的匹配是职业满意度、职业稳定度和职业成就度的基础。

四是管理学理论。奇特兰的职业决策模型认为，个体在面对职业、职位、生涯抉择时，总会权衡客观价值与个人价值观之间的冲突，尽可能选择能够获得最大收益且损失最小的结果，并总结出个体进行职业决策的具体流程。戈夫曼等提出的印象管理理论认为，个人通过一定的方式影响别人对自己的印象形成过程，即通过与他人互动，试图使他人积极地看待自己，尽可能弱化自己的不足或避免使他人消极地看待自己。

二、职业生涯规划的方法

（一）SWOT分析法

SWOT分析法常用在个人分析和环境分析方面。S（Strength）表示优势，W（Weakness）表示劣势，O（Opportunity）表示机会，T（Threat）表示威胁，其中S、W是内部因素，O、T是外部因素。通过对内部因素和外部因素的全面分析，我们可以扬长避短，发挥个人优势，弥补个人劣势，抓住外部机会，回避外部威胁，迎接挑战，完善自我、发展自我。个人SWOT分析如图2-4所示。

（二）5W 1H分析法

——Who am I？（我是谁？）

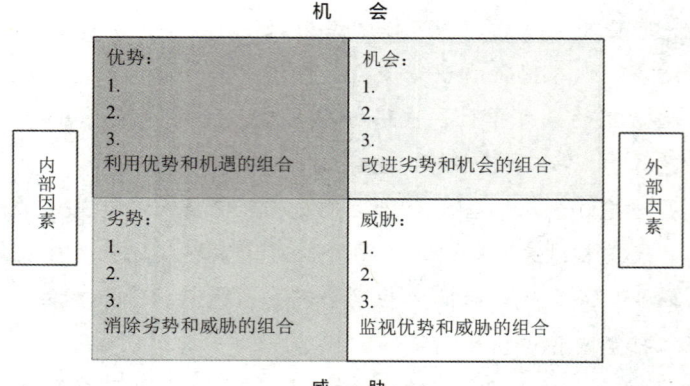

图 2-4 个人 SWOT 分析

——What will I do？（我想做什么？）

——What can I do？（我能做什么？）

——What does the situation allow me to do？（环境支持或允许我做什么？）

——What is the plan of my career and life？（我的职业与生活规划是什么？）

——How can I do？（我应该怎样做？）

只要回答了这些问题，找到它们最主要的共同点，你就有了自己的职业生涯规划。如果你有兴趣，现在就可以试试。首先，拿出 5 张白纸、1 支铅笔、1 块橡皮，在各张白纸的顶端分别写上一个问题；然后，静下心来，排除干扰，按照顺序独立认真思考每个问题，并写下自己的答案。做完这些，简单的职业生涯规划思路就有了。

（三）典型人物分析法

寻找一个跟自己背景相似的典型人物加以分析比较，树立职业榜样，从而找到自己可能的发展方向。这里所说的典型人物可以是新闻人物，也可以是身边的人物。老师们有时会在课堂上给大家分享优秀学生的案例，注意留心思考，这对你的职业生涯规划有一定的帮助。

职业生涯规划的方法还有很多，比如实地参观考察，真实体验职业，这样可以直接接触自己未来的工作环境，从而更好地做出相应的决策，或者改变自己的想法。

 总结案例

探索目标，决策行动，实现目标

小雨是 2018 级材料成型及控制技术专业的一名学生，处于大一下学期的她因为不确定是否应该去做一份兼职而前来咨询。我用决策的方法帮她梳理想法，通过询问兼职时间、决策权、父母的观点等都无法帮她决策，在问及她毕业时想达成什么目标时，她说想

通过专升本提升自己的学历，想通过全国大学英语四级考试提升自己就业的竞争力，还想考一个导游证，万一毕业后找不到工作，给自己留一条后路，在校期间还想做3次兼职，积累实践经验，为找工作增加砝码。

在了解到这些后，我和她一起分析各个目标：专升本有竞争对手，需要花费大量的时间与精力准备；全国大学英语四级和导游证考试也需要做一定的准备；实践经验想积累3次，目前是大一下学期，已经有2次实践经验，我告诉她，在大二的暑假，学校会要求每个同学参加一次与专业相关的企业实践，这样她积累实践经验的目标就达成了。她非常聪明，这个时候恍然大悟："老师，我明白了，实践经验的次数很容易就达到了，兼职的收入对我来说也不是必不可少的。我想专升本、通过全国大学英语四级考试和考导游证，就应该花更多的时间和精力去学习，做这份兼职要求每个月至少工作7天，我就没有时间学习了。"至此，她的问题迎刃而解。后来，她专升本成功了。

【启示】职业生涯规划可以帮助同学们明确自己的阶段目标，并且清楚目标对自己的价值和意义，这样在朝着目标努力的过程中就可以分辨哪些事情是有利于达成目标的，哪些事情是阻碍或者诱惑要坚决避免的。这样的职业生涯辅导与咨询可以帮助同学们走出迷茫，看清方向，在前行的路上更有力量。

制作职业生涯规划书

一、职业自我分析

1．我的自画像。

请认真完成图2-5所示的"我的自画像"。

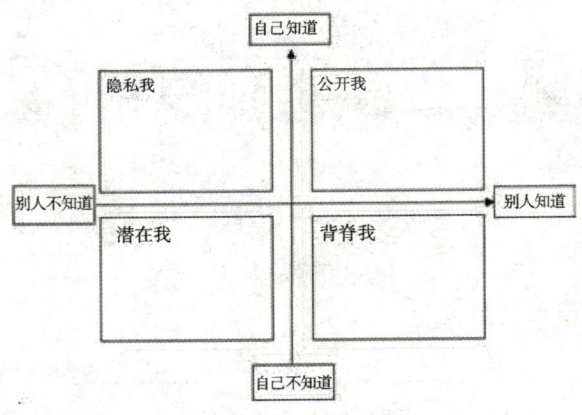

图2-5　我的自画像

2．我的职业兴趣。

请结合霍兰德职业兴趣测验，明确自己的职业兴趣类型。

3．我的职业能力。

（1）我的一般职业能力。

请在表2-6中完成一般职业能力分析，在合适的选项下面打"√"。

表2-6　一般职业能力分析

一般职业能力	很差	较差	一般	较强	很强
学习能力					
言语能力					
算术能力					
空间判断能力					
形态知觉能力					
符号知觉能力					
眼手协调能力					
手指灵活度					
手的灵巧度					

（2）我的特殊职业能力：_____。

4．我的职业价值观。

从图2-6中选择3个你十分看重的职业价值观，并且评价你对未来从事职业的满意度。

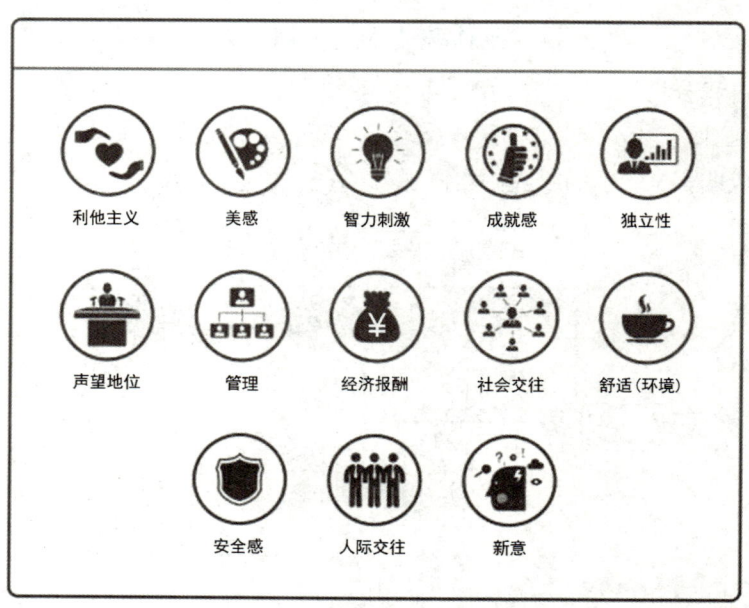

图2-6　职业价值观

5．自我分析总结。

我是一个_____的人。

二、外部环境分析

1．家庭环境分析。

（1）我的家庭条件（请在合适的方框中打"√"）。

贫困型□　　　温饱型□　　　一般型□　　　小康型□　　　富裕型□

（2）请填充图 2-7。

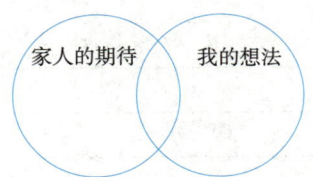

图 2-7　家庭环境分析

2．专业环境分析。

（1）我的专业课程。

请参照图 2-8 介绍自己的专业课程。

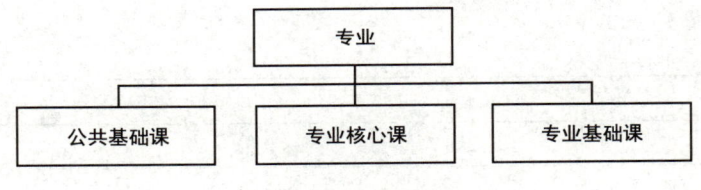

图 2-8　专业课程

（2）我未来的就业方向。

请根据所学专业，填充图 2-9。

（3）我的职业发展路径。

请结合所学专业毕业生的职业发展情况，填充图 2-10。

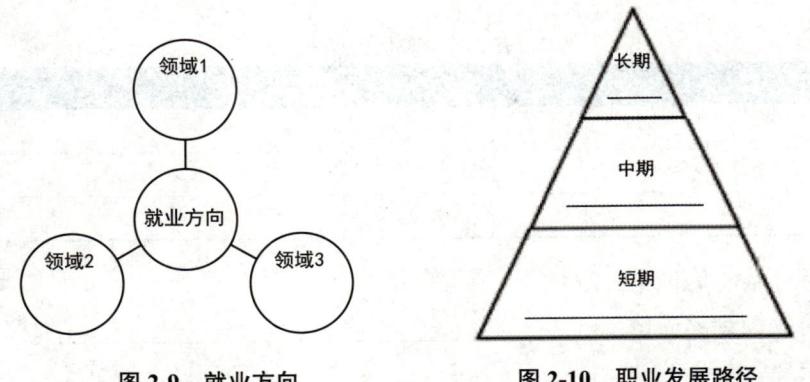

图 2-9　就业方向　　　　　图 2-10　职业发展路径

3．朋友圈分析。

（1）我的朋友的未来发展：_____。

（2）我和朋友之间的差距：_____。

三、职业目标定位

1．总体目标。

我将来要从事_____。

2．长期目标（6～15 年）。

职务目标：_____

学历目标：_____

经济目标：_____

家庭目标：_____

3．中期目标（3～5 年）。

职务目标：_____

学历目标：_____

经济目标：_____

家庭目标：_____

4．短期目标（1～2 年）。

学业目标：_____

知识目标：_____

技能目标：_____

经济目标：_____

四、行动方案设计

1．路径选择（请在合适的方框中打"√"）。

专家路线□　　　技术路线□　　　管理路线□　　　创业路线□　　　其他路线□

2．路线设计。

请在表 2-7 中填写行动计划。

表 2-7　行动计划表

时间	任务	措施

五、规划评估与修订

（1）我对本规划的评价：_____。

（2）朋友对本规划的评价：_____。

（3）家人对本规划的评价：_____。

（4）风险防范：_____。

（5）写给今天的自己：

1．通过职业生涯规划，你是否对自己的职业生涯有了清晰的认识？
2．列出你在进行职业生涯规划时遇到的问题，并向专业人士请教。

2.4 明确就业方向

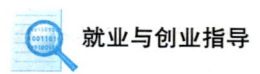 学习目标

1. 了解如何找准就业定位；
2. 掌握就业选择的方法；
3. 能够积极为就业做准备。

 导入案例

第一份工作趋势洞察

领英发布过《第一份工作趋势洞察》。报告指出，"95后"职场人的第一份工作平均做7个月。很多职场人的第一份工作不理想。一般来说，年龄越小，从第一份工作离职越早。"70后"职场人平均会在工作4年后跳槽，而"80后"将这一时间缩短到了3年半，"90后"（不含"95后"）是19个月，而"95后"干脆就只有7个月了。报告还指出，"95后"频繁更换工作的原因在于他们更加追求独立自主，更加关注自身感受和自我价值的实现，一旦发现工作与期待不符，就会快速做出其他选择；加之如今获取职业信息和机会的渠道越来越多，更换工作变得较简单。

（资料来源：领英，有改动）

【启示】较高的跳槽率反映出当前教育与就业市场之间的鸿沟。由于缺少对行业、职位或单位的了解，毕业生通常对第一份工作期望很高，但随后很快就会发现自己与工作岗位并不匹配。因此，毕业生应通过实习，更早、更好地去了解就业市场及工作岗位。

 应知应会

一、找准就业定位

（一）厘清就业要素

就业涉及地域、行业、企业和职位4个要素。个体可以将自己的就业目标描述为"多少年后，我希望在某地、某个行业、某个企业的某个职位工作"。

1. 地域

地域对一个人的职业发展会产生很大的影响。通常经济较发达的地域拥有较好的基础环境，同时竞争压力大，生活节奏快。毕业生在职业发展初期应慎重考虑就业地域问题，同时在职业发展过程中不要过于频繁地更换城市，因为在某个城市积累的资源很可能随着地域的变动而大大贬值，会在无形中使机会成本上升。

2. 行业

选择的行业也会对一个人的职业生涯产生巨大的影响，毕业生刚刚走向社会，可能很难马上发现适合自己的行业，可以多去尝试，但是尽量不要轻易转行，因为不积累多年的行业经验，很难深入了解一个行业，应努力在某个行业形成自己的核心竞争力。

3. 企业

企业是个人职业的承载平台，一个好的平台往往能够让人得到锻炼和成长，不断提升职业能力，增强个人对职业的信心，激发从业兴趣，不断促进个人职业的发展。大企业有规范和较完善的管理制度，可以帮助员工养成良好的工作习惯；而在小企业工作可以和企业一起成长，甚至成为左右企业发展的中坚力量。

4. 职位

职位即所从事的具体职务，如技术、行政、管理。毕业生应尽可能到企业的"主战场"去，也就是说去那些能够直接贡献价值的部门，即核心业务部门。一般来说，企业的高层大多来自核心业务部门。当经济不景气，企业需要裁员时，往往从边缘部门开始，而企业的核心业务部门是需要加强的。

（二）理解专业与就业

专业与就业关系密切，专业是就学校里的学业而言的，就业是就工作而言的。有人认为专业是就业的起点，即现在学什么专业，将来就从事相应的职业，甚至是终身职业；还有人认为，专业主要为将来从事的职业打下良好的基础，从而在职场上有更广阔的发展空间。专业与就业之间一般有以下 3 种情况。

1. 一个专业对应一个职业群

职业群一般由基本操作技能、工作内容、社会作用及从业者所应具备的素质相接近的若干职位组成。有的学校一个专业对应一个职业群，设置的专业对应的职业方向较为单一。一般来说，这类专业培养目标单一、明确，职业的专业性较强，技术含量较高。在这种情况下，可以先设定目标，根据目标制定最优学习方案，再进行系统的学习。

2. 一个专业对应多个职业群

一个专业可以对应多个相关的职业群。例如，建筑专业对应的职业有建筑师（建筑设计、规划)、城市规划师（利用专业技术从事城市规划工作)、园林建筑师（园林绿地的规划、设计、施工)、建筑史学家（研究西方与中国古代、近现代建筑史)、机械工程师（机械设备的设计、调试等)、制图员（根据草图及技术说明绘制正规图及其他技术图样)、施工项目经理（管控施工成本、进度及质量，管理工程合同)。因此，毕业生在确定专业方向后，还要确定适合自己的具体职业发展目标，从而在学习中有所侧重，为将来顺利步入理想岗位打下良好的基础。

3. 多个专业对应一个职业群

多个专业也可能对应一个职业群。该职业群大多要求毕业生具备多方面的能力，一般属于管理型的职业，如新闻记者、企业管理人员等。如果毕业生对此类职业感兴趣，那么建议先确定职业目标，再确定就业的专业方向，并且在学习专业知识的同时，主动学习与职业目标相关的其他知识，从而提升自身的综合素质。

二、就业选择的方法

（一）经验法

经验法指的是老师和家长依据自身的经验辅助毕业生做就业决策的方法。这种方法有利有弊：一方面，借鉴经验可以避免走弯路，而且很多时候老师和家长凭借经验确实能够很好地预测未来的发展；另一方面，由于老师和家长的水平有限，有时可能会预测失误，同时职业市场发展非常快，他们的预测有时会跟不上时代的发展。

（二）直觉法

有一部分人在做决策时倾向于依赖自己的直觉。在进行职业生涯规划或求职调查时，他们只有在发现让他们感到满意的职业之后，才会开始进行调查。他们喜欢先对问题有全局性的感觉，再决定自己下一步的行动。他们在对若干职业选择进行调查时，倾向于与人交谈，喜欢到工作实地走一走，更重视这份工作是否与其个性匹配。虽然这种决策方法被称为直觉法，但是决策主要依赖决策者智慧的积累，直觉型决策者大多愿意说他们是凭借运气找到一份适合自己的工作的，实际上他们是"准备撞上了机会"。直觉型决策者主要是靠发现机会进行决策的，因此他们有必要在进行求职决策时了解自己的价值观、兴趣、技能和个性。对直觉型决策者而言，最好的择业方法是幻想和描述一份理想的职业，或者把拥有一份有吸引力的职业的人作为楷模。

（三）比较法

比较法是一种非常理性的决策方法，即采用分析、演绎推理和反复衡量的方法进行思考。运用比较法做就业选择的流程如图 2-11 所示。

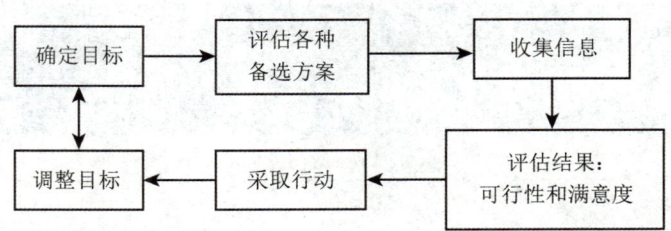

图 2-11　运用比较法做就业选择的流程

这种方法将问题转化为明确的目标，列举出各种备选方案，收集相关信息，评估各个方案可能产生的结果，从清单中剔除满意度最低的备选方案，通俗地讲就是"货比三家"。在运用比较法时，可以请老师、家人、朋友等有经验的人一起帮忙分析。比较法的具体应用如图 2-12 所示。

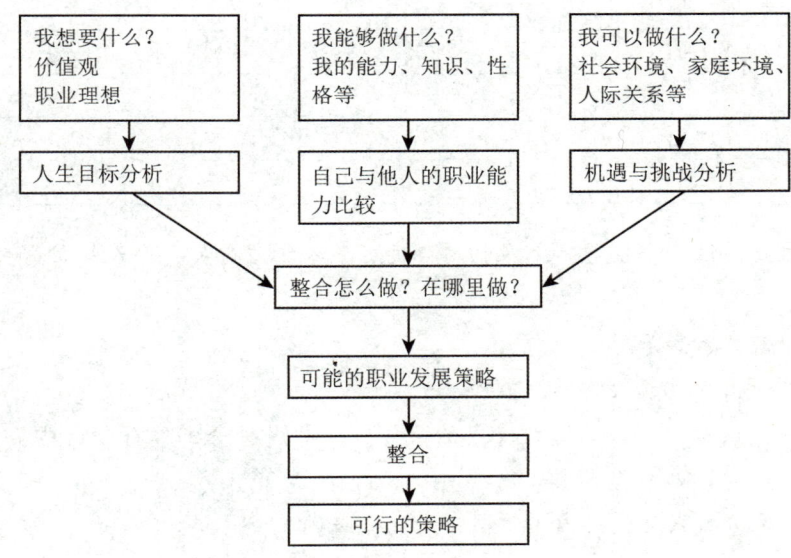

图 2-12　比较法的具体应用

此外，前文提到的典型人物分析法也可以用于就业选择。

学一学

就业选择中的平衡单技术

当个体因面对多种选择而无法决策时，可以采用平衡单技术。平衡单可以协助个体进行理智决策。平衡单的主要内容包括个体可选择的方案、考虑的因素、因素的评分和加权等，具体内容如表 2-8 所示。平衡单内的所有评分和权重都可以自己来设定。

表 2-8　就业选择平衡单

考虑的因素		权重	可选择的方案					
			选择一		选择二		选择三	
			+	−	+	−	+	−
个人物质得失	1. 福利薪水							
	2. 个人花费							
他人物质得失	1. 家人开支							
	2. 亲友关照							
个人精神得失	1. 精神状态							
	2. 工作压力							
	3. 个人成就感							
	4. 生活满意度							
他人精神得失	1. 家人的态度							
	2. 朋友的态度							
	3. 同行的竞争							
合计								
总计								

平衡单主要关注 4 个主题：个人物质得失、他人物质得失、个人精神得失、他人精神得失。

平衡单分析步骤如下。

第一步，列出你最想做的 3 份工作。

第二步，列出每份工作你曾经考虑的条件，并考虑每份工作符合这些条件的程度，从 −5～+5 给予其分数。

第三步，依分数累计，排出工作选择的优先级。

总结案例

在"非你莫属"成功就业的 IT 男刘鑫

2013 年 4 月初，24 岁的刘鑫登上了"非你莫属"的舞台，他是长春工业大学网络安全专业的应届毕业生，大学期间做过义工，通过做兼职，大学期间实现了自给自足。他从高中就开始从事网络安全方面的兼职工作，有五六年的网络安全实战经验，也认识了一些这个圈子里吉林大学学习相同专业的学生。在吉林大学参加 58 同城的招聘会时，通过 58 同城播放的企业宣传片，他被 58 同城的工作氛围和企业文化深深吸引了，特别向往去 58 同城工作。刘鑫此次前来"非你莫属"的就业定位非常清晰——就是冲着 58 同城来的。

在上节目之前，刘鑫专门针对58同城做了很多准备。刘鑫在节目现场表现出了强大的专业实力和高尚的职业操守，并且能够从容应对现场企业高管的提问，还能够用通俗的语言代替计算机网络安全领域的专业术语，备受企业高管的青睐。刘鑫也抵挡住了上海某游戏公司的高薪诱惑，坚定地要去58同城，最终他应聘成功。

【启示】刘鑫在高中时就明确了今后的职业方向——网络安全，并且在高中阶段就开始做与网络安全相关的兼职，进入大学后一边学习一边在进行网络安全方面的实践，不仅积累了丰富的工作经验，提升了工作技能，还能在生活上自给自足，最终凭借自己扎实的专业功底成功进入理想的企业工作。同学们尽早明确就业方向，可以为以后就业早做准备，学习的同时还可以积极参加职业实践，从而顺利、平稳地从学生角色过渡到职场角色。

活动与训练

制订个人求职计划

请将表2-9中的个人求职计划补充完整。

表2-9 个人求职计划

序号	必备条件	要素	规则	个人详细状况
1	目标和策略	目标	要有明确的初、中、高层次目标 至少要在岗位或专业要求、薪酬、工作环境、个人发展等方面有定性和定量要求	
		策略	要有实现目标的基本原则 要有实现目标的时间要求 要有实现目标的基本手段	
2	途径和方案	求职途径	要有至少3种明确的求职途径	
		实施方案	要针对至少3种求职途径，提出具体的实施方案	
3	个人条件	能力	具有能够满足用人单位需要的职业能力	
		经验	做过什么（具有能够满足用人单位需要的职业经验）	
		学历	具有能够满足用人单位需要的学历	
		社会关系	具有能够帮助自己就业的社会关系	
		其他	具有良好的形象、得体的言语等有助于求职的条件	

职场人际接触练习

看一看围绕你的目标职业，你了解了多少信息，获得了多少新的关系。请用适当的格式记录这些关系，可以参考表2-10。

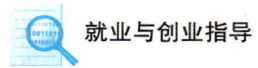

表 2-10 职场人际接触记录表

会晤人姓名：_____ 所在单位：_____ 职务：_____

谈话项目	具体内容
业余爱好	
访谈对象的情况	
访谈收集到的信息	
其他可以获得的关系	

思考与讨论

1. 你认为高职毕业生就业定位选择的要素有哪些？

2. 如果同时有两份工作供你选择，一份工作很辛苦，很少有自己的闲暇时间，但薪水高，另一份工作薪水不太高，但有很多时间供自己支配，那么你会如何选择？

单元三　职业能力与职场适应

📖 引导语

　　刚走出校门的毕业生凭借自己的专业知识，获得企业青睐的可能性很小。企业向他们抛出橄榄枝的原因大概率是欣赏他们的品质和修养，然后才是肯定他们的学识和技能。在校生要在基础知识和基本技能的学习过程中做到以下几点：提高认知能力，从而具备独立思考、逻辑推理、信息加工、语言表达和文字写作的素养，以及终身学习的意识；提高合作能力，从而更好地管理自我、与他人合作、过集体生活，以及处理个人与社会的关系，遵守道德准则和行为规范；提高创新能力，激发自己的好奇心、想象力和创新思维，培养创新人格，勇于探索、大胆尝试、创新创造；提高职业能力，从而适应社会需求，树立爱岗敬业、精益求精的职业精神，践行知行合一，积极动手实践和解决实际问题。在未来的职场中，我们常常会面临角色的转换和环境的改变，要想迅速在新环境中获得成功，就应该抱着从零开始、重新学习的心态，培养自己对新角色、新环境的"适应力"。

📖 单元学习目标

1. 能够遵守职业道德规范；
2. 能够不断提高个人职业素养；
3. 能够努力提升自我岗位胜任能力；
4. 能够转变角色并适应职场生活；
5. 能够正确理解创业型企业中的机遇与挑战。

3.1 遵守职业道德规范

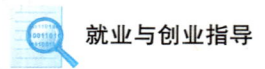
1. 能够判断某种行为是否符合职业道德规范；
2. 能够说出职业道德的基本规范；
3. 能够理解职业道德与行业道德的关系。

劳动者违反职业道德，用人单位可以解除劳动合同

孙某是某国际大酒店餐饮部主管，一天下班时，他在酒店门口的停车位上拾得该酒店客人吴某的钱包，但他未及时上交酒店。次日，酒店（相关领导）通过监控知悉后，要求孙某将钱包交出，由酒店出面归还失主吴某。孙某不同意，他未将钱包交给酒店，而是于同日上午委托他人与失主吴某取得联系，归还了钱包，受领了酬金。酒店通过失主吴某知悉上述情况后，再次同孙某进行了谈话，明确孙某在工作地点拾得客人遗失的财物未及时上交，对酒店的形象造成了负面影响，要求其承认错误，缴纳罚款，退还酬金，并从餐饮部主管岗位调整至服务员岗位（工资待遇不变）。孙某不接受此安排，于是被酒店解除劳动合同。孙某先是申请劳动争议仲裁，后诉至法院，要求酒店支付违法解除劳动合同的赔偿金等。法院审理认为，劳动者在工作时间或者工作范围内都应该遵守用人单位的规章制度和基本的职业道德规范。《中华人民共和国劳动合同法》第三十九条规定，劳动者有严重违反用人单位的规章制度的，用人单位可以解除劳动合同。孙某在酒店与其谈话明确要求其将拾得的钱包交给酒店处理时，仍予以拒绝，坚持自行处理，这种行为不仅违反了酒店的规章制度，还有违职业道德规范，亦对酒店形象造成了一定的损害。酒店据此以孙某严重违反劳动纪律和规章制度为由解除劳动合同并无不当，且在起诉前已经通知并取得了工会的同意，程序亦合法，应属合法解除，对孙某要求酒店支付赔偿金的诉讼请求不予以支持。

【启示】孙某作为酒店服务业从业人员，在拾遗后未主动告知酒店，且自行联系失主，受领酬金，不仅违反了职业道德规范，更为社会公德所不容。我们在职场中，一定要遵守单位有关规定，并践行职业道德规范。

 应知应会

一、职业道德的含义

职业道德有广义和狭义之分。广义的职业道德是指从事一定职业的人在职业生活中应当遵循的具有职业特征的道德要求和行为准则;狭义的职业道德是指在一定的职业活动中人们应遵循的、体现一定职业特征的、调整一定职业关系的行为准则和规范。职业道德的含义包括以下 8 个方面:

(1) 职业道德是一种职业规范,受社会普遍认可;
(2) 职业道德是长期以来自然形成的;
(3) 职业道德没有确定的形式,通常体现为观念、习惯、信念等;
(4) 职业道德依靠文化、内心信念和习惯,通过员工自律实现;
(5) 职业道德大多没有实质的约束力和强制力;
(6) 职业道德的主要内容是对员工义务的要求;
(7) 职业道德标准多元化,代表不同的企业可能具有不同的价值观;
(8) 职业道德承载着企业文化和凝聚力,影响深远。

说一说

谭千秋

在 2008 年 "5·12" 汶川地震中,东汽中学教师谭千秋危急时刻用双臂将学生紧紧护在身下,4 名学生因此成功获救,而他自己却献出了宝贵的生命。谭千秋用自己的行动诠释了一名伟大教师的无私大爱!你如何看待谭千秋的做法?

二、职业道德的特征

(一) 适用范围的有限性

每种职业都担负着特定的责任和义务。由于各种职业的责任和义务不同,因此形成了各自特定的职业道德规范。

(二) 发展的历史继承性

职业具有不断发展和世代延续的特征,不仅其技术世代延续,其管理员工的方法、与

服务对象打交道的方法也具有一定的历史继承性。例如，"有教无类""学而不厌，诲人不倦"始终是教师应遵守的职业道德。

（三）表达形式的多样性

由于职业道德的要求较为具体、细致，因此其表达形式多种多样。

（四）极强的纪律性

纪律也是一种行为规范，是介于法律和道德之间的一种特殊的行为规范。它既要求人们自觉遵守，又带有一定的强制性。就前者而言，它具有道德色彩；就后者而言，它具有一定的法律色彩。职业道德有时以制度、章程、条例的形式表达，从业人员可以从中较容易地认识到职业道德具有极强的纪律性。

> **议一议**
>
> 下列说法分别体现了职业道德的哪些特征？
> （1）"百问不厌，有问必答"是对营业员的职责要求，但对应该保守国家机密的公务员而言，这样的职责要求则可能导致泄密。
> （2）新职业的出现会形成新的职业道德。
> （3）没有不存在职业道德的职业。
> （4）"关爱学生"作为教师的职业道德规范，要求教师关心爱护全体学生，尊重学生人格，平等公正地对待学生。

三、职业道德的功能

（一）传承职业文化

职业道德以准则与规范的形式，向人们展示看得见、摸得着的行为标准，既是实现人们全面发展的重要手段，也是提高劳动生产率的有效工具，更是塑造职业文明的必备条件。

（二）引导职业风气

在职业活动中，职业风气是职业文明的重要表现形式。职业道德建设可以提高人们的道德水平，促进良好社会风尚和职业风气的形成，有利于完善人格，促进人们的全面发展。

（三）调节职业关系

职业道德具有调节职业关系、维护社会生产和生活秩序的作用。职业道德虽然没有法律威严，但事实上，对于很多具体、复杂的职业关系，法律是无能为力的，只有在职业道德的层面进行调节和疏导，才能满足职业生活的需要。

（四）规范职业活动

职业道德对职业活动具有导向、规范、整合和激励等作用，能引导职业活动朝着健康、有序、和谐的方向发展。

四、职业道德的内容

1996年，《中共中央关于加强社会主义精神文明建设若干重要问题的决议》规定了职业道德的基本规范，即"爱岗敬业、诚实守信、办事公道、服务群众、奉献社会"。社会主义职业道德的基本原则是集体主义。因为集体主义贯穿社会主义职业道德规范的始终，是正确处理国家、集体、个人关系的最根本的准则，也是衡量个人职业行为和职业品质的基本准则，是社会主义社会的客观要求，是社会主义职业活动获得成功的保证。2019年，中共中央、国务院印发《新时代公民道德建设实施纲要》，其将职业道德的主要内容修订为"爱岗敬业、诚实守信、办事公道、热情服务、奉献社会"。

（一）爱岗敬业

爱岗敬业是社会主义职业道德最基本、最起码、最普通的要求。爱岗敬业作为最基本的职业道德规范，是对人们工作态度的一种普遍要求。爱岗就是热爱自己的工作岗位，热爱本职工作；敬业就是以极其负责的态度对待自己的工作。

（二）诚实守信

诚实守信既是做人的基本准则，也是职业道德的一项基本规范。诚实就是表里如一，说老实话，办老实事，做老实人；守信就是信守诺言，讲信誉，重信用，忠实履行自己承担的义务。诚实守信既是各行各业的行为准则，也是做人做事的基本准则，大家都应该遵守。

（三）办事公道

办事公道是指对人和事的一种态度，也是千百年来人们所称道的职业道德。它要求人们待人处事公正、公平。

（四）热情服务

热情服务就是发自内心热忱地、周到地为人民群众服务，社会全体从业者通过互相服

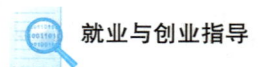

务，促进社会发展、实现共同幸福。热情服务是一种现实的生活方式，也是职业道德要求的一项基本内容。热情服务是社会主义职业道德的核心，是一个人事业成功的基础。

（五）奉献社会

奉献社会就是积极地、自觉地为社会做贡献。奉献社会体现在爱岗敬业、诚实守信、办事公道和热情服务的各种要求之中。奉献社会并不意味着不追求个人的正当利益，不追求个人的幸福。事实上，一个自觉奉献社会的人，才能真正找到个人幸福的支撑点。奉献和获取个人利益是辩证统一的。

看一看

风光不再的白酒品牌

1995年，山东一家酒厂用6666万元人民币买断中央电视台的黄金时段广告，夺得"标王"称号。该酒厂一夜爆红，满天的订单朝它"砸"来，一个月的时间，订单额高达2.18亿元人民币。1997年，《经济报》刊出一条爆炸性新闻，该酒厂在山东的基地每年只能生产3000吨原酒，根本无法满足市场的需要，因此该酒厂从四川的一些酒厂大量收购原酒，运回山东后进行勾兑。该酒厂的市场形势开始全面恶化，随后曾经风光无限的知名酒业瞬间跌入了谷底。

五、职业道德与行业道德

每个行业对从业人员都有自己的职业道德要求。例如，对医务人员的职业道德要求是防病治病，救死扶伤；对教师的职业道德要求是诲人不倦，教书育人；对财会人员的职业道德要求是实事求是，廉洁自律；对商业服务员的职业道德要求是热情细致，服务周到；对记者的职业道德要求是尊重事实，客观公正；对导游的职业道德要求是热情服务，不卑不亢。

由于各行各业的工作性质、社会责任、服务对象、服务内容、服务方式等存在差异，因此对从业人员都有自己特殊的职业道德要求。行业道德规范把普遍使用的职业道德基本规范与特定的具体要求结合起来，形成了具体行为准则，便于理解和执行，更便于规范从业人员的职业行为。

行业道德规范可以有效地调节行业内部关系，维护行业秩序，避免同行之间不正当竞争，可以更好地维护行业整体形象，促进行业整体发展。

议一议

IBM：通过建立竞争情报体系，实现企业扭亏为盈

竞争情报是关于竞争环境、竞争对手和竞争策略的信息与研究。它既涉及过程（对竞争信息的收集和分析），也是一种产品（通过分析形成的情报或策略）。

20世纪80年代末，IBM公司对市场竞争趋势的判断出现重大失误，导致公司陷入困境。1991年至1993年，IBM公司的亏损超过147亿美元，其发展和生存面临严峻的挑战。1993年1月，IBM公司的董事会决定辞退总裁，并由曾任职于麦肯锡公司的路易斯·郭士纳先生担任IBM公司新的董事长兼首席执行官。

路易斯·郭士纳上台后，除对公司的最高决策层和管理层进行改组外，采取的另一项重大举措是建立了一个遍及整个公司的竞争情报体系。该竞争情报体系包括完善的管理信息网络和监视竞争对手的常驻"专家"和与之协同工作的竞争情报人员，以及生产、开发、经营和销售等职能部门的代表，这些人员构成一个个专门的竞争情报工作小组，负责管理整个计划中相关方面的竞争情报工作。分布在整个公司的各个竞争情报工作小组每天对竞争对手进行分析，IBM公司全球各地的经理们和分析师通过网络进入竞争情报数据库，并做出新的竞争分析。竞争情报工作小组还使用IBM公司的全球互联网技术获取外界信息，利用IBM公司的内部互联网技术更新公司内部的信息。

通过调整竞争情报工作重点及建立新的竞争情报体系，IBM公司各部门的竞争情报力量能够有效地集中应对主要的竞争对手和主要威胁，并提供各种提高各竞争情报工作小组协作水平的办法，优化了原有的情报资源，增强了公司适应市场变化和对抗竞争的能力，最大限度地满足了全球市场上客户的需求，公司的销售收入持续增长。竞争情报在IBM公司经营改善中的作用逐步显现出来，IBM公司在信息技术行业中又重新获得了领先地位。

思考：此案例是否涉及与职业道德、行业道德相关的问题？

总结案例

"听得见"的微笑

邓红英，中共党员，广西柳州市某公司驾驶员。她在公交驾驶员的平凡工作岗位上做出了不平凡的业绩。她视岗位为生命，把真诚献给乘客，始终如一地践行"一言一语暖乘客心坎，一心一意为乘客着想，一举一动对乘客负责，一点一滴解乘客所难"的服务准则，甘当"老人的儿女，孩童的阿姨，盲人的拐杖，外地人的活地图"。她在公交车上准备了时钟、意见簿、药箱、雨伞、卫生筐、报纸、指路卡等，竭尽全力地为乘客提供便利和服务。当车辆堵塞时，她使用亲切的语言安慰乘客；当车辆进站时，她把公交车停得恰到好处；当乘客遗忘东西时，她想方设法归还。她用微笑传递真情，当老人上车后，她面带微笑地给予子女般的照顾；当儿童上车后，她面带微笑地施以母亲般的关爱。在工作过程中，即使遭受醉汉辱骂，她仍忍泪为醉汉找座，以防他摔倒。她将十米车厢作为传播文明、构建和谐的阵地和平台，打造了"微笑待客"的服务金牌，被广大乘客誉为"微笑天使"。

她视安全行车为公交人的第一天职，始终坚持文明驾驶，注重行车安全，确保广大乘客的安全，从未发生过任何安全责任事故。邓红英2005年荣获全国职工职业道德十佳标兵荣誉称号，2006年荣获全国五一劳动奖章和全国三八红旗手称号。

　　【启示】爱岗敬业的邓红英在平凡的工作岗位上践行着高尚的职业道德，在给乘客带来温暖的同时，也得到了乘客们的认可和尊敬。她在平凡的岗位上感受到了自身的价值，也获得了应有的回报。

活动与训练

演讲比赛

　　1. 演讲内容：以"我身边的故事与职业道德"为主题，结合自身成长经历和身边的故事，谈谈自己对职业道德的认识，题目自定。

　　2. 主题鲜明，具有创新性和时代感。

　　3. 演讲稿要求原创，禁止抄袭。

　　4. 演讲过程中要求语言流畅，有较强的感染力，可以根据自己的实际需要，添加背景音乐、进行PPT展示等。

　　5. 演讲时尽量脱稿，时间为3～5分钟。

　　注：教师可根据实际情况，给予表现突出者一定的奖励。

思考与讨论

　　1. 结合你所学的专业，谈一谈如何践行职业道德。

　　2. 在新时代背景下，如何理解职业道德的五项基本规范？

3.2 提高个人职业素养

学习目标

1. 理解职业素养的内涵；
2. 熟悉职业素养的内容；
3. 掌握提高职业素养的方法。

导入案例

"汗渍"淬炼世界技能金牌

2017年，袁强代表中国参加第44届世界技能大赛，并夺得工业控制项目金牌。每两年举办一届的世界技能大赛，被誉为"世界技能奥林匹克"，其竞技水平代表了当今职业技能发展的世界先进水平。世界先进水平是怎样的呢？例如，把器件安装到墙面的精度保证误差在正负1毫米之内，1小时内接入上百根电缆等。在比赛中，选手需要对现场提供的工业自动化元器件和材料进行加工、组装，并完成程序设计，整个过程中需要用到的工具（如水平尺、压线钳、螺丝刀等）能装满整整3箱。除了需要具备高超的技术水平，赛场可能出现的各种情况也考验着选手的各项职业素养。在比赛中，袁强因为工作人员发错卷子而一下子慌了神，他随即想到自己在代表国家参赛，这个项目中国还没有拿过金牌，目前自己的分数还是第一名，要赶紧放松下来比赛才有可能取得不错的成绩，放在桌上的两面五星红旗仿佛也在给他加油，他随即调整好心态，心无杂念地投入比赛中。最终，他以超高的技术水平和极高的职业素养赢得了比赛，实现了"金牌梦想"。这是山东选手参加世界技能大赛获得的首枚金牌，也是中国工业控制项目史上零的突破。

（资料来源：新华社客户端，有改动）

【启示】世界技能大赛作为向全世界推广全球化职业技能标准的大赛，它的赛项内容设计大多来自工作或生活场景，其测试标准是职业标准，不但对参赛选手完成工作任务的程序和质量有严格的评判标准，而且会按职场标准严格检验选手的工作程序、工具使用情况、安全防护技能、场地清洁情况、心理素质等，充分体现了对参赛选手职业素养的高要求。我国正在从经济大国向经济强国迈进，祖国建设需要大量高技能技术人才，对人才的要求逐渐趋于世界级水平。未来，我们只有不断提高自己的职业素养，才能为祖国的发展做出较大的贡献。

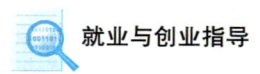

 应知应会

一、职业素养的意义

（一）个人角度

从个人角度看，职业素养是一个人职业生涯发展的关键因素。适者生存，一个人若缺乏良好的职业素养，则很难取得突出的业绩，更谈不上建功立业了。因此，提高职业素养有利于促进个人的全面发展。

（二）企业角度

从企业角度看，员工的职业素养关系到企业整体效率的提高。员工的职业素养与企业的整体劳动效率密切相关，企业唯有聚集一群具备较高职业素养的人员，才能实现自身的生存与发展。因为他们可以帮助企业节省成本、提高效率，从而提高企业在市场上的竞争力。因此，提高员工的职业素养有利于提高企业的劳动生产率。

（三）社会角度

从社会角度看，国民的职业素养直接影响人民生命财产安全和社会稳定。国民职业素养的高低直接影响着国家经济的发展，提高国民职业素养有利于推动社会发展和科技进步，是人民生命财产安全和社会稳定的前提。

二、职业素养及其相近概念

（一）职业素养的内涵

素养是指一个人在从事某项工作时应具备的素质与修养。它是指一个人在品德、知识、才能、体格等方面先天的条件及后天学习与锻炼的综合结果。素质强调生理特征，先天因素；素养强调后天养成，主要是学习与锻炼的结果。

一般而言，职业素养是人类在社会活动中需要遵守的行为规范，是职业内在的规范和要求，是个体在从业过程中表现出来的生理和心理条件基础上的综合品质，包含职业道德、职业技能、职业行为、职业作风和职业意识等，个体行为的总和构成了自身的职业素养。也就是说，职业素养是劳动者对社会职业了解与适应能力的一种综合体现。

（二）职业素养与普通素养

职业世界对人的素养要求构成职业素养的基本内容，日常生活世界对人的素养要求则构成普通素养的基本内容。可以说，职业素养是个体通过职业活动和职业生涯表现出来的内心品质，具备职业素养的人不但能够达到职业世界对人的基本要求，而且能够以自身的良好品质应对职业世界的快速变化。普通素养作为日常生活世界对人的素养要求，是人们在日常生活中培育的，如高尚的道德、良好的判断能力、处理日常生活各项事务的能力等，它能保证人们更好地应对日常生活世界的纷繁复杂，以一种正确、健康的方式处理各种关系。我们可以将职业素养看作普通素养在职业世界的特殊化，虽然二者的具体要求不同，但是相互影响。

（三）职业素养与职业素质

职业素质是指从业人员在一定的生理和心理条件基础上，通过教育培训、职业实践、自我修炼等途径形成和发展起来的，在职业活动中起决定性作用的、内在的、相对稳定的基本品质。每个劳动者，无论从事哪种职业都必须具备一定的思想品德素质、生理素质、心理素质、科学文化素质等。从含义来看，职业素质包含部分先天的生理因素，而职业素养强调后天在职业环境中形成。

（四）职业素养与职业能力

没有运用职业能力完成具体工作任务的过程，就没有职业素养得以实现的载体。同时，职业素养通过指导人们在具体情境中采取具体行动，又成为职业能力得以更好发挥的利器。一个具备团队合作能力的人不一定乐于进行团队合作，他可能由于认知的原因（如认为团队合作的效率低于个人决策的效率）或者个性的原因更偏向独立行动。因此，并不是具备团队合作能力的人就一定会在执行某项工作任务的过程中积极地和别人沟通，光培养团队合作能力是不够的，还要培养其团队合作意识，从这一点来看，职业素养是对职业能力的深化和提升。

看一看

在做事之中提升自我

王阳明在江西讲学的时候，当地一位地方官员听得十分入神，很有收获。他找到王阳明说："我很想深入学习你的心学，但是我公务繁忙，实在抽不出时间来学习，这可如何是好呢？"王阳明说："我也没说过要你抛开公务去学习啊，其实在做事之中就能提升自我，假如你要断案，就从断案这件事上学习心学。当你断案时，要有一颗无善无恶的心，不能因为对方无礼而恼怒，不能因为对方言语随和而高兴，不能因为厌恶对方请托而存心整治他，不能因为同情对方而屈意宽容他，不能因为自己事务繁杂而随意草率结案。你应当认真省察克治，心中万不可有丝毫偏离而枉人是非。如果抛开事物去学习，反而处处落空，得不到心学的真谛。总之，你应该始终秉持公正无私之心做事，真正做到知行合一。"

三、素质冰山模型

美国学者提出了"素质冰山模型"。"素质冰山模型"的核心内容是：一个人的职业素质有显性职业素质和隐性职业素质之分，其中显性职业素质占个人职业素质的八分之一，而隐性职业素质占比高达八分之七。若把一个员工的全部才能看作一座冰山，浮在水面上的是他的职业资质、职业行为和职业技能，这些是其显性职业素质，这些既可以通过学历证书、职业证书等来证明，也可以通过专业考试来验证；而潜在水面之下的东西，包括职业道德、职业态度和职业意识，我们称之为隐性职业素质。显性职业素质和隐性职业素质的总和就构成了一个员工所具备的全部职业素质（见图3-1）。

图3-1　显性职业素质和隐性职业素质

企业员工职业化程度的高低既决定了企业的未来发展，也决定了员工自身未来的发展。企业员工是否具备职业道德、职业态度、职业意识及职业资质、职业行为、职业技能，直接决定了企业和员工发展的潜力及成功的可能性。企业员工若具备职业素质，就拥有了相当的职业竞争力，也就向成功迈出了第一步。

看一看

四张图说清职场中的职业素养

1. 工作境界（见图3-2）

"态度决定一切"乍一听好像没什么问题，但实际上太绝对了。我们可以说，态度能够决定一个人事业和人生的高度。有人把工作看成谋生手段，庸庸碌碌，他是用力在工作；有人把工作看成职业选择，忙忙碌碌，他是用心在工作；有人把工作看成事业追求，积极向上，他是用情在工作。有正确态度的人，才有可能成为赢家。

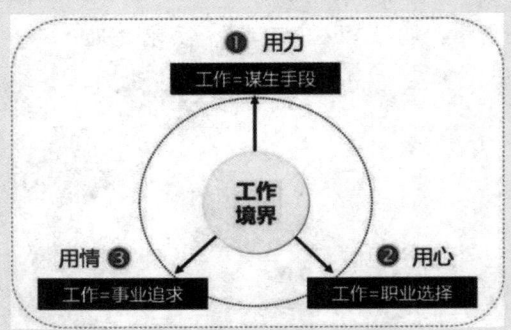

图 3-2　工作境界示意图

2. 职场逻辑（见图 3-3）

（1）价值逻辑：一个人价值观稳定，工作、学习、生活才有秩序，否则就会陷入混乱之中。价值观摇摆不定的人，尽管态度积极，也终将难以形成正确的知识体系。

（2）情感逻辑：基本主张是重理性，控情绪。对外界的刺激，我们不能做应激式反应，应该冷静思考。他人的言行伤害不了我们，唯一能够影响我们的，是我们选择的对他人言行的回应方式。

（3）工作逻辑：基本主张是先工作，后生活。享乐在先，与企业的价值取向是背道而驰的。先把本职工作做好，才可能获得物质待遇的提升。

（4）管理逻辑：基本主张是法在前，情在后。

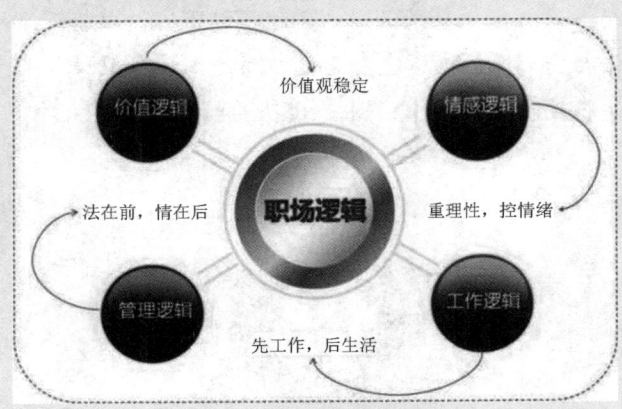

图 3-3　职场逻辑示意图

3. 职场行为（见图 3-4）

（1）规范：包含程序、制度、标准，对规范的遵守分为 3 个境界，即被迫、认同、自觉，其中自觉是最高境界。

（2）负责：分为3个境界，即承担责任、采取行动，采取行动、效果良好，思考对策、做好预防。负责的最高境界是做好预防。

（3）合作：就是与他人配合、为他人提供帮助，以使工作顺利完成。与规范、负责一样，合作也分为3个境界，即做好本职工作，主动协助他人，熟悉他人并主动支持。合作的最高境界是熟悉他人并主动支持。

图 3-4　职场行为示意图

4. 职业"四度"（见图 3-5）

（1）态度：前文已阐述，这里不再赘述。

（2）高度（格局与胸怀）：若有了正确的态度，尤其当我们把工作看成事业追求，用情工作的时候，格局就已经形成了。一个人的胸怀决定了其格局的大小，容人容事，才能心宽路宽。

（3）精度（专业与胜任）：每个岗位都有专业性，找对领路人，专心做事，用心体会，专业度才会不断提升。先把事情做对，再把事情做好，就有了职业发展的精度。

（4）速度（方法与行动）：把态度、高度、精度落实到具体的行动之中。我们应先把事情做对、做好（精度），再把事情做快（速度）。

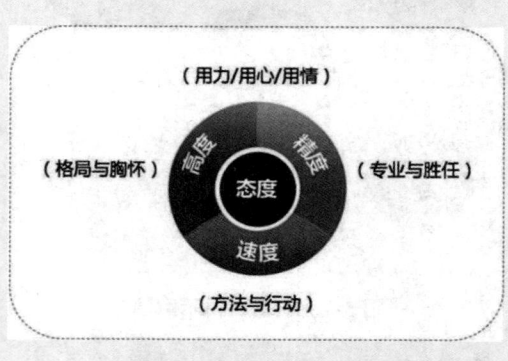

图 3-5　职业"四度"示意图

四、职业素养的构成要素

（一）职业道德

人们在参与职业活动的过程中，一切符合职业要求的心理意识、行为准则和行为规范的总和被称为职业道德。它是一种内在的、非强制性的约束机制，是用来调整职业个人、职业主体和社会成员之间关系的行为准则与行为规范。

（二）职业技能

职业技能是就业所需的技术和能力，包括智力技能、技术技能、人际沟通技能、企业组织管理技能等。

（三）职业行为

职业行为是人们对职业劳动的认识、评价、情感和态度等的行为反应，是职业目的达成的基础。从形成意义来说，它是由人与职业环境、职业要求的相互关系决定的。职业行为包括职业创新行为、职业竞争行为、职业协作行为、职业奉献行为等。

（四）职业意识

职业意识是人们对职业劳动的认识、评价、情感和态度等的综合反应，是全部职业行为和职业活动的调节器，包括诚信意识、顾客意识、团队意识、自律意识、创新意识、竞争意识和奉献意识等。

议一议

案例1：病房里，卫校实习生丁茹准备给病人打点滴。刚要注射时，她的手不小心碰到了一次性注射针头。尽管患者没有看到，当时病房里也没有别人，而且丁茹的手刚刚消过毒，但她还是决定更换一个新的注射器。

案例2：锅炉工小赵值夜班，因为晚上喝了酒而睡着了，被车间主任发现了，他被罚款100元，并需要做出书面检讨。事后，小赵非但不认真反思自己的问题，反而认为被抓住是因为自己倒霉，还埋怨车间主任不近人情。

问题：保持职业素养是靠自律，还是靠他律？

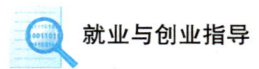

五、提高职业素养的方向

（一）品德

小胜凭智，大胜靠德。也就是说，小的胜利依靠我们的智慧，而大的胜利和发展依靠我们的品德。纵观那些成功人士，或许他们成功的过程各不相同，但有一点是相同的：具有高尚的品德。

（二）敬业

敬业，就是尊敬、尊崇自己的职业。如果一个人以一颗尊敬、虔诚的心对待职业，甚至对职业有一种敬畏的态度，他就已经具有一些敬业精神了。如果一个人没有基本的敬业精神，他就难以成为一个优秀的人，更难以担当大任。只有把工作当成事业来干，才能干长久，才能变得卓越，对待工作应虔诚，尽力而为不够，还应全力以赴。

（三）主动

毕业生要积极从"要我做"向"我要做"转变。人才不是仅具有专业知识、埋头苦干的人，而是积极主动、充满热情、灵活思考的人。在职场中，一个合格的员工不会被动地等待别人告诉他应该做什么，而是会主动了解和思考自己应做什么、怎么做，并且认真地做规划，然后全力以赴地完成。

（四）责任

勇于担当才会有大发展。在职场中，责任感与发展的空间和机会往往成正比。也就是说，一个人越勇于承担责任，越有大的发展。一个一流的员工，往往是一个优秀的责任承担者：一旦出现问题，不找借口、不推卸责任，而是主动承担责任，并且懂得反思，避免再次出现同样的错误。勇于担当的人才能真正挑起大梁，获得较大的发展机会。

（五）执行力

执行力是企业非常看重的能力，其也和每个职业人士的发展密切相关。要想保证完成任务，应做到4个到位，即心态到位、姿态到位、行动到位、方法到位。这4个到位很好理解，却并不容易做到。只有心态到位才能在思想上认真投入，心无旁骛地将事情做成。

（六）协作

我们可以在团队协作中收获更好的自我。随着竞争日益加剧，"独行侠"的时代已过去，团队精神越来越被企业和个人重视。如果一个企业中只是几个人优秀，而不是大多数人优秀，那么这个企业不要说做大做强，甚至可能连最起码的生存都难以维持。若团队无法发展，个人的发展自然无从谈起。

（七）智慧

毕业生要努力做到"有想法更有办法"。要想成为一流的员工、获得较快的发展，有一点非常重要，那就是做智慧型员工，不是简单地用手做事，而是用脑、用心做事。加一点智慧的调料，工作的汤就会鲜起来。付出必有收获，企业发展了，效益提高了，会带给员工更高的薪资福利待遇，也会带给员工更高的安定性。

 总结案例

高铁工人的排头兵

1992年，张雪松从技校毕业后进了工厂。不甘平凡的他，在工作中领悟到，无论在什么岗位上，只要注重每个工作细节，就能成为一个受人尊敬的"技术大拿"。慢慢地，他摸索出自己的窍门，当时就能加工六分之一头发丝精度的工件，对处理螺丝和丝锥折断这种令大部分人十分头疼的难题，张雪松也有自己的绝招。作为新一代技术工人，张雪松始终坚持学习。他阅读了大量的理论书籍，借此提升自己的理论知识水平，进修了机电一体化专业的大专课程和电气工程及其自动化的本科课程，自学了"数控系统""液压与气动"等多门课程，逐渐成为掌握数控知识技能的新一代产业工人。经过努力学习，他掌握了先进的理论知识，素质不断提高，成了一名拿起工具能干活、坐在电脑前能画图、设备出现故障会修理、遇到瓶颈能攻克的综合型技能人才。

2005年，在磁悬浮铝合金车体制造技术引进初期，他带领的铆钳班被委以铝合金车体试制的重任。当时，没有相关的技术资料和相应的设备工具，工人也没有制造经验。他带领工友们从一个个小小的零部件开始，经过上千次的试验，他们积累了翔实的数据，总结出了"调整装配法"等组合焊接工艺方法，最终攻克了组焊变形的技术难题，成功完成了首辆高速动车和磁悬浮列车铝合金车体试制任务。同时，张雪松和他的团队攻克了连某知名公司都不能攻克的流线型动车组司机室制造难关，使我国完全拥有了自主知识产权的铝合金车体制造核心技术，令德国专家赞叹不已。

【分析】张雪松凭着坚持不懈、刻苦钻研、直面挑战、勇于开拓的精神，在平凡的岗位上不断超越自我，成为创造"中国速度"的高铁工人排头兵。他先后多次荣获劳动奖章，被评为"河北省十大金牌工人"，并于2010年被评为"全国劳动模范"。

活动与训练

目标职业素养扫描

目标：掌握目标职业所需要的职业素养。

时间：30分钟。

活动要求：学生课前通过上网查找、访谈等方式了解不同职业对从业人员的要求，上课前准备好白纸、夹子、笔。

活动步骤：

1．学生自由组合为5人一组的活动小组，教师辅助各小组学生确定与本专业相关的或学生感兴趣的目标职业，并且各小组确定的目标职业不同。

2．各小组探讨目标职业所需要的职业素养，并从态度、能力、兴趣、价值观等方面进行总结。小组代表总结不同职业所需要的职业素养，并指出哪些是大部分职业都需要的，哪些是某个职业特需的。

3．教师总结。引导学生了解目标职业对职业素养的要求，明确哪些职业素养是自己应该努力提高的，并制订提升自己职业素养的计划。

思考与讨论

1．你是想从事一份工作还是想拥有一份事业？为此你准备付出什么样的努力？

2．企业在招聘时经常提到需要"训练有素"的员工，在这里，"训练有素"的含义是什么？

3.3 提升岗位胜任能力

1. 理解岗位及岗位胜任能力的含义；
2. 熟悉岗位胜任能力的内容；
3. 掌握提高岗位胜任能力的方法。

职业院校走出的飞机发动机专家

2009年6月，白强毕业于成都航空职业技术学院模具设计与制造专业，后来成为中国航发贵州黎阳航空动力有限公司的高级技师，二级技能专家，先后参与两代航空发动机关键零部件的研制加工，获得"全国技术能手"荣誉称号。白强先后完成重点产品的技术攻关多项，10余年累计完成产值过亿元，为单位节约了大量成本，成为数控加工中心领域的新一代领军人物。

万丈高楼平地起，白强如今的成就也是一点一滴取得的。他刚参加工作时，师从贵州省劳动模范彭庆刚，他认真跟着师傅学习数控加工中心设备操作。在工作中，他认真领会师傅在操作时的所有讲解，并且认真做好笔记；下班后，他对照笔记重温操作步骤，对有疑问的地方，第二天主动请教师傅，努力掌握每个操作细节。白强的好学，使他进步很快，短短三个月时间，他就熟练掌握了设备的车、铣、镗等加工方法。看到他是一个干数控的好苗子，他的师傅便放手让他独立上机操作。在不断丰富实践经验的同时，他还充分利用业余时间自学，补充专业理论知识，并通过实践将专业理论知识转化为实际操作技能，很快他就熟练掌握了多台数控设备的操作和编程，逐渐成为生产骨干。"白强学习非常认真，勤于思考问题，学习目标非常明确，对知识非常渴望，有远大的志向。"说起自己的得意门生，彭庆刚总是赞不绝口。

【启示】岗位能力的提升需要付出时间和精力，要经历新手、熟手、能手等几个阶段，对这个过程大家要有心理准备，相信自己只要脚踏实地、一步一个脚印地向前走，总有一天会达到自己设定的目标。

应知应会

一、岗位及岗位构成要素

（一）岗位

岗位是组织要求个体承担的一项或多项责任及为此赋予个体的权利的总和。它是社会经济技术发展的产物，是根据组织生产或工作的需要，并按照标准化分工，由具体职责任务、工作规范和员工上岗能力指标要求组成的集合体，是员工从事活动或工作的载体，也是员工生存发展的平台。

> **议一议**
>
> 以 5~6 人为一个小组，分析并讨论学校里教师有哪些岗位？这些岗位有什么不同？

（二）岗位构成要素

岗位的构成比较复杂，包括岗位职责和任务、岗位工作规范、岗位用人标准、岗位劳动报酬等。

1. 岗位职责和任务

岗位职责是根据岗位标准设定的，每个员工都应当承担相应的责任。岗位任务是指员工应该达成的具体生产或工作目标。不同岗位的职责和任务是不同的，不同岗位业绩的评价标准也是不同的。例如，企业招聘人力资源主管，这一岗位的职责主要是带领团队成员，为企业进行人才招聘，及时为企业的用人部门招聘到合适的人才；这一岗位的任务是根据领导的要求和企业的需要，制订招聘计划，通过多种媒体进行招聘宣传，找到合适的候选人，对可能胜任岗位的人才进行识别，向用人部门推荐合适的候选人，并且办理人员试用手续等。

> **议一议**
>
> 小张从某高职院校机电专业毕业后，进入一家电力加工企业从事机电技术员工作。在正式工作前，他觉得应该对自己的岗位有全面、系统、深入的认识，于是他向自己的岗位工作辅导员——资深技术员老刘进行咨询。
>
> 老刘告诉他，要想了解自己的岗位，应先知道自己的岗位名称。小张的岗位名称是机电技术员，岗位类别是技术类，所在部门是机电科，直接上级是机电科科长。接下来，需要熟悉岗位的职能，这是一位新员工做好事、做对事的关键。概括来说，机电技

术员是机电科安全生产技术管理的直接责任者,负责机电科的技术管理工作。此外,老刘还告诉小张,每个岗位的具体职责不同,企业发给职工的《岗位说明书》中有明确的要求,应该认真研读,以明确岗位的职责。

听了老刘的介绍,小张对上任既期待又感到紧张,他决定一边提高个人的岗位素质,一边更多地了解岗位的特征。

思考:根据上述内容,查询并讨论机电技术员的岗位构成要素。

2. 岗位工作规范

岗位工作规范是指特定岗位对任职者的基本要求,主要包括对任职者的教育背景、工作经验、知识技能、个性特征、身体状况等的要求。

(1)教育背景:主要包括受教育程度和所学专业。例如,大专学历,数控技术应用专业。

(2)工作经验:主要是指是否具有从事某种工作的经验及从业时间。例如,从事心理咨询工作3年以上等。

(3)知识技能:主要是指从事该岗位工作所需的专业知识和专业技能。例如,精通数控机床系统的操作、管理与维护,至少了解一种大型数据库的操作,能熟练阅读英文书籍等。

(4)个性特征:包含的内容非常广泛,一般是指特定岗位任职者所需具备的最为重要的个性特征。例如,善于与人沟通,具有良好的语言表达能力,有耐心、工作细致等。

(5)身体状况:有些岗位要求任职者具备特定的身体和心理条件。例如,身体能适应夜间工作、野外作业等。

(6)其他特殊要求:主要是针对某个岗位特殊的工作特点提出的要求。例如,倒班工作制或经常出差等。

3. 岗位用人标准

岗位用人标准是用人单位对本单位某岗位所需人员提出的录用标准。通常,岗位用人标准包括以下几个方面。

(1)能力标准:用人单位对相应岗位所需人员的专业技术、技能水平、工作经历等的要求,是考核应聘人员能否达到岗位要求的重要指标。

(2)素质要求:包括职业意识、职业道德、职业修养等方面,是考核岗位所需人员职业能力的重要隐性要求。

(3)其他要求:包括学历、专业等。

4. 岗位劳动报酬

岗位劳动报酬是劳动者付出体力和脑力劳动所得的对价,体现的是劳动者创造的社会价值,通常由以下部分组成。

（1）货币工资：用人单位以货币形式直接支付给劳动者的各种工资、奖金、津贴、补贴等。

（2）实物报酬：用人单位免费或低于成本价提供给劳动者的各种商品和服务等。

（3）社会保险：社会保障制度的一个最重要的组成部分，主要包括养老保险、医疗保险、失业保险、工伤保险、生育保险。

二、岗位胜任能力及其内容

岗位胜任能力是指在特定的工作岗位、组织环境和文化氛围中，表现优秀的人所具备的任何可以客观衡量的个人特质。职业素养高的人一般能很好地胜任岗位工作。岗位不同，其岗位职责也不同。管理岗位和技术岗位对任职者能力要求的差距很大。因为职业院校学生毕业后主要从事技能型岗位，所以下面主要介绍技能型岗位的通用能力要求。

> **看一看**
>
> **胜任特征**
>
> 戴维·麦克利兰是美国社会心理学家，也是美国心理学会杰出科学贡献奖获得者。1973年，他首次提出胜任特征的概念。他认为，胜任特征是能够区分在特定的工作岗位和组织环境中绩效水平的个人特征。也就是说，这是一种能将某项工作中表现优秀的人与表现一般的人区分开来的个人特征，主要包括获取信息的技能、分析思考的技能、概念思考的技能、策略思考的技能、人际关系处理和判断的技能、定向服务的技能、影响他人的技能、对组织的知觉技能、建立和管理人际关系的技能、发展下属的技能、指挥技能、小组协作技能、小组领导技能等。

（一）岗位专业能力

无论你学什么专业，将来选择什么岗位，都应当具备较强的专业能力。学好专业知识与技能是学生的职责，是择业的本钱。关于岗位专业能力，由于个性化比较强，因此只能因岗因人而异，大家要结合自己的具体情况加强专业训练。大家应努力学习，尽可能提升岗位专业能力。

（二）岗位学习能力

岗位学习能力是岗位专业能力的支柱，一个学习能力弱或学习意识淡薄的人，一般没有持续的岗位胜任能力，更谈不上进行岗位创新了。因此，对学生而言，择业与就业是人生岗位学习的开始，而不是学习的终止。

（三）团队协作能力

毕业生从学校走向企业，进入了一个新的组织，面对的组织性质、人员构成和活动方式都发生了巨大变化，目标、方向更是不同。培养团队协作能力主要是学会在不同的位置上各尽所能，与其他成员协作，并进行有效沟通，而且要具有包容心，善于发现他人的长处，不能对个人得失斤斤计较。

（四）自我管理能力

对新入职的毕业生来说，在管理能力方面，主要应该做好自我管理。岗位的自我管理能力是岗位发展的基础，也是团队建设的要素之一。自我管理包括自我学习的管理、工作时间的管理、岗位行为规范的遵守和岗位精神的培养等。一个不遵守纪律又不想学习的员工，不但不能实现岗位发展，而且迟早会被社会淘汰。

（五）岗位创新能力

毕业生仅具备岗位创新意识不够，还应该锻炼岗位创新能力。想创新且有能力创新，是新时代的企业对员工的客观要求，也是员工岗位发展的必然趋势，更是一名优秀员工的标志。毕业生只有尽早培养创新能力，提升自己的竞争力，才能在岗位上得到更好的发展。

（六）岗位沟通能力

沟通是个人重要的生存和工作技能，岗位工作一般需要与各方沟通才能完成。沟通就是交流思想，解除误会，互相理解，从而提高效率，使工作顺利开展。

> **看一看**
>
> ### 麦可思工作能力研究
>
> 依照美国 SCANS[①] 标准，麦可思将高校毕业生的 35 项基本工作能力归为五六类，即理解与交流能力、科学思维能力、管理能力、应用分析能力和动手能力（见表 3-1）。高职教育的目标是培养适应生产、建设、管理、服务第一线需要的高素质技术技能型人才，实现高质量就业。在具体教学实践中，教师可以围绕麦可思提出的五大类、35 项基本工作能力加强培养，切实提升学生的知识理论水平、专业技术能力与综合职业素养。

---

① 1990年，美国劳工部成立的一个专门委员会——职场基本素养达成秘书委员会（Secretary's Commission on Achieving Necessary Skills）。

就业与创业指导

表 3-1 基本工作能力分类

五大类能力	名称	具体描述
理解与交流能力	理解性阅读	理解工作文件的内容
	积极聆听	理解对方的讲话要点，适当提出问题
	有效的口头沟通	交谈中有效地传递信息
	积极学习	从信息中获得启示，勇于解决问题，帮助做出决策
	选择方法	在训练和指导工作时选择合适的方法
	理解他人	理解他人的反应
	服务他人	积极地想办法帮助他人
科学思维能力	针对性写作	根据读者的需求有效地传递信息
	数学解法	用数学方法解决问题
	科学分析	用科学原理和方法解决问题
	批判性思维	运用逻辑推理来判定解决问题的建议和方法的优缺点
管理能力	绩效监督	监督和评估自己、他人或组织的绩效，以采取改进行动
	协调安排	根据他人的需要调整工作安排
	说服他人	说服他人改变想法或行为
	谈判技能	与他人沟通并且达成一致意见
	指导他人	指导他人怎样去做一件事
	解决复杂的问题	识别复杂问题并查阅信息，以找出和评估解决方案
	判断和决策	考虑各方案的成本和收益，选出合适的方案
	时间管理	管理自己和他人的时间
	财务管理	决定怎样花钱助力完成工作，并将这些开支记账、核算
	物资管理	学会如何按照工作的特定需要获得设备、厂房和材料，以及监督其合理使用
	人力资源管理	指导人们的工作，寻找适合各项工作的人
应用分析能力	新产品构思	分析需求和生产的可能性，以开发新产品
	技术设计	按要求设计和修改设备与技术
	设备选择	决定使用哪种工具和设备来做一项工作
	质量控制分析	对产品、服务或工作程序进行测试和检查，以评价其质量和绩效
	操作监控	监控仪表、控制器和其他指示器，以保证机器正常运行
	操作和控制	控制设备和系统的运行
	设备维护	对设备进行日常维护并决定什么时候进行何种维护
	疑难排解	判断出现操作错误的原因并给出纠错对策
	系统分析	判定变化对一个系统运行结果的影响
	系统评估	识别系统绩效的评估方法或指标，根据系统目标制定行动方案，以改进系统表现
动手能力	安装能力	按照特定要求来安装机器、管线或程序
	计算机编程	为达到各种目的编写计算机程序
	维修机器和系统	使用必要的工具维修机器和系统

三、提升岗位胜任能力的方法

（一）树立正确的岗位发展观念

毕业生走出校门的第一次择业与就业是由学生向员工转化的第一步，是其岗位发展和成长的关键节点。因此，树立正确的岗位发展观念十分重要。正确的做法应该是：把工作岗位作为新的学习园地，抓住学习机会，确立新的学习目标，培养并树立正确的岗位意识。树立正确的岗位意识要求对自身工作岗位的环境、管理风格、目标、职责、晋升路径、人际关系等有正确的认知和理解，调整自己的心态，使其与工作岗位相适应。

（二）提升岗位适应能力

提升岗位适应能力对于新员工和老员工都是必修课，只是他们提升的角度不同。刚入职的毕业生在进入新的环境后，需要做到以下几点：一是适应环境，构建人际关系，融入团队；二是发现自己与岗位要求的差距，制订学习提升计划；三是选定师傅，积极参加培训活动，坚持终身职业学习的理念，把岗位能力提升作为不断适应岗位发展的支柱。毕业生应当树立终身职业学习的意识，在工作中处处学习、时时学习，通过点点滴滴、持之以恒的学习，不断提高自身工作能力和岗位适应能力。

> **读一读**
>
> **差点儿辞职的小金**
>
> 小金是某高职院校市场营销专业的学生，毕业后到一家保险公司做保险推销员。她是学校的优秀毕业生，但工作后完成的业务额不够理想。起初，她以为是自己对业务不熟悉的缘故，于是认真学习业务知识。经过刻苦学习，她的业务额略有提升，却也只达到了其他业务员的一半。半年后，她觉得自己并不适合干这份工作，于是向经理递交了辞职信。恰巧，经理当时正在和一位客户谈业务，没时间看辞职信。经理对小金说："我正准备开会，你能替我接待这位客户吗？"小金同意了，她想反正准备离开了，跟客户谈话不必顾忌什么。因此，在谈话中，她把自己学到的业务知识都搬了出来，结果客户爽快地购买了一份大额保险。经理开会回来后问她还准备辞职吗，她认真想了想，收回了辞职信。事后她发现，并不是自己能力和业务知识不足，而是没有找到与客户交流的正确方法。此后，她积极向老业务员学习，认真学习沟通技巧，真诚地对待客户，结果业务额大幅度提升。

（三）制定合理的个人岗位发展规划

组织（企业）的发展规划和个人的岗位发展规划是一个统一体，二者之间"共振"是现代管理发展的重要理念。组织（企业）发展规划的目的是"把人才用到合适的岗位"，个人岗位发展规划的目的是"保持对岗位的兴趣"，二者的结合点是在合适的岗位上发挥合适人才的优势。科学制定自己的岗位发展规划，是员工获得职业发展的重要前提，也是实现个人岗位发展的重要手段。

（四）融入工作团队

岗位成长需要在团队中实现，脱离了团队，岗位成长是无所依托的。树立岗位发展意识，提升岗位适应能力，就是为了在团队中更好地工作和发展。融入工作团队，需要接纳团队文化，还要遵守团队制度等。作为员工，有必要提升自己的参与意识，积极参与团队活动，发挥集体的力量，以此增强团队的凝聚力，形成星火燎原之势，推动团队取得更高的绩效。

（五）增强与岗位匹配的主动意识

一是积极适应新环境。对刚入职的员工来说，周围的一切都是陌生的，需要快速适应环境、适应工作、适应岗位，而快速适应的关键在于积极主动。职场不比校园，不会有老师不断地敦促大家学习，许多时候学不学、能学多少主要在于自己是否能够主动发现问题并主动请教。

二是注重能力的拓展和提升。能力与知识、经验、个性特质共同构成人的素质，它们是胜任某项工作的条件。个人能力的拓展和提升是岗位匹配的动态过程，也是实现岗位匹配的关键。很多企业会采用一些方法帮助员工拓展和提升个人能力，但归根结底，岗位能力的拓展和提升主要还是靠个人的努力。

三是立足岗位创新。创新首先体现在"创"字上，毕业生要善于在工作中发现不足，并想办法解决，也就是说"先要立地，再来顶天"。这就要求员工具备敢于进行岗位创新的精神，敢于挑战自己，在日常的工作中，不断进步，感受点滴变化，只有这样才有可能实现岗位创新。

 总结案例

"独手焊侠"卢仁峰

2021年"大国工匠年度人物"卢仁峰，被称为"独手焊侠"，这是由于他因一次事故左手几乎丧失劳动能力。当时，很多人劝他改行，但他没有同意。最终，他克服了常人难以想象的困难，练就了一手绝技，成为国家级技能大师、中华技能大奖获得者、全国"最美职工"。

他这种拼搏精神，在进入焊接行业之初就已经具备。1979年，16岁的卢仁峰第一次接触焊接技术，受热爱工作、吃苦耐劳的师傅们影响，他下定决心好好学、好好干，努力成为优秀的焊工。他上班时跟着师傅认真学习焊接技术，下班后按照要领一遍遍练习；吃饭时把筷子当成焊条，把桌子当成练习试板；他还利用业余时间研读专业书籍，记下20多万字的读书笔记……可以说，他无时无刻不在潜心钻研焊接技术。

自从左手受伤后，卢仁峰训练更加刻苦，将焊板割下来、焊上去，别人一次能完成的焊接，他需要两三次甚至更多次才能完成。卢仁峰专门准备了加厚隔热手套，以方便左手卡住零件，并用牙齿咬住焊帽护住脸部，时间久了，卢仁峰的脸变得非常僵硬，牙齿也咬出了血。他还要求自己在工作之余每天至少焊完50根焊条才能回家，并把这些要求贴在工具箱上，严格执行。这一练就是5年，厚厚的手套磨破了多副，凭着惊人的毅力，他不但主要依靠右手练就了焊接绝技，并且赢得了"独手焊侠"的美誉。

（资料来源：工人日报，有改动）

【启示】"独手焊侠"卢仁峰的事迹告诉我们，初入职场的毕业生要想尽快提升职业能力，适应职场，应努力提升岗位专业能力、岗位学习能力、团队协作能力、自我管理能力、岗位创新能力及岗位沟通能力等，付出时间和精力，脚踏实地地训练，向师傅学习、向书本学习，直到自己掌握相关技能为止。

分析岗位胜任能力

目标：每人至少寻找10个岗位进行岗位胜任能力分析。

活动要求：先通过网络搜索、实际调查访谈等方法，寻找10个不同的岗位，再就各个岗位应该具有的能力进行分析，指出其中你认为最重要的3项能力，并说明原因。

1. 你理想的岗位是什么？这个岗位需要哪些能力？
2. 要想实现自己与理想的岗位相匹配，你需要提升哪些能力？请根据实际情况制订提升计划。

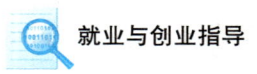

3.4 促进职场生活适应

学习目标

1. 正确认识学校与职场的区别；
2. 理解从学生角色向职业角色的转换；
3. 做好角色转换的适应准备。

导入案例

稳步发展的捷普检测人

小尹是成都某职业院校 2015 级数控技术专业的学生。大三时，他进入校企合作的订单班学习精密检测技术。在学校岗前培训之后，他和很多同学一起进入与学校合作的企业工作。经过 4 年的时间，他从技术员晋升为资深技术员，现在他每天的主要工作是测量仪器校准、校准规范编写、检查标准体系建立等。在一同去该企业工作的同学中，他算是晋升比较快的。

当年一起去该企业工作的同学有些已经离开了，在谈及这部分离开的同学时，小尹说，刚进入企业的时候，大家都有些不适应，在企业工作和在学校学习不一样，工作的实际情况和很多同学之前想的不一样，好几个同学都因为某些原因离开了。他表示自己也有想打退堂鼓的时候，有些工作不是一下子就能轻松完成的，企业的领导也跟学校的老师不一样，好在他及时调整了自己的心态，遇到不会的就多问，他还主动和同事及领导沟通，勤于思考，谨言慎行。慢慢地，靠着踏实肯学，为人正直、善良，他在工作能力提升的同时，与同事及领导的关系也越来越好，顺利地度过了适应阶段，开始稳步发展。后来，他逐渐能够在工作中独当一面，在职位晋升的同时，他的工资待遇也提升到了自己比较满意的水平。

【启示】从学生角色到职业角色的转变需要一个过程。作为一名职场新人，首先要搞清楚企业的大环境是怎样的，岗位的要求有哪些，目前自己的技能水平如何，自己的能力与岗位所需能力之间有多大的差距，哪些人可以帮助自己，可以怎样提升自身能力等。在弄清楚这些后，毕业生应努力提升和完善自己，以不断适应职场变化。

应知应会

一、学生角色与职业角色的区别

（一）活动方式的变化

从学生到职业人，活动方式发生了很大的变化。长期以来，学生习惯于接受知识和技能，习惯于输入；而职业人的活动要求运用自己的知识和能力，向外界提供自己的劳动。这种从接受到运用、从输入到输出的转换，是活动方式的一项重大变化。

（二）社会责任的增强

当毕业生成为职业人后，应当承担更多的社会责任，社会对他们的评价标准也与学生时代不同。学生的主要责任是学好科学文化知识，掌握职业技能；而职业人以工作实践为主，是以特定的身份去履行自己的岗位职责。学生责任履行得如何，主要关系到个人的知识水平和能力水平；而职业人责任履行得如何，主要关系到所在单位的产品生产、营销、管理等，影响较大。

（三）全面独立的要求

当毕业生成为职业人后，应当具有承担社会责任的独立性。毕业生进入职场后，有了劳动报酬，在经济上不再依赖父母。这种经济上的独立是一个标志，它表明家庭乃至社会对他们提出了全面独立的要求。多年来，学生在学习上有老师的指导，在生活上有家人的帮助，总是处于一种被动的环境中。因此，当他们没有了依赖，被要求全面独立的时候，不少人便有一种像蹒跚学步一样摇摇摆摆、重心不稳的感觉。

> **议一议**
>
> 参考表3-2，分小组讨论学生角色与职业角色存在哪些方面的差异？

表 3-2　学生角色和职业角色的比较

学校环境	工作环境
1. 时间灵活 2. 节假日较多 3. 生活有规律 4. 问题有确切答案 5. 有清晰的任务 6. 分数上的个人竞争 7. 奖励主要参照客观标准 8. 请假方便，学习任务经常更新	1. 较固定的时间安排 2. 没有寒暑假 3. 无规律和不经常地反馈 4. 问题很少有确切答案 5. 任务模糊、不清晰 6. 按团队业绩进行评估 7. 奖励主要参照主观标准 8. 不能总是请假，更长时间的工作循环

续表

学校的老师	企业的领导
1. 鼓励讨论 2. 会预留完成任务的时间 3. 公平 4. 知识导向	1. 通常对讨论不感兴趣 2. 分派紧急工作,交付时间很短 3. 有时很独断,并不总是公平 4. 结果(利益)导向
学校中的学习	工作中的学习
1. 抽象性、理论性原则 2. 正规性、结构性和象征性的学习 3. 个人化的学习	1. 具体的问题解决和决策 2. 以临时性事件和真实性生活为基础 3. 社会性、分享性的学习

二、从学生角色向职业角色的转变

(一)从宏大的理想向现实追求转变

第一份工作对毕业生的影响是巨大的,最初毕业生有宏大的理想,但在现实面前,他们可能不好意思再提。毕业生的当务之急是把理想转化为职业目标,并想出切实可行的办法,搭起一座桥梁,让自己从理想走进现实。从实现职业理想的角度来看,我们所做的工作应当与职业目标有密切的相关性,否则所做的工作将不会对职业理想产生支持作用,实现职业理想就会成为空想。

(二)从"学校人"向"职业人"转变

从"学校人"转变为"职业人"的第一步,应该是对企业文化、业务流程、企业制度、仪态仪表、待人接物、为人处世等方面进行了解,以及思考企业需要什么样的人,特定职位的任职者应该具备什么素质,如何更好地发挥自己的潜力等。毕业生要努力培养卓越人才必备的八大基本素质:创新能力、学习能力、自信自立、自律、积极乐观、执着追求、责任感、合作开放。

(三)从单纯的技术方式向复杂人际模式转变

新到一家企业,崭新的生活方式、陌生的工作环境、复杂的人际关系等,都让毕业生感到不习惯,没有耐心去思考一些细节问题。他们难以适应工作,四处碰壁。在做人方面,毕业生应当揭掉自我标签,低调做人。此外,毕业生应当注意自我形象,做事低调,少说多看,处理好人际关系,尽快融入环境。

(四)从系统学习向实际应用转变

在学校里,学生学习的一般是系统的理论或技能;在职场中,任职者的实际动手能力靠培养、锻炼，而且实际应用是多角度、全方位的。一般来说，企业会对职场新人进行入职培训，大家要多学多看，遇到不懂的地方虚心向老员工求教，逐步积累工作经验。虚心求教不仅可以使大家快速进步，还能建立良好的人际关系，很快融入集体。

（五）从轻松的校园生活向紧张的职场打拼转变

当轻松的校园生活被紧张的职场打拼所替代，刚走进职场的毕业生既兴奋又紧张。每当新生力量进入单位，都会带来新的气息，同时也会带来一些新的问题。对大多数刚刚走上工作岗位的毕业生来说，除应具备一定的工作能力之外，还应有实干精神，善于与人沟通，做好自己分内的事。

（六）从浮躁的心态向逐步理性化转变

转变需要时间，与企业磨合需要时间，积累经验也需要时间，培养核心竞争力同样需要时间。企业会给实习生时间和机会，但实习生自己不能以刚入职为借口，而是应积极努力，摆脱浮躁的心态，尽快进入符合企业要求的状态，这是理性化的表现。任何用人单位都需要谦虚谨慎、好学上进的员工。大家应勤奋刻苦，把远大的志向落到实处，以舍我其谁的责任感去拼搏、去奋斗，创造事业的辉煌。

（七）从他人呵护向自我保护转变

许多毕业生在刚刚加入就业大军时，往往对实习期限、实习权益等一知半解。他们原来依赖家长、老师，现在需要自立，需要自己判断、自己选择。在职场中，毕业生应懂得维护自己的合法权益，以防一些不法企业将自己作为廉价劳动力使用。总之，毕业生应学会在社会上"独立地站立"，积极地面对种种挫折，从战胜挫折、克服困难中汲取养分，努力实现自己的人生目标。

三、适应职业生活

（一）职业岗位的适应

职业岗位适应的要求以本职岗位的职务、职责为依据，以达到职务、职责中所规定的各项内容的要求为目标。职业岗位的适应涉及本职岗位所需的技能、本职岗位所需的业务知识、一定的专业背景、组织的各项管理制度等方面。职业岗位的适应体现的是员工工作技能的熟练程度。毕业生可以通过学习、模仿、反复操作及单位对自己的入职教育、实习安排、岗位培训、技能训练等适应职业岗位。

（二）组织文化的适应

一个人走上职业岗位，就相当于加入了一个组织，要受到组织的约束，同时会得到组织的引导。每个组织都有自己的文化，文化的核心是组织的价值观，其表现是组织做事的风格、模式，并具体表现在组织中的人际关系上。要想达到个人的行为需求、个性心理特征与组织文化相适应，应对自己的行为和思想进行一定的改变，尽可能达到组织的要求和期望，获得其他成员的接纳。具体来说，每个人都应在社会化的过程中，学会如何与人相处、如何工作、如何进步等。

（三）职业心理的适应

职业心理的适应是指人的大脑对新职业的各种信息引起的情感、知觉、注意、情绪、意志、性格等的适应过程，其中情感的适应尤为重要。情感是人对外界事物的心理反应，环境的变化促使毕业生必须调节自己的情感，以与环境相适应。如果一个人对自己所从事的职业缺乏正确的认识和必要的情感，不但不会热爱自己所从事的职业，而且会产生失望心理。部分毕业生在就业初期会不同程度地出现依附、从众、恋旧、畏怯、浮躁、空虚、迷茫、苦闷、失落等不良心理，如果不及时调整和矫正，这些不良心理会影响其工作及个人的成才与发展。

（四）人际关系的适应

人际关系的适应是指人对新的工作群体的适应。大学生在校期间接触的人以同学为主，他们的关系相对来说比较简单，很少有利益上的冲突。在进入职业岗位以后，他们与他人的交往发生了变化，与其他人员的关系变得复杂，交往对象扩展到不同年龄、不同层次的人。工作后，他们同领导、同事的交往方式与学生时代的人际交往方式有很大的不同，并且可能出现利益上的冲突，因此需要注意协调好各种人际关系，以尽快适应新的人际关系。

（五）知识和能力的适应

知识和能力的适应是指人根据职业岗位所要求的知识和能力结构来调整及改善自己的知识和能力结构，使之适应职业岗位要求的过程。大学生在校期间所构建的知识和能力结构能否与职业岗位相适应，需要经过工作实践的检验。在知识经济时代，知识更新的速度在不断加快，这就要求大学生不断调整及改善自己的知识和能力结构，以适应科技发展和职业发展的需要。

> **看一看**
>
> **职场新人需要处理好的 4 种关系**
>
> 1. 与领导的关系：注重细节
>
> 各个领导风格迥异，有的属于谆谆教导型，有的属于大刀阔斧型；有的喜欢发布命

令，有的愿意倾听大家的意见；有的喜欢文字的汇报方式，有的喜欢图表化的汇报方式。因此，在与领导交流时要注重细节。比如，给领导提交的方案要考虑领导的阅读习惯——是喜欢纯文字的还是喜欢图文并茂的，是喜欢长篇大论的还是喜欢言简意赅的。不管领导是怎样的风格，你都应按领导喜欢的方式和要求完成工作。

2. 与老员工的关系：学会放低自己的姿态

在企业工作一年及一年以上的员工，我们称为老员工。这批人在企业工作的时间较长，对企业的认知较深，拥有自己的资源和较丰富的经验。新员工在与老员工相处时容易步入误区。很多新员工担心老员工会用挑剔的眼光来看自己，或者故意不支持、不帮助自己成长，但事实并非如此。新员工可以采取一些方式有效地处理与老员工的关系。比如，新员工可以在自己的工作任务完成的前提下，主动帮老员工做一些力所能及的事情。新老员工同属于一个团队，新员工的加入相当于为团队注入了新鲜血液，他们能够为团队提供一定的支持。因此，如果新员工所做的能够更好地帮助大家完成团队目标和任务，而不是拖后腿，必然能得到老员工的认可，这也是获得老员工认可的最好的方式。

3. 与兄弟部门的关系：勤交流、多展示

许多企业喜欢将不同部门的员工集合起来培训、交流，希望通过这种方式让大家对企业有一个宏观的认识，以方便大家在各自部门顺畅工作。因此，大家与兄弟部门的沟通，特别是与自己"上游"和"下游"部门的沟通必不可少。此类沟通更倾向商务交际，职场新人需要做的是把握住每次交流的机会。比如，作为一名销售人员，需要经常到财务部门报销凭证，在此过程中会接触出纳、会计等人员，在和这些人交往时，销售人员应尽量避免给人家添麻烦，不要把报销凭证贴错，也不要反复犯同类错误等。在参加新员工培训时，大家往往有很多机会与其他部门的同事结识。大家可以在集体中展示自己，团结互助、真诚待人，从而获得其他部门的认可和青睐，同时方便日后工作的开展。

4. 与客户的关系：将服务意识摆在第一位

新员工刚上岗，一般企业不会将重要的工作和客户交给他们。新员工若有机会与客户接触，应记住自己的一言一行代表企业的形象。首先，如果新员工对企业不太熟悉，那么当客户提出相关问题时，不能乱说，最好委婉地予以回答，然后及时请示领导或者请其他同事提供咨询意见和解决方案；其次，新员工要抓紧时间学习和了解企业的客户管理流程，熟悉实际操作环节；再次，新员工应时刻注意培养自己的服务意识，提高工作积极性；最后，新员工应多向老员工请教和学习，平时多观察和思考，勤于积累，多做工作笔记，做一个用心的人。即使遇到"刁蛮"的客户，大家也应心平气和，站在企业、团队的立场上处理和解决问题。

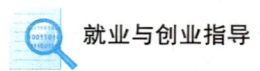 就业与创业指导

四、应对职场挫折与压力

（一）正确认识挫折

人们的工作、学习、研究、创造等，都是在一定的自然环境、社会环境、人文环境和组织环境中进行的。让所有活动顺利开展，当然是人们的共同愿望，但大多数人的职业生涯都不是一帆风顺的，而是面临各种各样的压力。因此，毕业生应当有充分的心理准备，以坦然的态度面对挫折，这样在遇到挫折时就不会过于苦恼，而是会保持冷静，比较理智地分析造成挫折的原因，并给出相应的对策。

（二）针对不同问题采取有针对性的措施

1. 个人的技术水平问题

如果个人的技术水平存在问题，应当及时"充电"，接受相关培训，以使自己扭转颓势，不致被单位淘汰或被同事落在后面。在学习内容的选择方面，毕业生可根据实际需要和客观条件，参加一些口碑不错的培训班。如果这样做难度较大或难以兼顾，也可以考虑放弃现在的工作，脱产学习一段时间，集中精力完成学业，之后再图发展。

2. 不熟悉工作的问题

当一个人面临不熟悉工作的问题时，应当在职业岗位上多加以锻炼，从实践中学习，同时应当多听、多看、多问其他人是怎么做的，从中学习职业技能并积累相关经验。

3. 组织环境不好的问题

若一家企业存在严重的不公平现象，或者领导对你有成见，不利于你的发展，就需要想一想"树挪死，人挪活"这句话，在适当的时候动动地方，谋个能够发挥自己特长且适合自己发展的单位。

4. 职业选择失误的问题

如果一个人在工作实践中发现现在从事的职业自己根本不可能做好，就应该马上辞职，重新选择职业，尽快找到适合自己的岗位，让自己轻松、愉快地工作。在对职业进行重新选择时，应当根据自己的条件、组织与自己的相容性及自己能够获得的机会，进行"维持"和"离开"两个方向的成本－收益分析，从而做出决策。

（三）疏解挫折情绪

疏解挫折情绪的方法如下：第一，让受挫者暂时离开遭受挫折的情境，避免"触景生情"；第二，为受挫者提供良好的人际环境，给予关怀，使其感到温暖，使其尽快从郁闷、

痛苦的情绪中脱离出来；第三，避免对受挫者冷淡、疏远、进行训斥等；变换活动内容，转移受挫者关注方向，使其忘却受挫之事等。

（四）适当进行宣泄

宣泄是通过某种渠道，采取一定的方法，把遭受挫折后的痛苦情绪表达出来，以减轻遭受挫折的心理压力，逐步回到正常的精神状态。受挫者可以向亲朋好友倾诉自己的不快与愤懑，也可以在空旷处大喊几声等。这些虽然不是解决问题的根本办法，但不失为疏解痛苦情绪的有效方法。

（五）提高挫折商

毕业生可以通过陶冶情操、开阔胸怀、加强修养、培养意志等方法提高挫折商（应对挫折的能力）。人的职业生涯际遇和挫折商水平之间有一定的关系。毕业生应当努力通过各种方法提高挫折商，以在遭受挫折时变得坚强，从而改善自己的职业生涯。

> **议一议**
>
> 以4～6人为一个小组，分析下面的案例，并进行相互交流。
>
> 罗刚30岁了，在一家高科技公司担任销售部经理已经4年了。当初，公司销售业绩不佳，罗刚主动请缨，从技术部门来到了销售部门。在他和部门员工的努力下，公司的销售业绩连连上升，但是罗刚感到很苦恼。他最大的苦恼是，从自己的个性和兴趣来看，他还是倾向做技术工作，他不大喜欢生意场上的人际交往。但若回去做技术工作，他的收入又会下降。他的第二个苦恼是，现在所在的公司几乎没有大的发展，一些竞争对手在向他招手，但他又担心去了新单位，工作未必能干好。他的第三个苦恼是，这些年的工作，令他的心理压力越来越大，总觉得很累。他希望得到专业人士的指点。你认为罗刚是应该继续干销售工作，还是重新做技术工作呢？为什么？

五、创业型企业的职业适应

（一）发挥优势

大学生往往对未来充满希望，他们有着蓬勃的朝气，以及"初生牛犊不怕虎"的精神，这些都是在一个创业型企业中就职应该具备的素质。大学生在学校里学到了很多理论知识，具有较高层次的技术优势。

一些风险投资家往往就因为看中了大学生所掌握的先进技术，而愿意对其创业项目进行资助。很多现代大学生具有创新精神，并且具有对传统观念和传统行业挑战的信心和欲望，而这种创新精神往往造就了大学生创业的动力源泉，成为其成功创业的基础。大学生在创业型企业工作的最大好处在于能提高自己的能力、增长经验，并且学以致用，从而实现自己的理想，证明自己的价值。

（二）规避劣势

由于大学生社会经验不足，常常盲目乐观，没有充足的心理准备在创业型企业就职，在面对挫折和失败时往往感到十分痛苦、茫然，甚至沮丧、消沉。

很多人在创业之前，看到的都是成功的例子，他们多多少少都有些理想主义，殊不知，成功的人也可能经历了很多次失败。市场中有成功也有失败，在创业型企业就职的人员应认识到这一点。

急于求成、缺乏对市场的正确认识及商业管理经验，是刚步入社会的毕业生普遍存在的问题。他们虽然掌握了一定的书本知识，但缺乏必要的实践能力和经营管理经验。此外，由于毕业生对市场营销等缺乏足够的认识，因此很难一下子胜任企业经理人的角色。

看一看

在创业型企业就业所需的 5 项能力

毕业生在创业型企业就业，需要加强锻炼以下 5 项能力。

1. 组织管理能力。组织管理能力是创业者不可缺少的重要能力之一。组织管理能力是指领导者为了组织的利益和实现组织制定的目标，运用一定的方法和技巧，把来自不同地区、不同系统、不同职业、不同文化背景及民族、性别、年龄等的人组织在一个团结向上的集体之中，使大家朝着一个共同方向和目标去努力、去奋斗。组织管理能力包括个人能力、团队能力、组织能力。组织能力是企业竞争力的综合体现。任何组织都应实行基于能力的管理，不断增强个人能力、团队能力、组织能力，通过实现组织目标的能力管理，形成自身独特的核心竞争优势，这样才能从激烈的竞争中脱颖而出。

2. 创意能力。创业者应具备广博的多学科交叉知识、好奇心和兴趣、一定的洞察力，还应勤奋、刻苦，并且具备被社会接受的素质（包括诚实、责任感和自信心等）。无论是知识创新、技术创新还是管理创新，创新的主体都是人，创新的成果都要靠人来取得。

3. 策划能力。"狭路相逢，智者胜，胜在策划。"根据外部环境和抓住的创业机会，进行富有创意的策划，对创建企业是至关重要的。创业者在发挥策划能力时应当注意几个方面的问题：第一，弄清策划项目的价值、所涉及的范围和有关的限制因素，进行企业市场服务定位；第二，确定项目的策划负责人、策划团队；第三，考虑策划的时机。创业者要充分认识自己、了解自己、完善自己，从而发展壮大自己。创业者的决策能力直接决定着项目的成败，它是衡量领导水平的一个重要依据。

4. 领导能力。在创业过程中，创业者的领导能力通常通过以下几个方面体现：①活力，指巨大的个人能量，对于行动十分偏爱，干劲十足；②鼓动力，即激励和激发他人的能力，能够活跃周围的人，善于表达自己的想法；③锐力，即具有竞争精神、驱动力、坚定的信念和合理的主张，并且具有坚定的意志及清除那些碍手碍脚的人的勇气；④实施力，即能够将构想和结果联系起来，想法再好，离开了执行，仅仅停留在纸上是没有任何意义的，创业者要带领大家切实执行计划、落实目标。

5. 公关能力。创业者需要努力获得广泛的社会支持，并在这种支持下充分利用各种有利于事业发展的因素，力求最终取得成功。从这个意义来讲，个人公关能力对成功非常重要，这种能力实际上是善于获得和利用社会支持的能力，有时候社会支持的重要性甚至超过经济支持，这就是许多招聘单位特别看中应聘者社会活动能力的原因。善于与他人进行互惠互利合作，实际上也是公关能力强的表现，立志取得商业成功的人要有意识地培养这种能力。

总结案例

深圳某职业院校优秀毕业生小艾

小艾，某规划设计公司设计总监，2006年毕业于深圳某职业院校建筑工程学院，具有十几年软景设计及管理经验，参与的项目涵盖大型高档住宅、度假酒店、商业综合体等，主要与国内知名地产开发企业、国际知名设计机构合作，实践经验丰富，其参与的项目曾多次获得国内外设计大奖。

初入职场的小艾，和很多刚毕业的大学生一样，对未知的职场感到畏惧，但也对未来满怀期待。虽然他在学校接受过专业技能训练，但随着社会的进步、行业的发展，对专业技能的需求也在不断变化，一些新的专业词汇和要求不断涌现，这些内容在学校里没有学习过，尽管面对这些新的要求，他难免会感到焦虑，但是在小艾看来，面对未知的挑战，与其过分担心，不如勇敢地面对，试着去学习、去尝试，实践过了，也就知道是怎么回事了。

他想对即将毕业的同学说，入职前三年，要谦虚、低调，像海绵一样吸收方方面面的知识，储备未来升职时需要的资粮。工作后，小艾始终保持着一颗谦虚和好学的心，在职场中从小事做起，从简单的事做起，虚心向前辈请教，通过每件事情锤炼自己的品性，并且不断扩宽自己的知识面，让职业发展之路越走越顺。

【启示】初入职场的毕业生在很多方面都是一张白纸，每个人都要经历从学校到职场的转换和适应阶段，目前职业发展非常好的前辈，在入职之初同样遇到过各种各样的问题。有了一定的心理准备之后，毕业生就可以针对自己的情况，在职业岗位、组织文化、职业心理、人际关系、知识技能等方面不断地调整和提升自己，从而逐渐适应职场。

活 动 与 训 练

职场竞争适应程度测试

目标：初步了解自己的职场竞争适应程度，通过努力提高自己的职场竞争力。

建议时间：20 分钟。

活动要求：先独立完成测试题，再和同学讨论如何提高职场竞争力。

下面这套测试题能帮你初步测试自己的职场竞争适应程度，评价自己能否应对日趋激烈的职场竞争。请将符合自身状况的字母填在括号中。

1. 我喜欢和大家一起工作，因为我们可以互相帮助。　　　　　　　　　　（　　）
   A．完全不是　　　　　B．不太一样　　　　　C．一般
   D．很像　　　　　　　E．完全一样

2. 看到别人开好车，会让我想要超越对方，想要买部更好的车。　　　　　（　　）
   A．完全不是　　　　　B．不太一样　　　　　C．一般
   D．很像　　　　　　　E．完全一样

3. 我总想比同事穿戴得更好。　　　　　　　　　　　　　　　　　　　　（　　）
   A．完全不是　　　　　B．不太一样　　　　　C．一般
   D．很像　　　　　　　E．完全一样

4. 看到别人比我优秀，我会更加努力工作。　　　　　　　　　　　　　　（　　）
   A．完全不是　　　　　B．不太一样　　　　　C．一般
   D．很像　　　　　　　E．完全一样

5. 我不会通过和别人对比来衡量自己是否成功。　　　　　　　　　　　　（　　）
   A．完全不是　　　　　B．不太一样　　　　　C．一般
   D．很像　　　　　　　E．完全一样

6. 当有人向我提问时，我即使不懂也会装懂。　　　　　　　　　　　　　（　　）
   A．完全不是　　　　　B．不太一样　　　　　C．一般
   D．很像　　　　　　　E．完全一样

7. 我不希望与比我强的人一起共事。　　　　　　　　　　　　　　　　　（　　）
   A．完全不是　　　　　B．不太一样　　　　　C．一般
   D．很像　　　　　　　E．完全一样

8. 对于我了解的事，最讨厌有人不懂装懂、班门弄斧。　　　　　　　　　（　　）
   A．完全不是　　　　　B．不太一样　　　　　C．一般
   D．很像　　　　　　　E．完全一样

9. 我最得意的是有个吸引众多同事眼光的异性与我关系很好。（   ）
   A．完全不是　　　　　B．不太一样　　　　　C．一般
   D．很像　　　　　　　E．完全一样

10. 我最讨厌别人说"凡事不必太要强，不必凡事都争着出头"。（   ）
    A．完全不是　　　　　B．不太一样　　　　　C．一般
    D．很像　　　　　　　E．完全一样

11. 我认为比我成功的人不会事事都称心如意，所以对他们的成功不在意。（   ）
    A．完全不是　　　　　B．不太一样　　　　　C．一般
    D．很像　　　　　　　E．完全一样

12. 如果能获得特别的肯定，我乐意做个工作狂。（   ）
    A．完全不是　　　　　B．不太一样　　　　　C．一般
    D．很像　　　　　　　E．完全一样

13. 即使周围的人都想表现自己，我也觉得做好本职工作就可以了。（   ）
    A．完全不是　　　　　B．不太一样　　　　　C．一般
    D．很像　　　　　　　E．完全一样

14. 当事情变得越来越棘手时，我会考虑争强好胜是否值得。（   ）
    A．完全不是　　　　　B．不太一样　　　　　C．一般
    D．很像　　　　　　　E．完全一样

15. 如果觉得某场比赛不可能获胜，我会选择放弃参与。（   ）
    A．完全不是　　　　　B．不太一样　　　　　C．一般
    D．很像　　　　　　　E．完全一样

16. 人生有太多比争强好胜更重要的事情。（   ）
    A．完全不是　　　　　B．不太一样　　　　　C．一般
    D．很像　　　　　　　E．完全一样

17. 我不认同把别人踩在脚下而获得成功的做法。（   ）
    A．完全不是　　　　　B．不太一样　　　　　C．一般
    D．很像　　　　　　　E．完全一样

计分方法：A=5分；B=4分；C=3分；D=2分；E=1分。将以上题目的得分相加，即可得到总分。

25～35分：你的职场竞争意识不强，并且十分害怕失败。这种害怕和伴随而来的焦虑，很可能就是你不愿意参与竞争的原因，这也将成为你职业发展的最大障碍。建议你放开手脚，从实现眼前的小目标开始，一步步获得最后的成功。

36～49分：你觉得参与竞争太辛苦，因此尽可能避免职场竞争，你有一定的惰性。你应该把自己的竞争优势展示出来，认真分析自己是否有实力参与竞争，你可能会发现自己是有实力的。

50～65 分：你在职场中不会事事与人竞争，通常视情况决定是否参与竞争。如果成功（如获得报酬、奖赏、荣誉等）足以吸引你，你就会积极参与竞争。参与竞争的原因并不重要，关键在于你如何把握自己，注意不要有过强的功利心。

66～79 分：你性格开朗，见解独到，好胜心强，喜欢受人关注，喜欢追求成功。对你而言，竞争是一种生活态度。因此，你通常很注意自我形象，有坚定的信念，也愿意为成功而努力，而且成功率较高。

80 分及 80 分以上：你是竞争爱好者。对你来说，竞争的过程比赢得胜利更为重要。这种好斗的性格虽然能使你在职场竞争中获得强大的动力，但你也容易因此失去朋友。

1．如何正确面对工作中的挫折？
2．如何调整工作心态？
3．为尽快适应职业环境，毕业生可以从哪些方面入手？
4．请分析"这山望着那山高"的就业心态，并与同学讨论应该如何调整这种心态。

单元四　求职准备与面试技巧

📖 引导语

　　劳动就业既是经济问题，又是关系到千家万户和社会安定团结的社会问题。一个人没有就业，就无法融入社会，也难以增强对国家和社会的认同。失业的人多了，社会稳定就面临很大的威胁。人有恒业，方能有恒心。一个人就业了，就容易安定下来；一个家庭中多一个人就业，就增加一分稳定的力量。

　　新时代以来，我国经济发展进入新常态，经济发展方式正在深刻转变，经济结构正在深刻调整，这对部分劳动群众就业带来了暂时的影响。党和国家正实施积极的就业政策，创造更多就业岗位，改善就业环境，提高就业质量，不断增加劳动者特别是一线劳动者劳动报酬。

　　对毕业生来说，要想实现"高质量、更充分"的就业，求职是第一步，也是走向社会的第一步，而要想求职成功，应当学习、掌握求职的方法和技巧。俗话说："工欲善其事，必先利其器。"在求职活动中，求职者要根据自身的素质、特点、客观条件及就业期望等，选择适合自己的求职方法，精心准备，巧妙运用各种技巧，从而提高求职成功率，找到心仪的工作。

📖 单元学习目标

1. 掌握收集、分析、筛选、鉴别就业信息的方法；
2. 能够有效管理、利用对自己有用的就业信息；
3. 能够积极应对求职前后的心理变化，提高心理素质；
4. 掌握几种常见的职场礼仪；
5. 掌握面试中常见问题的回答技巧。

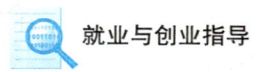

4.1 收集就业信息

1. 掌握收集、分析、筛选、鉴别就业信息的方法；
2. 能够有效管理、利用对自己有用的就业信息；
3. 能够通过适合自己的途径收集就业信息。

高薪应聘物流配送员的骗局

2017年年初，耿先生在某大型信息交流网站上看到一则招聘信息：市内物流配送员，待遇是3000元至5000元；全国物流配送员，待遇是5000元至8000元。

耿先生前往面试，面试活动是在×××物流园的一个小房间内进行的。房间内摆着一张办公桌，办公桌上放着两台电脑，办公桌后面坐着三个人。在简单了解他的情况后，对方说，他们单位物流配送员的待遇很高，包括餐补、电话补贴、奖金等，全部算下来1个月能挣七八千元。入职后有1个月的试用期，但是要先去北京参加一个消防方面的培训。

在签订了一份条款并不明晰的合同后，耿先生被要求先交600元押金，之后会拿到北京那边对接人员的电话号码。犹豫再三，求职心切的耿先生还是交了600元押金。次日，耿先生到了北京的指定地点，接待耿先生的人收走了他的身份证并索要了100元押金，然后告知耿先生要培训20天。"在北京的20天里，我并没有接受消防方面的培训，就是让我在那里当保安。20天后，那人就让我回原单位。"离开北京后，耿先生去了×××物流园，结果发现招聘单位已不在了。

[资料来源：法制日报（现已更名为法治日报），有改动]

【分析】近年来，随着互联网的迅速发展，网络招聘步入高速发展期。巨大的空间为求职者提供了海量信息和机会，但也为欺诈提供了"温床"，出现了职位信息与实际不符、个人信息泄露等问题。如今，网络招聘骗局越来越多，诈骗的"套路"不断翻新。他们有的通过培训敛财，有的通过倒卖个人信息获利，有的借招聘之名窃取劳动成果，有的让求职者点击植入病毒的链接盗刷求职者的银行卡……在巨大的利益驱使下，一些网络招聘已经形成欺诈产业链，一些求职者有防不胜防之感。同学们一定要提高警惕，防止上当受骗。

应知应会

一、就业信息的收集渠道

（一）各高校的就业指导部门

各高校的就业指导部门每年都会制订、上报就业计划，收集、发布毕业生基本信息和就业信息，最关键的是同毕业生就业所涉及的上级主管部门、人才交流机构保持密切联系，其是用人单位选择毕业生时所依赖的窗口。这些部门所提供信息的准确性、权威性、可信度非一般就业渠道可比，而且通过这个渠道获取的信息十分及时、专业对口性强，毕业生需要时刻关注。

查一查

国家大学生就业服务平台介绍

国家大学生就业服务平台（见图4-1）是服务于高校毕业生及用人单位的公共就业服务平台。该平台集信息共享、远程见面、咨询指导、教育培训、经验交流、弱势帮扶、研究监测、政策发布与辅助管理等功能于一体，为相关组织和个人提供全方位、高水平、个性化的深度就业服务。

图4-1 国家大学生就业服务平台

（二）各级就业主管部门和就业指导机构

每年教育部都要制定毕业生就业的有关方针、政策，各省（自治区、直辖市）的主管部门也要相应地制定本地区的大学生就业实施方案，地域针对性较强，对那些有明确就业地点要求的大学生来说，这种渠道的就业信息尤为重要。

（三）各类人才交流会和供需见面会

全国各地的相关部门、高校会定期或不定期举办规模不等、形式多样的人才交流会，为各类专业人才的合理流动和毕业生的求职择业提供场所。各地方举办的主要面向本地区用人单位和毕业生的供需见面会都在较短的时间内汇集众多用人单位的需求信息。在人才交流会上，毕业生和用人单位的招聘人员直接见面，毕业生不仅可以直接获取许多信息，还可以当场签订协议，比较便捷、有效。

（四）有关新闻媒体

毕业生就业是社会普遍关注的热点问题，新闻界也很重视，相关就业政策、热门话题、招聘广告等常有报道，有关杂志、各地人才市场报及各网络媒体上的就业信息值得关注。

（五）各种社会关系

本专业的教师十分清楚毕业生适合到什么单位就业，而且他们往往在平时的科研协作中与对口单位有着广泛的接触。他们的校友大多在对口单位工作，对所在单位的情况了如指掌。毕业生通过他们可以获得许多具体、准确的信息。毕业生的亲友往往对毕业生的就业十分关心，这些亲友与社会的方方面面有一些联系，因此可以为毕业生提供就业信息。

（六）社会实践、毕业实习、业余兼职

毕业生可以通过社会实践、毕业实习、业余兼职等活动，加强与有关单位的联系，增进彼此的了解，从而直接掌握就业信息。

（七）直接与用人单位联系

毕业生开始可以"普遍撒网"，给自己认为合适的用人单位写自荐信，在确定主要目标后，进行电话预约，接着登门拜访。这种"毛遂自荐"的方式也不失为获取就业信息甚至就业成功的有效途径之一。

（八）互联网

通过互联网搜索是毕业生在信息时代收集信息的一种高效、快捷、便利的途径，而且

随着人才市场化、信息化运作的进程不断加快，网络的普及程度不断提高，网上求职、网上招聘已经成为一种时尚。目前，很多高校都建立起了毕业生就业信息网站，毕业生可以从中查询到职业需求信息，也可以将个人求职材料（如专业、特长、在校的学习成绩等）输入网络系统，供用人单位招聘时参考。

试一试

前文讲述的8种就业信息收集渠道各有特点，请你结合自身的实际情况选择2~3种信息收集方式进行尝试，并对比收集结果，看看哪种收集信息的渠道能满足自身需要。

二、科学处理就业信息

（一）就业信息分析

对就业信息的分析包括定性分析、定量分析和定时分析。定性分析是指对信息进行质的分析，如对就业信息中应聘条件、岗位特点、招聘对象的分析。定量分析是指从数量方面对就业信息进行分析，如对某一职业岗位所需人数与应聘人数之间的关系的分析。定时分析是指对一定时间内就业信息发布的趋势进行分析。

（二）就业信息筛选

毕业生应结合自己的实际情况对收集到的就业信息加以筛选处理，去粗取精、去伪存真，进行有目的且有针对性的排列、整理和分析。毕业生对就业信息进行筛选时应重点考查其真实性、时效性和价值性。对就业信息的真实性进行考查，就是要排除那些虚假信息；对就业信息的时效性进行考查，就是要排除那些过期无效的信息；对就业信息的价值性进行考查，就是要认真分析它们对于自己所具有的不同价值。比如，某些就业信息与自己的职业方向、兴趣爱好、发展要求等相符，其就比较有价值；反之，其就没有太大价值。毕业生筛选就业信息时应注意以下几点：一是善于对比；二是掌握重点；三是了解透彻；四是适合自己。

（三）就业信息鉴别

就业信息鉴别的目的主要是辨别其真伪、权威性及适用性等，鉴别的对象主要是之前加工整理出的信息。要想弄清信息的真伪，就需要知道其来源于何处、是谁提供的、提供者的依据是什么等；要想辨别信息是否具有权威性，就需要了解其来源与质量，掌握信息提供者的背景，比较同类信息的深度；要想鉴别信息是否具有适用性，就需要先了解自身的需求和特征。

（四）就业信息利用

就业信息利用主要体现在以下几个方面：及时运用有价值的信息选择适合自己的工作；根据职业信息的要求及时调整自己的知识、技能结构，提高自己的工作能力，弥补原来的不足；及时输出对他人有用的信息，因为有些信息虽然对自己不一定有用，但是对他人可能十分有用，千万不要抓着这些信息不放手。

看一看

就业信息的 8 个要素

1. 招聘单位的全称及其所有制。招聘单位的全称往往包含多种信息，如"中国人寿保险销售有限责任公司云南分公司营销部"，能反映出这个"营销部"所属的行业、管理系统、业务范围和内容、企业级别和所在地区等。所有制包括国有经济、集体经济、个体经济、私营经济、外资经济、混合所有制经济等多种形式。

2. 招聘单位的主管部门。招聘单位的主管部门可反映它在什么行业管辖之下，但它本身不见得与主管部门的行业相同。例如，一家学校办的餐厅，本身属于餐饮行业，但归教育部门主管。即使是归属商业系统的大中型商场，也有区属、市属、省属之分。招聘单位的主管部门不同，不但对应的劳动人事管理制度有区别，而且工资、福利等待遇也有区别。

3. 招聘单位所属行业及其发展趋势。一名电工专业的毕业生，既可到供电部门工作，也可到工厂、商店、学校、医院就业，这些用人单位属于不同的行业，其发展趋势也各不相同。

4. 意向岗位在招聘单位中的地位和作用。例如，一家商场中有售货员、收款员、仓库保管员、会计、出纳、保安、保洁员、运输员、采购员及各级管理人员等多种岗位，还需要照明、电梯、空调、水暖等的维修人员，每个岗位在商场中都有特定的地位和作用。同样是电工，在电力安装部门是一线工人，在商场、医院就是二线人员。

5. 招聘单位及意向岗位的工作环境、福利待遇。工作环境包括人际关系、工作时间（有无夜班等）、是户外还是户内、是流动的还是固定的，以及工作场所的温度、湿度等。福利待遇包括工资、奖金、保险等，同时有无进修机会和晋升可能也应包括在内。

6. 招聘单位的地理位置和发展前景。地理位置不仅与求职者就业后每天上下班的距离有关，往往还关系到这个单位的发展前景，交通不便、位置偏僻是发展的不利因素。用人单位的固定资产、流动资金、科技含量、人才构成等与其发展前景密切相关。

7. 招聘单位对求职者的具体要求。例如，学历、专业、性别、身高、相貌、体力、户口，以及职业资格、技术等级方面的要求。有些用人单位还对求职者的心理素质、能否接受经常出差等有特殊要求。

8. 招聘数量和报名方式。毕业生应了解用人单位本次招聘哪些岗位的从业者，每个岗位招聘的人员数量，报名的时间、地点、方式，以及应准备哪些材料，如身份证、户口本、学历证书、职业资格证书、简历等。

总结案例

做足功课，前路无阻

小刘是市场营销专业大专生，毕业时她将某家电销售公司的销售岗位作为自己求职的目标。为了顺利就业，她决定利用招聘会前的一周时间，为目标公司制作一份市场调研报告。在接下来的几天里，她对该公司所有的产品做了细致的市场调查，对市场份额、竞争对手等各方面的情况都了解得清清楚楚，最后她凭借这份高质量的市场调研报告击败了众多学历高于她的竞聘者，被该公司录用了。

小刘针对目标公司和岗位，结合自己的专业知识，给招聘单位提供了可行性知识成果。用人单位最希望看到的是招聘到的人能实实在在解决问题，对症下药，提出切实可行的解决方案，因此小刘得到了招聘单位的认可。

（资料来源：快资讯，有改动）

【分析】这个案例给予了准备求职的大学生一个非常好的提示，也从另一个角度告诉我们，求职是有技巧、有针对性的。"求"不是简单地投简历、面试，而是一个"上下求索"的过程，在这个过程中做足了功课，"职"自然会来。

筛选招聘信息

目标：通过互联网查找企业招聘信息。

时间：20分钟。

活动要求：获取企业招聘信息。

1. 至少以3家企业（最好和本专业相关）为调研对象，获取它们的基本信息（如所属行业、发展概况、发展前景、企业文化等），并了解它们的用工情况（如用工需求、岗位设置、用工标准、岗位职责等）。

2. 在筛选信息后，完成表4-1。

表 4-1　企业基本情况表

企业基本信息	所属行业	发展概况	发展前景	企业文化
企业用工情况	用工需求	岗位设置	用工标准	岗位职责

采访亲人、朋友

目标：通过采访的形式获取间接的求职信息。

时间：30 分钟。

活动要求：获取间接的求职信息。

1．采访身边具有一定成就的亲人、朋友，了解他们的求职意向、求职路径及成功的经历，挖掘对自己有用的信息。

2．撰写一份采访报告。

3．从采访报告中整理出对自己有利的就业信息。

1．除了文中提到的收集就业信息的渠道，你还知道哪些收集就业信息的渠道？

2．女生如何有效地规避求职陷阱？

4.2 准备求职材料

学习目标

1. 掌握求职信的撰写要领；
2. 能够准确填写就业推荐表；
3. 掌握个人简历的主要内容和制作方法。

导入案例

创意简历，助你一臂之力

张晓嘉，广州某大学广告学专业毕业生，与天河区一家知名广告公司成功签约，她说："我之所以能被这家广告公司留下，除了因为我踏实、诚恳，我制作的独具风格的简历也起到了很大的作用。"

某年9月，张晓嘉偶然看到了这家广告公司的招聘信息，她十分看好这家广告公司，于是决定去应聘。"那个岗位要求求职者有很强的创新意识，我认真地分析岗位要求后，按照岗位要求制作了一份独特的简历。"张晓嘉在简历中把自己包装成新的"产品"，然后从多个角度向公司进行推介。

张晓嘉笑着坦言，这份简历的设计灵感源自同寝室的一位姐妹制作的简历，这位女生想应聘人力资源管理岗位，她把简历制作成计划引进的人才档案，以人才档案的形式展示人才引进的原因、人才的主要成就等要素。几个星期之后，该广告公司的人事经理告诉张晓嘉，她的简历吸引了招聘人员，他们觉得这位新人很有创新意识，决定与她签约。

张晓嘉在找工作的过程中，也碰过很多次壁。开始时，她一再把姿态放低，以低工资吸引招聘单位。后来，她发现这样做是错误的。"当招聘人员让我谈谈对薪酬的要求时，我想了想说，月薪有1000元就行。那个招聘的主管告诉我，工资低并不能吸引他们，他们需要的是实干型人才，只要有能力，他们不怕付高工资。"张晓嘉说。从那以后，她吸取了教训，把自己对薪酬的要求明确地告诉招聘方，并充满自信地说自己完全有能力胜任这份工作。

（资料来源：烟台就业网，有改动）

【启示】从这个案例中得到3个启示：一是简历应简单明了、有创意，突出重点和优势；二是投简历时应注意专业对口；三是要明确地表达自己的要求。

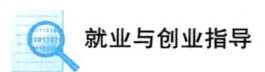

一、求职材料概述

毕业生在求职择业时，为了便于用人单位了解自己，也为了与用人单位取得联系，会准备一份介绍自己的书面材料，这是能说明毕业生本人有关情况的个人材料，也就是求职材料。求职材料一般包括求职信、就业推荐表、个人简历、学历证明、职业资格证书、获奖证明材料等。

求职材料非常重要，它是毕业生与用人单位之间交流信息的载体。毕业生可以通过求职材料向用人单位介绍自己的情况和求职意向，说明对用人单位所提供的职位感兴趣的原因和努力工作的决心。认真准备求职材料是获得就业机会的重要步骤，是通往就业之路的"敲门砖"。

二、求职信

（一）求职信的分类

1. 有针对性的求职信

这种求职信是在已经知道某个单位招聘人才的情况下写的，它具有高度的针对性。在求职信中，称呼和内容都要针对该单位特定的人，主要表述自己的主观愿望和特长，以吸引招聘人员的注意，获得面试机会。

2. 广泛适用的求职信

这种求职信不分职业、单位和对象，没有具体的求职目标，带有一定的盲目性，获得面试机会的概率较低。它主要向用人单位介绍自己的概况，让用人单位了解自己并对自己感兴趣，普遍使用在供需见面会和人才招聘会上。

（二）求职信的内容和格式

1. 标题

求职信的标题通常只有文种名称，即在第一行中间写上"求职信"3个字。

2. 称谓

称谓是对收信单位或收信人的称呼，写在第一行，要顶格写单位名称或个人姓名，在称谓后附上冒号。求职信的称谓比日常书信所使用的称谓正规。通常，当求职信写给国家机关、事业单位时，可以使用"尊敬的×××处长（或科长等）"这个称谓；当求职信写给外资企业时，可以使用"尊敬的×××董事长（或总经理等）"这个称谓；当求职信写给一般性加工企业时，可以使用"尊敬的×××厂长（或经理等）"这个称谓。

3. 正文

正文要另起一行，空两格后再写。正文内容较多，要分段写。一般来说，正文内容包括以下两点。

（1）求职的原因。首先，求职者应简要介绍自己的基本情况，如姓名、年龄、性别、毕业院校、专业等；然后，直截了当地说明从何渠道得到有关信息及写此信的目的。这段是正文的开端，也是求职的开始，介绍有关情况时要简明扼要，对所应聘职位的态度要明朗。要想使收信者有兴趣读下去，开头应当具有吸引力。

（2）对所谋求职位的看法及对自身能力的客观评价。求职者应着重介绍自己的条件，特别突出自己的优势，以使对方信服。语言要中肯，恰到好处；态度要诚恳，不卑不亢，达到见字如见其人的效果；文字要有说服力，要给对方留下深刻的印象，进而使其相信求职者能胜任此项工作。

4. 结尾

求职信的结尾应该包含两部分内容：盼回复和祝福语。求职者可以先写"期盼得到您的回复""静候佳音"等；再另起一行，空两格，写表示敬祝的话。例如，首先写"此致"二字，然后换行顶格写"敬礼"。这两行均不加标点符号，不必过多寒暄，以免"画蛇添足"。

5. 姓名和成文日期

写信人的姓名和成文日期写在信的右下方，成文日期写在姓名下面。

6. 附件

有说服力的附件是求职者所具有的才华和能力的凭证，是不可忽视的一部分。附件不需要太多，但应当有分量，足以证明自己的才华和能力，如自己的外语等级证书复印件、计算机等级证书复印件、获奖证书复印件等。附件可在信的结尾处注明。

> **比一比**
>
> 请将大家撰写的求职信进行集中展示，评一评，看谁撰写的求职信有特色、有亮点，并且是针对对口企业、对口岗位撰写的。

（三）求职信的撰写要领

1. 篇幅尽量简短

篇幅简短、重点突出的求职信容易引起用人单位的注意，一般能获得良好的效果。

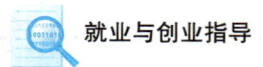

2. 突出个性

由于招聘单位和招聘职位不同，求职信在内容侧重点上应有所不同，也就是说应具有针对性，切忌千篇一律，没有自己的特色。充分突出自己的个性，并很好地将招聘岗位要求和自身条件相匹配的求职信，大概率会被招聘人员青睐。

3. 实事求是

求职者要用不卑不亢的态度与对方"沟通"。要知道，适度谦虚会让人产生好感，但过分谦虚容易给人留下缺乏自信的印象。当然，虚假、浮夸的表述很容易被招聘人员识破。因此，求职信要客观、真实，适度修饰。由于文化差异，一般对外资企业需要充分地展示自己的能力，应充满自信；而对国有企事业单位应适当内敛，着重介绍自己的才华和能力，表述应适度含蓄。

4. 语句通顺，文字流畅

求职信一般要求打印出来，应做到排版工整，无错别字，语句通顺，文字流畅，切忌用华丽的辞藻进行堆砌，少讲大话、空话。

5. 尽量不要谈论薪酬

如果没有被要求，不宜在求职信中谈论薪酬；如果招聘人员要求说明薪酬要求，那么可以适度地说明，如不低于若干千元，或者参照行业同类岗位薪酬的中等水平，并且注明这是可以协商的。

6. 避免疏漏

写完求职信后应认真阅读，也可以请身边的人帮助修改，避免存在有歧义的表述，以及避免重点不突出或表述层次不清等疏漏，使求职信尽可能准确地展示自己的信息。

7. 可以用中、英文两种文字写求职信

现在有很多用人单位非常重视求职者的英语水平，因此求职者可以用中、英文两种文字写求职信，使自己的英语水平得到展示。如果用人单位是一家中外合资企业或外资企业，那么用中、英文两种文字写求职信就更有必要了。

图 4-2 所示为求职信样例。

三、个人简历

求职者如何从日益激烈的求职竞争中脱颖而出？笔者建议先制作好个人简历，个人简历是"人才说明书"，求职者可通过它介绍自己、推销自己。无论通过哪种渠道（招聘会、网络申请、他人推荐）找工作，都需要提供个人简历。

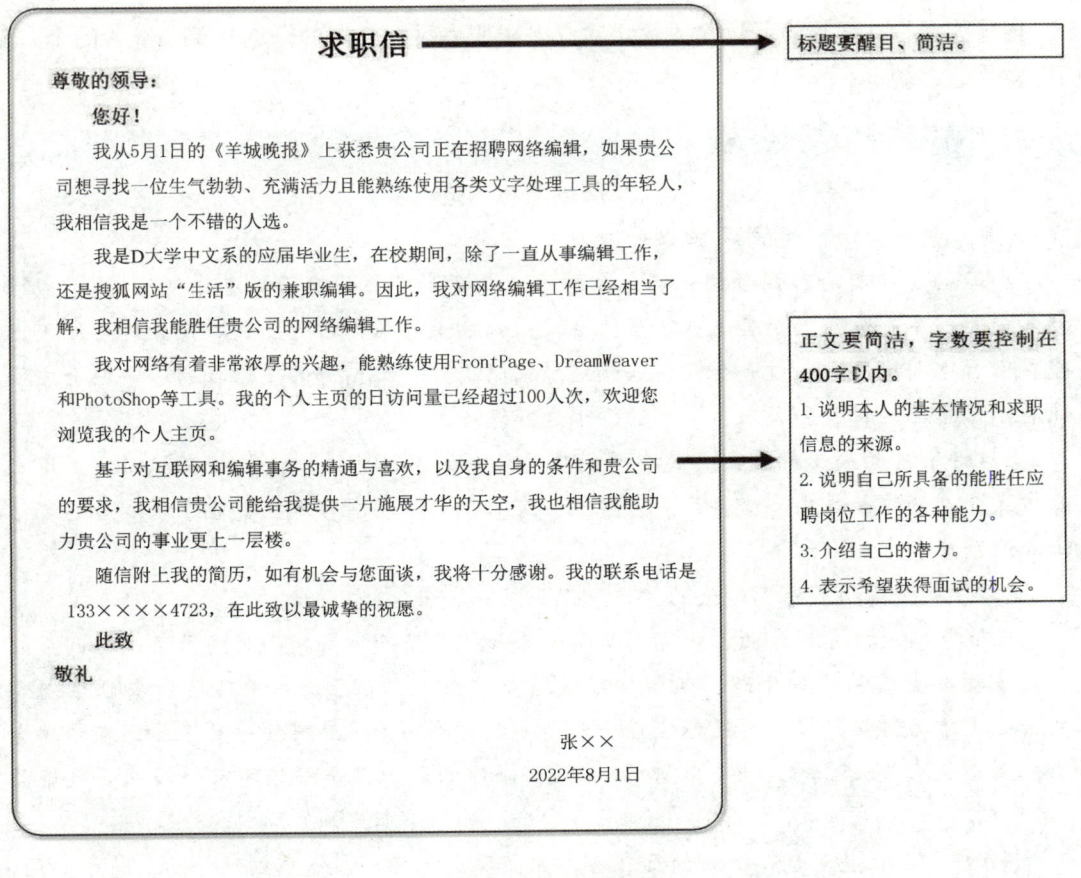

图 4-2　求职信样例

（一）个人简历展现的内容

1. 求职者的能力

招聘人员会根据求职者的受教育程度、有无相关工作经历、取得过何种成绩等来判断求职者的基本能力和素质，因此个人简历中需要列举具体的事实，证明求职者能胜任岗位。

2. 求职者的职业诚信

招聘人员很看重求职者的职业诚信，会了解求职者工作的稳定性及材料表述的真实性，如果频繁跳槽或工作经历表述中有隐瞒、欺骗的信息，就会使招聘人员对求职者的职业诚信有所怀疑，进而影响求职者的求职。

3. 求职者的思维特征

招聘人员可通过个人简历表述的层次性、逻辑性、准确性及文字写作能力，来判断求职者的思维特征。

招聘人员往往先通过阅读个人简历对众多求职者进行初步的筛选，精心准备的个人简历更容易通过初审。

试一试

简历创意小示范

（一）视频简历："视听"瓶颈的冲击波

小李的视频简历可谓独树一帜，招聘方先是感到诧异，继而兴奋地把他的"简历"放入光驱，不一会儿显示屏上出现了他在校辩论赛上技压群雄的场面，几分钟后他又出现在舞台上引吭高歌，过一会儿镜头锁定绿茵场上他一记精彩的凌空抽射……他全方位地展示了自己的特长和风采，令招聘方十分满意。

【点评】视频简历的最大意义在于颠覆了传统的求职方式，使传统求职简历上用文字方式介绍的特长等内容变得具有可视性、可听性，从而在客观上提升了求职者的可信度和深刻度。

（二）网页简历：信息时代的"无纸化"求职武器

小徐学的是计算机专业，他利用所学专业知识花了两个星期的时间做了一份网页简历，里面有自己的详细介绍，包括学习成绩查询系统，自己历年来在各种书刊上发表的专业文章的链接，只需要鼠标轻轻一点，关于自己的各种资料便一目了然。在招聘会上，大多数人投出去的是一本厚厚的"书"，而他的简历只是一张印有个人网页地址的"名片"。

【点评】在信息时代，这种简历在各方面显现出了优势，信息细致全面，易于查询，操作快捷，不像纸质简历那样厚重、烦琐，还可以为自己省下一笔复印费。

（三）卡通简历：动漫中演绎"个性人生"

小卢在自己的简历中设计了各种卡通形象，即把自己画成漫画人物，个人经历、特长等都是用动漫形式展示出来的，内容翔实，版面活泼生动，结果她被天津某知名幼儿园高薪聘用了。该幼儿园的园长解释说，我们需要的就是这种富有创意、童心未泯的人，从她的特色简历中我们能够看出她应该是一个有爱心、爱护学生的好教师。

【点评】卡通简历的成功具有必然性，但是也具有偶然性，它并不适合所有的求职者。一位人力资源专家指出，如果你的意向职位是部门主管等级别较高的职位，那么满纸涂鸦的卡通简历不仅不能帮上你一点忙，反而会让招聘人员觉得你过于天真、不成熟，你可能会因此断送自己的前途。

（四）写真简历：巧用眼球效应

当招聘人员翻阅一堆写着密密麻麻文字的简历时，看到几张精美的个人写真照片，大概率会感到赏心悦目，从而会对求职者产生一定的好感。正是基于这种作用，写真简历在女性求职者中曾经颇为流行。

【点评】需要注意的是，简历中的写真照片不宜过多，选取几张具有代表性的即可，而且写真照片中的穿着要端庄、职业化，显示出自己的自信与大方，切忌过于暴露，否则会给人以不务实的不良印象。

（二）个人简历的制作方法

在个人简历中，求职者应对个人的成长经历有重点、简要地进行概述。用人单位会根据个人简历传递的信息与招聘岗位进行匹配，通过判断求职者对招聘岗位的胜任程度，决定其能否进入面试环节。因此，一份"简历"并不"简单"，其应该与招聘岗位高度匹配。

1. 自我分析——自身拥有什么

首先，明确工作价值观。求职者一定要清晰地知道自己想要一份什么样的职业，即具有工作价值观，它支配着求职者的选择。

其次，梳理与意向岗位相关的学习经历等，参加过的社团活动、支援服务、社会兼职等。

最后，能力分析。通过对过往经历的梳理，明确自己所具备的知识技能、可迁移技能和自我管理技能，并列举事实证明。

2. 企业分析——企业需要什么

首先，对所应聘的企业进行深度分析，如企业所处的行业、该行业的发展前景、企业的成长史、企业文化、目前的运营情况、薪酬和福利待遇、晋升空间等，看看各方面是否与自己的工作价值观相匹配。

其次，对所应聘的岗位进行分析，如岗位职责、劳动强度、工作环境、对求职者的能力要求等。

3. 信息展示——人职匹配

首先，要明确求职意向。没有求职意向的简历只能称为履历，求职者在简历中要明确自己的求职意向。

其次，简历中信息的展示。求职者要将"自身拥有的"与"企业需要的"进行匹配，给用人单位一种"众里寻他千百度，蓦然回首，那人却在，灯火阑珊处"的感觉。

最后，信息展示要分"轻重"。与应聘岗位紧密相关的信息要优先写，重点描述，与应聘岗位无关的信息不要写，应学会舍弃。

图 4-3 所示为个人简历样例。

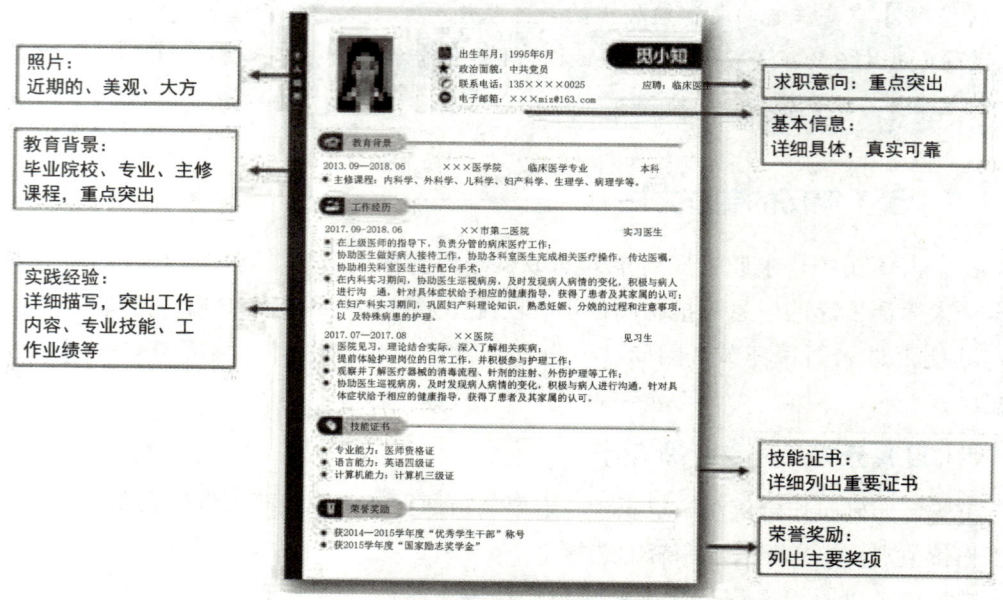

图 4-3　个人简历样例

（三）个人简历制作的注意事项

1. 真实

个人简历最基本的要求就是真实。真实地记录和描述，能够使招聘人员产生信任感，而大多数用人单位对求职者最基本的要求就是诚实。个人简历不能弄虚作假、编造经历。

2. 简练

招聘人员每天要面对大量的个人简历，一般在粗略地进行筛选时，在每份个人简历上所用的时间不超过一分钟。如果个人简历篇幅过长，招聘人员缺乏耐心，难免漏看部分内容，这对于求职者是非常不利的。

3. 突出重点

个人简历应尽可能突出重点，这样才易给人留下深刻的印象。个人的优势部分应当是整份个人简历的点睛之笔，往往也是最能吸引人的地方。

4. 勿过度包装

求职者最了解自己的情况，因此个人简历要亲自动手制作。大多数用人单位看重的是求职者的真才实学，对过度包装的个人简历不会有什么好感。

5. 有自己的特色

用人单位在招聘期间，通常都会收到大量的简历。那么，如何让招聘人员对你的简历留下深刻的印象，并决定给你一个面试的机会呢？这就需要我们根据用人单位的性质和意向岗位，在简历中突出自己的特色。

> **看一看**
>
> **简历投递小窍门**
>
> 第一，将资料统一复印、装订。简历后面所附的各种资料，如奖学金证书及其他荣誉证书等的复印件最好统一为白色的A4纸，避免大小不一，同样颜色和大小的纸张会给招聘人员一种专业的感觉，还要保证复印的质量。另外，应将各类资料装订在一起，防止这些材料在传递过程中丢失。
>
> 第二，写好联系方式。求职者应在简历中写上应聘的岗位和联系方式，方便用人单位联系。
>
> 第三，将已投递简历的单位建档，包括单位名称、联系人、联系方式及投递的材料等，同时记住已经投递简历的关键单位名称，以免某天接到该单位的电话时手忙脚乱。
>
> 第四，在打印的求职信上，签上自己的名字，以示诚意和尊重。

四、就业推荐表

就业推荐表是由学校毕业生就业指导服务中心统一印制的，其栏目有姓名、性别、民族、出生年月、政治面貌、学校、专业、学历、外语等级、健康状况、特长、奖惩情况、在校表现、院系推荐意见、学校毕业生就业指导中心意见等。

就业推荐表填写的注意事项如下。

1. 不能涂改

就业推荐表代表校方的意见，有关部门加盖了公章，因此毕业生在填写的时候一定要细心、认真。特别是成绩单、院系推荐意见等部分，一旦有涂改的痕迹，就可能引起用人单位的误解。因此，当发现错误时，毕业生应当换一张重新填写。

2. 在"学生自我总结"栏中展示自己的突出优势

自己具有的一些突出优势可以在"学生自我总结"栏中展示，比如发表的重要作品，以及突出的工作经历等。

3. 保证就业推荐表的唯一可信性

就业推荐表的原件不可仿制，更不可谎称遗失而重新补办，因为那样做会影响学校的声誉。毕业生在"双向选择"的过程中可以使用就业推荐表的复印件进行自我推销，当与用人单位签订协议时，再拿出就业推荐表原件。毕业生一定要保管好就业推荐表。

职业院校毕业生就业推荐表（样例）如表4-2所示。

表 4-2　职业院校毕业生就业推荐表（样例）

毕业生基本情况	姓名		性别		民族		出生年月		照片
	专业		学校				政治面貌		
	学历		学制		健康状况		身高		
	学业成绩	见教务处学籍卡		计算机等级			外语等级		
	上岗证					其他技能			
	本人联系电话					家庭联系电话			
	家庭详细地址							邮政编码	

学生自我总结	

续表

奖惩情况	
在校表现	辅导员（签字）：　　　　　　　　　　　　　　　　　　　　　年　月　日
二级学院推荐意见	学校推荐意见
签章 　　　　　　　　　　　年　月　日	签章 　　　　　　　　　　　年　月　日

备注：此表双面打印

五、求职手册的制作

求职手册的制作，不是求职信、个人简历、就业推荐表及各类证书复印件的简单装订，而应当是一份吸引用人单位、展示个人才能的精美手册。

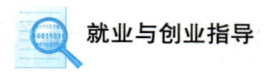 就业与创业指导

1. 封面设计

封面是整个求职手册的"脸",封面设计既要美观、有个性,又要突出重点内容,不可过于花哨。成功的封面设计会给用人单位留下良好的第一印象。一个设计良好的封面应包括学校名称(可附上学校的标志性图案)、专业名称、"求职手册"字样、个人姓名、联系方式(包括通信地址、手机号码、E-mail 等)。为了不显得单调,可以在封面的右下角设计一个简单的图案,但切不可把图案作为封面的主体,否则就会喧宾夺主。

2. 准备求职材料的注意事项

(1)学历证明,如毕业证书、学位证书等。

(2)政府、学校和社会组织颁发的荣誉证书,如"三好学生""优秀学生干部""优秀毕业生"证书。

(3)英语等级证书、计算机等级证书、各类奖学金证书。

(4)校级以上社会实践、征文比赛、文艺演出、社团活动等各类活动的获奖证书。

(5)在正式出版物上发表过的文学作品、美术设计作品、音像作品及各类小发明、小创作的图像资料等。

(6)达到一定水平的实训成果,如软件产品、手工作品等。用人单位对能证明求职者工作能力的材料往往特别重视,如果求职者在某方面有特长,一定要将其以具有说服力的材料充分展示出来。

3. 求职材料的整理

求职材料不能不加分类地堆砌在一起,避免让招聘人员觉得毫无章法。

(1)分类整理。求职材料很多,一般按照以下五个方面分类整理:个人简历性材料、专业学习材料、奖励评论性材料、社会实践材料、特长爱好材料。求职者在分类整理求职材料时,应再次对每份材料进行审查,若发现不当应及时修改。

(2)合理编撰。求职者不能将所有材料简单叠加后交给用人单位,应该针对用人单位和求职目标的具体要求,结合自己的实际情况,将材料合理取舍、有机组合,从而充分体现出自己的竞争优势,切忌"一份多投"。

(3)适度包装。对编撰后的材料加以包装是求职材料整理的最后一道工序。首先,要设计好封面。封面设计的基本原则和要求是美观、大方、醒目。其次,要有一个能突出主题的标题,还应包括姓名、专业、毕业学校等基本内容,但不宜过多。再次,其他内容要按照恰当的顺序编排,统一用 A4 纸打印或复印,并装订好。最后,包装要适度,不能太华丽,醒目、明快很重要。

(4)全面审查。求职者应当对包装好的求职材料进行全面的认真审查,确保无任何错误或遗漏。

 **总结案例**

要突显所获荣誉

小王毕业于杭州一所普通学校,在求职过程中,她常因自己不够突出的教育经历而苦恼。"虽然我的学校一般,但我在校期间经常获奖,也在学生会任职,在做求职准备的过程中,我思来想去,决定把自己的简历重点放在在校期间获得的奖励和学生会工作经历上。"小王说。

小王的这一做法得到了不少 HR(Human Resourse,人力资源)的肯定。"我一般不太关注求职者的学历和具体的学习成绩,因为有时候这些其实并没有太大的意义。求职者所获得的荣誉、实际工作经历和具体工作业绩,更能反映他的能力。"某公司 HR 说。

(资料来源:河北人才网,有改动)

【启示】作为应届毕业生,如果你做过与所应聘岗位有关的课题研究项目,或者在著名刊物上发表过相关论文,可列出并进行简单介绍。另外,如果你曾担任过学生会主席、社团部长、班长等职务,或者有过组织策划校级以上大型活动的经历,可以在简历中按时间顺序列出,并且可以用前后对比法说明你的工作给团体或活动带来的变化。但不要让你的学生会(社团)工作经历在简历上"喧宾夺主",以免让人觉得你在校期间忙于工作而无暇学习。

【活动目标】
1. 学会制作求职简历。
2. 学会评价和修订求职简历。

【活动安排】
活动安排如表 4-3 所示。

表 4-3 活动安排

序号	活动内容	时间分配
1	教师讲解求职简历的要求	5 分钟
2	学生制作求职简历	课外完成
3	学生进行求职简历筛选	10 分钟
4	优秀求职简历点评	15 分钟
5	教师点评并引导学生讨论	10 分钟
6	教师布置实训作业	5 分钟

温馨提示：在学生将求职简历备齐后方可开始，求职简历可作为期末成绩评价依据之一。

【资源准备】

在活动开始前，学生和教师需要做一系列准备，具体如表4-4所示。

表4-4　资源准备

序号	人员	主要内容	重点提醒	程度要求
1	学生	制作求职简历	给各组一份，教师一份	高
2		了解求职简历的评价标准	制订求职计划	偏高
3	教师	制定优秀求职简历评价标准	列出具体条目	中
4		优秀求职简历点评	优秀求职简历准备	高

温馨提示：学生要提前将求职简历上交给教师。

【活动流程】

1. 教师讲解。

（1）教师介绍求职简历的评价标准。

（2）教师介绍活动的具体规则。

（3）学生简短提问，教师答疑。

2. 学生分发求职简历。

（1）小组长收集本组求职简历，保证每个组员都提交简历。

（2）小组长与其他组交换求职简历。

（3）教师审查求职简历是否齐全。

3. 学生浏览求职简历。

（1）各组依次浏览求职简历，每份求职简历的浏览时间不得超过10秒钟。

（2）各组评选出最优的5份求职简历和最差的5份求职简历。

4. 小组点评。

（1）小组长宣读本组评选出来的优秀求职简历名单（本组成员不在名单之内）。

（2）小组长代表本组进行优秀求职简历点评，被点评同学起立鞠躬以示感谢。

（3）小组长宣读本组筛选出来的劣质求职简历名单。

（4）小组长代表本组进行劣质求职简历点评，被点评同学起立并虚心接受。

（5）各组依次进行。

5. 教师点评。

（1）教师宣读自己筛选出来的优秀求职简历名单（10人）。

（2）教师宣读自己筛选的劣质求职简历名单（15人）。

（3）教师引导学生评价求职简历，可参照表4-5进行。

表 4-5　求职简历的评价标准

维度	好	中	差
1. 格式。格式是否有吸引力？			
2. 外观。是否简明？布局是否清晰且易于阅读？装订是否整齐？			
3. 长度。是否简明切题？			
4. 突出。是否有与申请职位密切相关的工作经验？			
5. 表达。用词是否生动？职业目标描述得是否清楚？			
6. 切题。工作经验是否与申请职位有关？			
7. 完整。是否包括所有的重要信息？			
8. 相关。工作经验是否与申请职位有关？			
9. 准确。是否准确地反映了个人的情况？是否有助于获得面试机会？			
10. 技能。是否展示出个人与申请职位有关的技能？			

6. 相互讨论。

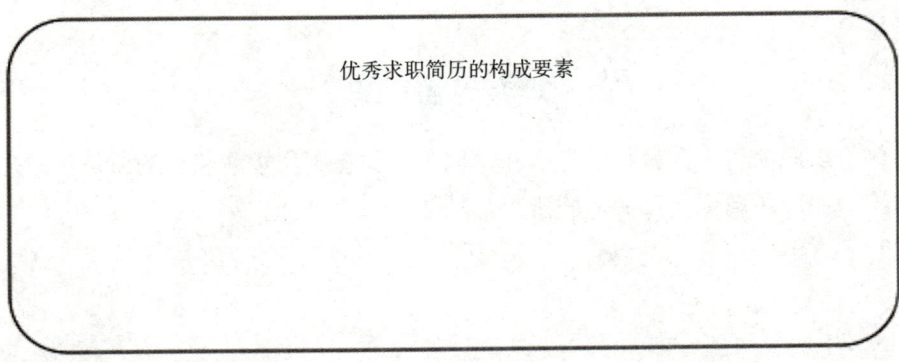

优秀求职简历的构成要素

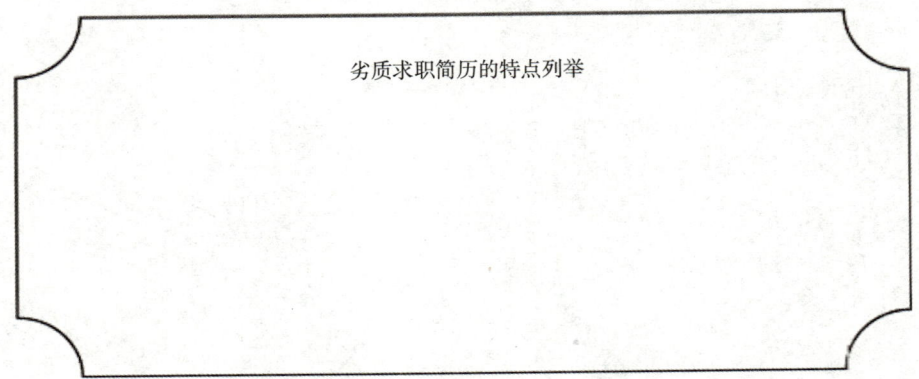

劣质求职简历的特点列举

7. 自我改进。

求职简历改进措施	

8. 教师布置作业。
（1）教师布置课后练习。
（2）教师对学生的求职简历提出整改要求，并进行二次回收。

【成果展示】

成果一：求职简历评价标准。
成果二：优秀求职简历
成果三：求职简历改进措施

1. 制作一份求职简历，在教师的指导和帮助下，掌握制作求职简历的要点和技巧。
2. 谈一谈如何准备属于自己的求职资料。

4.3　调整就业心态

学习目标

1. 能够做好就业前的心理准备工作；
2. 能够积极应对求职前后的心理变化；
3. 能够主动强化积极的心理素质。

导入案例

提升逆商，成就自我

小王，男，18岁，办公自动化专业中专毕业，毕业后想找一份办公室文员工作，但求职两三个月后，一直未找到期望的工作。后来，求职心切的小王找了一份入职门槛较低的交换器销售工作，开始了他的职场之旅。刚开始，他每天一早参加完公司晨会后，就马不停蹄地走访单位，尽管他非常努力，却屡屡碰壁，渐渐地便失去了信心，随后就开始混起日子来。晨会后，他要么和几个同批进公司的同事去茶室斗地主，要么直接回家睡大觉，等下班时再回公司报到。一晃两个多月过去了，眼看试用期就要结束了，再没有业绩就得卷铺盖走人了，小王开始着急起来。通过职业指导师的帮助，他开始思考为什么自己迟迟做不出业绩。由于在销售过程中，遭到客户的拒绝后他感觉很沮丧，工作积极性降低，接着越做越没信心，最终连敲客户的门的勇气都没有了。找到问题后，在职业指导师的帮助下，他积极调整心态，并开始认真学习销售技巧，不断培养自己的抗挫折能力，终于在试用期结束前，完成了基本的销售任务，保住了饭碗。在后来的工作中，他不断锻炼自己的逆商，并拓宽自己的人脉圈，在周围同事纷纷遭遇淘汰时，他却成了公司的销售冠军。

（资料来源：中国就业网，有改动）

【启示】在工作中难免会遇到各种各样的困难，当自己状态不佳时，不能破罐子破摔，而是要勇敢地面对现实，首先悦纳自己当前的状态，总结失败的原因，找到没有克服困难的关键因素，有针对性地调整工作方法，或者提升不足的工作能力，方法对了，能力够了，问题也就迎刃而解了。

一、做好就业前的心理准备工作

面对日趋激烈的就业竞争,毕业生在求职过程中出现了各种各样的心理问题,这十分不利于就业。在就业前对求职目标进行准确定位,及时发现并准确判断就业过程中出现的各种情况,是每位毕业生都应该努力做到的。

(一)锻造健康的心理素质

1. 培养勇于竞争的意识

随着经济的高速发展和现代企业制度的建立,毕业生要想在实行"双向选择"的人才市场上谋得一席之地,找到理想的工作,就应当积极培养勇于竞争的意识。竞争已经成为现代社会的主旋律,在市场经济的大潮中,竞争给生活带来了无限的活力。竞争能使毕业生自身能量和潜能得到最大限度的释放和发挥,是毕业生实现自我价值的一种途径。就业竞争不可避免地为强者带来机遇,使弱者面临危机,因此准备求职的毕业生要做好多方面的竞争准备,通过各种途径在社会实践中培养自学能力、实际动手能力、组织管理能力、社交能力等,以适应竞争激烈的人才市场。

2. 保持良好的求职心态

面对竞争激烈的求职状况,保持良好的求职心态是获得成功的关键。评价毕业生就业心理是否健康,有一个非常重要的标准,即看其在求职过程中能否清醒、客观地分析自身的优势和劣势,对自身各方面的能力和就业方向有明确的认识,以及能否摆正自身的位置。同时,毕业生还要拥有良好的人生观和价值观,良好的人生观和价值观对良好就业心理的形成具有重要作用。一般来说,对生活持有积极态度、具有科学社会主义价值观的人的心理应该是非常健康的。在激烈的职场角逐中,遭受一些挫折在所难免,年轻人多经历一些风雨,将有助于积累人生的宝贵财富。毕业生在求职过程中要做好遭遇挫折的心理准备,失败后不气馁,成功后不骄傲,保持一颗平常心。

3. 增强社会适应能力

"适者生存"是永恒的真理。毕业生应在求职过程中及时调整梦想与现实之间的差距,避免出现理想主义,将自己的就业期望值调整到适合自己的高度,不刻意追求高目标。在选择岗位时,毕业生要认识到岗位的重要性并明确岗位职责,把个人兴趣、专长与社会需要有机统一起来,既要考虑个人因素,也要考虑社会需要。在面对新的工作环境、学习环境、人际环境和生活环境时，要积极地融入其中并尽快适应，多变的未来要求毕业生具备良好的应变能力和适应能力。

（二）准确定位

1. 自我定位

面临求职择业的毕业生只有对自己的才能、特长、爱好、兴趣、弱点等有一个客观的评价，给自己准确定位之后，才能从实际情况出发，获得满意的求职结果。毕业生应当客观分析自己的理想追求，不"眼高手低"，设置适合自己的职业目标；客观分析自己的气质和性格，认识到每个人的气质和性格是有差异的，但没有好坏之分，不同的职业对从业者的气质和性格有不同的要求，了解自己的气质特征和性格特点是正确选择职业的前提；客观地认识自己的能力和兴趣爱好，才能在求职择业过程中扬长避短，从众多的职业中找到适合自己的那一个。

2. 职业定位

毕业生要正确认识自己和希望从事的职业，选择适合自己的职位。职业多种多样，并且没有绝对的好坏之分，毕业生在进行职业定位时要先确立合适的职业目标，职业目标应该是建立在对社会需求、工作环境和个人能力充分认识的基础上的。要想做到职业定位准确，毕业生还应理性地处理职业理想与就业现实之间的冲突，应主动随着就业形势的变化及时调整自己的职业目标，抛弃不合理的职业理想，积极争取就业机会，将自己的心态调整到最佳。

二、就业过程中常见的心理问题

（一）自负或自卑

由于毕业生的自我评价能力不足且缺乏自我评价的客观反馈，因此其自我评价往往不准确。此外，他们对社会环境缺乏正确认识，或者过于依赖自我感觉，而对自我缺乏理性的认识和评价。

自我评价过高容易产生自负心理，这种情况在学习成绩好、工作能力和社交能力较强的同学中普遍存在。他们往往以个人的主观择业标准衡量社会需要，而忽视了现实对求职者综合素质的要求，高估了自己的知识和能力水平，期望值过高，容易脱离实际，以幻想代替现实，使择业目标和现实产生极大的反差，在求职择业过程中自傲清高、挑三拣四、自命不凡。

同时，在日趋激烈的人才竞争中，面对就业市场的困境，一些毕业生因自己毕业院校知名度不高、所学专业偏冷门，或者自己在班级的综合排名靠后等，产生了自卑心理。自卑指一个人轻视自己，认为自己不如别人，是对个体的得失、荣辱过于在乎的一种心理，常表现为自惭形秽，缺乏自信心和勇气。一个人若过度自卑，还会表现为精神不振、消极厌世，甚至走向极端。这些自卑心理严重影响到毕业生的求职择业，使其不敢正面对待就业问题，同时会影响其聪明才智和创造力的正常发挥。由于缺乏自信心，看不到自己的优势，毕业生不敢主动向用人单位"推销"自己，不敢主动参与就业竞争，从而陷入不战自败的困境中。在参加用人单位的面试时，他们常常面红耳赤，语无伦次，答非所问，把面试前准备的"台词"忘得一干二净；或者由于谨小慎微，唯恐因一句话说错、一个问题回答不好而给招聘人员留下不好的印象，因此不敢放开说话，不能把自己的能力和优势展现出来，这样的毕业生会因此失去许多就业的机会。

（二）畏惧挫折

由于对严峻的就业形势缺乏充分的认识和应有的心理准备，一些毕业生在就业过程中遭遇几次失败后，心态往往会受到巨大影响，开始盲目自卑，对自己的能力极度怀疑。他们开始害怕面试，甚至采取逃避的态度，应聘时过分担心自己某方面的能力或经验不足，过分谦虚，不敢自荐，最终导致与就业机会失之交臂。部分毕业生在面对就业过程中的挫折和打击时表现得很脆弱，心理承受能力低下。他们习惯于校园中的生活，对职场环境的适应能力差，在就业过程中一旦遇到挫折或困难就怨天尤人，感到无能为力，失去信心，往往会出现不思进取、情绪低落、情感淡漠、思想麻木等情况。当再次遇到机会的时候，他们会担心失败，没有再次进取的勇气，导致失去很多机会。"失败乃成功之母"，求职失败以后，只要吸取教训，勇敢地面对市场竞争，寻找机会，把握机会，总有一天会取得成功。

（三）盲目从众

盲目从众是我们日常生活中常见的一种现象，一些毕业生在求职择业时也会出现这种情况。一些毕业生缺乏对自身的理性认识，对自身的条件和性格特点不能全面分析，不能客观地分析社会需要，因此在就业时产生了随波逐流的盲从心理，没有"量体裁衣"的求职意识，不懂得自己喜欢且能够发挥自身特长的岗位才是最好的。他们在求职择业时，瞻前顾后、勇气不足、人云亦云，自己毫无主见。这样的毕业生对自己的优势和劣势知之甚少；对所选的单位、工作岗位一无所知，盲目追求高待遇，热衷于热门职业；甚至看到别人去经济发达地区择业，自己也效仿。受社会功利主义的影响，这样的毕业生择业时名利心理过重，把目光投到相对稳定、待遇优厚的行业而不考虑自己的条件，以至于在激烈的竞争中失败，产生了心理落差。一个人若把自己限制在狭窄的求职道路上，就会不知不觉错失不少就业机会。

（四）攀比和嫉妒

一些毕业生具有很强的竞争意识，由竞争带来的负面影响不容忽视。例如，许多毕业生为进入同一家较为著名的公司，进行激烈的竞争，由于各自的就业能力不同，一些毕业生会产生攀比和嫉妒心理。在寻找工作单位时，有的毕业生会和自己的同学进行比较，在攀比、嫉妒心理的影响下，即使有些工作单位非常适合自身发展，但因某方面比不上同学选择的工作单位，就草率放弃，事后却后悔不已。

有的毕业生甚至认为自己择业失败与同学有很大的关系，认为那些比自己条件好的同学抢了自己的饭碗，进而对优秀的同学产生愤恨、嫉妒心理。嫉妒是从憎恨的情感中分化出来的带有攻击性的心理，易诱发其他恶性心理，在就业过程中有可能导致恶性竞争或恶意伤害，因此要对这种心理加以调整，使其向积极的方向转化。

（五）焦虑和抑郁

毕业生在就业过程中在情绪上易出现波动，主要表现为焦虑和抑郁等消极情绪。焦虑是由于心理冲突或个人遭受挫折及怀疑可能要遭受挫折而产生的一种紧张、恐惧的情绪。焦虑心理产生的原因主要包括以下几个方面：第一，缺乏对纷繁复杂的现实社会的理性认识，对步入社会产生了恐惧心理；第二，缺乏充分的就业准备，对是就业还是考研选择不定，从而产生害怕顾此失彼的心理；第三，不确定择业方向，没有掌握择业方法，始终不能顺利就业，从而对就业产生恐慌心理。过度焦虑会对毕业生就业产生消极影响，它不但会抑制毕业生的正常思维，而且会使毕业生的注意力难以集中，记忆力明显减退，从而影响毕业生正常的学习和生活。严峻的就业形势、毕业生缺乏自信和足够的承受压力的能力、恋爱困扰、普通的家庭背景等都会使毕业生在就业前出现情绪波动。一项针对毕业生就业前情绪状态的调查研究表明，毕业生在面临就业时焦虑、抑郁情绪普遍存在，尤其是一些性格内向、有生理缺陷、学习成绩欠佳的毕业生。这些焦虑、抑郁等情绪使他们精神负担沉重，紧张烦躁，严重地影响了他们正常的生活和就业。

（六）依赖心理

依赖心理是指毕业生在就业过程中缺乏独立意识和自主承担责任的意识。形成依赖心理的主要原因是个人独立决策能力不强，缺乏进取精神。具有依赖心理的毕业生往往表现为不主动出击，消极逃避就业市场，具有等、靠、要的思想，依赖家人通融社会关系，试图通过关系就业；依赖老师、学校将工作送上门，总念着"车到山前必有路"，试图坐等就业，即便有就业岗位选择的机会，也要向千里之外的家长寻求决策帮助，自己拿不定主意，以致贻误就业时机。在面对就业问题时，不少毕业生没有完全意识到自己是就业主体，缺乏独立意识，不把立足点放在自身努力上，不注重自身素质的培养与提高，而是热衷于托关系，让亲朋好友给自己找门路。这样的毕业生通常自立意识不强，缺乏独立承担责任、解决问题的能力。这一现象与毕业生自身成长经历的局限性是分不开的。毕业生毕

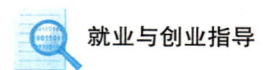

竟只经历了十几年的学习生涯，一直生活在象牙塔里，缺乏求职择业的经验，仅拥有较为简单的与家人、朋友、老师的社会关系。在突然要面对重大的人生选择时，他们难免产生一定程度的依赖心理，但如果不设法摆脱这种依赖心理，使自己的心理趋于成熟，对毕业生就业是有一定危害的。

（七）犹豫不决

部分毕业生在就业过程中会表现出各种矛盾心理：他们既希望自主择业，但又觉得风险太大；虽胸怀远大理想，但不愿正视现实；注重专业能力的提升，但又爱慕虚荣、互相攀比；重事业、重利益，既追求丰厚的薪水，又不愿意承受过大的压力。在双向选择时，瞻前顾后，犹豫观望，徘徊不定，这山望着那山高，该拍板时不敢拍板，即使做出一个决定，也还是忐忑不安，顾虑重重。这类毕业生对自己缺乏足够的认识，过分注重利害得失，很容易在一次次的徘徊、犹豫中错失就业良机。

三、就业心理问题的解决

（一）客观地认识自我

1. 自我认知

面对就业过程中的各种矛盾和问题，毕业生首先要有正确的自我认知。毕业生可利用合适的机会，对自己的气质、性格、兴趣等进行测验，明确自己的个性特点，自己的优势和劣势是什么，找到适合自己的职业方向，从而降低择业的盲目性，避免遭受不必要的挫折。

2. 参照对比

在就业过程中，毕业生可以将自己与社会上其他人做比较。一是可以通过与自己条件相当、情况类似的人比较来认识自己；二是可以通过他人的评价来认识自己；三是可以通过参加社会活动，从活动的结果来认识自己。总之，毕业生可寻找合适的人来参照对比，从而客观地认识自己。

（二）调整就业期望值

1. 降低就业期望值

这里所说的"期望值"由薪酬、工作前景、用人单位规模、工作地域等要素构成。毕业生择业时期望谋求到理想职业是可以理解的，但要想让期望变为现实，应当认清形势，正确把握就业期望值。毕业生在择业时，要认真考虑所学的专业和就业方向，了解社会对该专业人才的需求情况，要根据自己的职业特征、家庭情况等确定就业期望值。毕业生在择业时要以自己所长择社会所需,千万不要因为期望太高或想一步到位而错失就业机会,要树立"先就业再择业"的观念。

2. 树立正确的择业观

择业观是毕业生人生价值观的重要组成部分,它与毕业生的世界观、道德意识及心理认知相互影响、相互制约。毕业生在择业时出现的急功近利、求闲怕苦等问题,在一定程度上会影响他们的职业发展,制约他们认知水平的提高。教师应对学生加强择业观和思想教育,引导学生正确处理国家、集体和个人发展之间的关系,把个人职业发展与社会需求有机结合起来,树立自尊、自强、自立、自爱意识,发扬艰苦创业精神,在正确的择业观指导下促进学生素质全面提高。

(三)增强自身就业力

毕业生就业力的高低直接影响着他们就业的质量。就业力指的是就业竞争力,主要包括工作能力、适应能力和求职能力等。其中,工作能力主要对专业能力有要求。同时,毕业生应具备适应环境和适应社会的能力。校园与社会毕竟有差距,毕业生应甘于从底层做起,积累经验,这主要依靠的是适应能力。毕业生应有一定的求职能力,提前培养职业所需的素养,做好前期准备工作,这些不能急抱佛脚,而是应长年累月地培养。归根结底,大学生就业困难与"就业力"的缺失不无关系。当然,这方面能力的培养除了依靠高校加大教育教学制度的改革,主要靠毕业生自己,毕业生要从各个环节加强对自身专业能力、适应能力和求职能力的培养,以顺利就业。

(四)进行适当的心理训练

1. 自我反思

毕业生在面对矛盾和冲突时不要冲动,应冷静、理智地思考,并进行自我剖析,正确地认识自我和评价自我。一方面,客观地分析就业环境,把面临的情况搞清楚;另一方面,进行自我反思,找准自己的位置,可以用榜样或者英雄的事迹激励自己,同各种不良情绪进行斗争,坚信未来是美好的,并相信自己的实力。

2. 心理测验

毕业生可以通过心理测验,了解自己的心理特点和存在的问题,从而有针对性地调节情绪,克服心理弱点,发挥优势。例如,毕业生可以进行智力测验、人格测验、职业心理测验、能力测验,再根据测验的结果进行职业选择或调节自己的情绪,以达到良好的状态。

3. 自我慰藉

自我慰藉又称自我安慰。在遇到挫折和困难的时候,毕业生要学会安慰自己,可以用

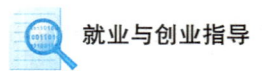

"失败乃成功之母"等话语来安慰自己,以摆脱烦恼。

4. 转移注意力

转移注意力也是摆脱烦恼的有效方法,如可以找人聊天,获得心理疏导,排解郁闷情绪。毕业生有一个优势,就是身边有一群拥有相似经历和目标的同学,大家可以相互帮助。此外,当一些问题在脑海里反复出现,以致影响睡眠的时候,不妨试着把困扰自己的问题写下来。

5. 向专家咨询

当人的心理出现矛盾,特别是有较重的心理负担时,自我调节难以奏效,外来人员的帮助就显得非常重要。毕业生可以求助于心理咨询专家,以消除择业带来的焦虑、烦恼、抑郁等不良情绪。

6. 进行松弛训练

松弛训练是一种通过训练让个人心情和身体放松的方法。松弛训练可以帮助人们改善一些症状,如焦虑、恐惧、紧张、失眠等。

 **总结案例**

培养积极主动的态度

×××老师:

您好,感谢您在百忙之中为我解答问题。我是一名即将毕业的学生,最近在为找工作而忙碌,并且去年就在网上投了简历,但至今还没有找到合适的工作。我所学的专业是计算机软件,虽然这是比较热门的专业,但这似乎并未对我找工作助力。由于我还没有毕业,缺乏工作经验,本着"先就业后择业"的原则,我有时想先找份稳定一点、专业不一定对口的工作,但还是在寻寻觅觅中。我觉得造成这种结果的原因有以下几点:一是我学历平平;二是我作为应届毕业生,一般用人单位不愿意录用。望老师给我些指点,并给予一点帮助。

学生:×××
××××年××月××日

这位同学的主要问题是不够积极。用人单位一般注重的是求职者是否符合岗位要求,而非学历。至于是否毕业、有无工作经验等,对一些用人单位决策的影响微乎其微。这位同学之所以有这些说辞,是因为他未曾积极尝试求职,或浅尝辄止,就将失败归咎于各种客观原因。建议有类似想法的同学能够凡事未雨绸缪,比如从毕业前一年就开始积极地寻找实习单位,这样既了解了就业市场,熟悉了企业的招聘流程,又掌握了面试技巧,积累了经验。同学们还应该提前制作简历,这样才能在毕业求职时有备无患。

(资料来源:中国就业网,有改动)

【启示】从这个案例可以看出，很多同学想的多而做的少。很多困难是想出来的，即没有实践却空想了一堆问题，然后被这些空想出来的问题挡住了去路。同学们应在内心转变自己的观念，积极主动地行动起来，做一步看一步，遇到什么问题解决什么问题，这样各项工作才能推进。

择业观讨论

主题：以改革开放40多年以来的发展为背景，梳理大学生的择业观变化。

目标：根据数次转变，探索大学生择业观的变化是否有规律可循。

时间：20分钟。

活动要求：讨论改革开放40多年以来大学生的择业观。

1．收集背景材料。有文章指出，自20世纪70年代末到现在，我国大学生择业观的变化如下：第一，有自己的理想，但要服从国家分配；第二，首先注重社会地位，其次是社会意义，最后是能否发挥个人才能和获得理想的报酬；第三，首先注重职业稳定，其次是报酬；第四，想要找到个人和职业的最佳结合点；第五，注重职业是否具有良好的发展前景。

2．回答以下问题。

（1）你是如何看待大学生择业观的变化的？你是否赞同上述观点？新时代以来的择业观有什么特点？

（2）你的父母的择业观是怎样的？结合自己的择业观，分析时代发展与择业观之间的关系。

1．如何理解所学专业与目标职业之间的关系？
2．面试失败后如何调整自己的心理状态？

4.4 熟悉职场礼仪

学习目标

1. 理解职场礼仪的重要性；
2. 掌握几种常见的职场礼仪规范；
3. 了解职场礼仪禁忌。

导入案例

与上司用餐的囧事

一天，公司领导为了犒劳新员工，请几位刚入职的员工到一家意大利餐馆吃饭。小沈历来是个谨慎的人，看到领导和颜悦色地让他们点餐，而且客气地说"随便点"，她也不敢懈怠，还是礼貌地请领导先点。领导点了一款中档牛排，小沈立刻有了参照标准，看菜单看的都是价格栏，只点跟那款牛排价位差不多的，其他几个同事也纷纷效仿。可偏偏小孔点了一款很贵的套餐，这让其他人员大跌眼镜。小沈事后问小孔为什么不从众，小孔还满不在乎地说："没听领导说随便点吗？"小沈很无语。没过多久，小孔因为业绩不达标被辞退了。小沈心里想，虽然这两件事情乍一看没有直接联系，但细想一下其实有关联，"一顿饭暴露出她情商太低。"

（资料来源：要职网．2018-07-09，有改动）

【启示】在职场中，与上司共同用餐时的表现，能够体现出员工的情商与素质。用餐时，大家不能从头到尾低头不吭声，也不能毫无顾忌地滔滔不绝，要适度参与，并且要大方得体，令人觉得舒适自然。了解一些职场礼仪，有助于大家更好地进入职场、适应职场、赢在职场！

应知应会

一、职场礼仪

职场礼仪是指人们在职业场所中应当遵循的一系列礼仪规范。了解这些礼仪规范，有助于人们更好地塑造职业形象。

作为学生，提前了解职场礼仪不但能够为将来的职场生活打下坚实的基础，而且对自身人际交往能力的提升具有较大的影响。在求职时，懂得职场礼仪——轻轻地关门，坐姿端正，举止大方等，都会展现你优秀的一面，帮助你赢得面试。在职场中的表现不仅能反映一个人的教养、风度、气质和魅力，还能体现一个人对社会的认知水平，个人的学识、修养和价值。

二、职场礼仪的类型

（一）根据所在场所分类

根据所在场所，大体可将职场礼仪分为企业礼仪和公共区域礼仪两类。

1. 企业礼仪

在被企业录用后，大学生需要全面了解企业的各项规章制度，特别是安全知识需要牢记，并严格遵守各项规章制度。同时，大学生应当知晓管理各项业务工作的人员姓名及其职责，在自己遇到困难的时候，直接向相关负责人求助。在工作过程中，大学生应养成良好的卫生习惯，严禁向窗外抛物、倒水、吐痰等，保护良好的工作环境。此外，大学生应做到"善始善终"，在下班时将工作服放入个人储物箱内，整理好个人用品。在与同事交往的过程中，大学生应以诚待人，既不过于谦卑也不傲慢，尽可能享受团队生活。

2. 公共区域礼仪

在公共区域，每个人都代表自己的职业形象，这就要求大家注意自身的行为。大家应做到文明言行、尊重他人、与人为善，并且自身发型、服饰、气质、言谈举止与职业、地位等相吻合，从而给他人留下良好的印象。

（二）根据应用场合分类

1. 电话礼仪

当电话响起时，应尽快接起，不要让对方等待太长时间。拿起电话后，应先报出自己的公司或部门名称，再问对方是谁。待对方说明身份后，最好确认一次，复述"您是某某公司的周总吗？"，可以左手持听筒，右手记笔记，听不清楚时请对方再说一次。对方交代的事要详细记录下来，并复述一次，确保无误。对方若要求特定人员接电话，先说声"您稍等一下"，随即帮忙找到被指名接电话的人。通话结束时，应先说"再见"，对方挂断电话后再放下听筒。

2. 介绍礼仪

为他人做介绍的核心原则是"尊者居后,即将职位低的介绍给职位高的;将年轻的介绍给年长的;将主人介绍给客人;将本单位的人介绍给外单位的人。当被介绍时,应表现出很高兴结识对方,如起立或欠身致意;眼睛应该注视对方;介绍完毕后,握手示好。

3. 名片礼仪

在投递名片时,应依照由尊到卑、由近到远的顺序,并且双手的拇指和食指执名片两角,让文字正面朝向对方。在接名片时,要用双手,并马上看一遍上面的内容,如有疑惑,马上询问。在交换名片时,可以右手递名片,左手接名片。若是收存名片,应放入衬衣口袋或西装内侧口袋,不要放在裤子口袋中。若是接下来与对方说话,不要将名片立刻收起来,应该放在桌子上,并确保名片不被其他东西压住。在参加会议时,应该在会前或会后交换名片,不要在会中与他人交换名片。

4. 会面礼仪

打招呼在人际关系建立之初很重要,在和领导、同事还不熟悉的时候,可以从打招呼开始。每天一进公司,可以对所有同事说声"早上好",相信他们回复你的一定是微笑。若是面对经常会面的客户,打招呼之后可以补充一句"又来打扰,不好意思"之类的客套话;若是面对好久没会面的客户,打招呼之后可以补充一句"久未联系,请别介怀"或者"别来无恙"等礼貌话语。这样做往往可以给对方留下深刻的印象。

5. 迎送礼仪

客人来访时,应主动从座位上站起来,引领客人进入会客厅或者公共招待区,并为其送上茶水。如果在自己的座位上谈话,注意声音不要过大,避免影响周围的同事。

6. 电梯礼仪

进入职场后,连乘坐电梯也大有学问。陪同客人乘坐电梯,电梯门打开时,应请客人优先进入;进入电梯后,按下要去的楼层按钮,途中若有其他人员进入,可主动询问要去几楼,帮助按下楼层按钮。需要注意的是,在电梯内应尽量侧身面对客人。当抵达要去的楼层时,应一只手按住"开门"按钮,另一只手做出"请"的动作。当客人走出电梯后,应马上走出电梯,并热心地为其指引方向。

7. 用餐礼仪

(1) 总体原则:以远为上,面门为上;以右为上,以中为上;观景为上,靠墙为上。

(2) 点菜原则:看人员组成,人均一菜是较为通用的原则;看菜肴组合,有荤有素,有冷有热,尽量做到全面;点菜时不要问价格,不要讨价还价。

在职场中,免不了参加商务用餐,用餐时的座位排列有一定的讲究。图4-4所示为商务用餐的座位排列,仅供职场新人参考。

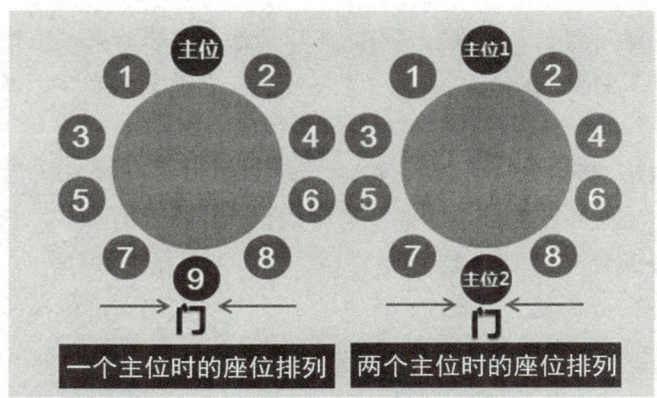

图 4-4　商务用餐的位次排列

8. 乘车礼仪

在商务礼仪中，按照国际惯例，小轿车的位次安排分为两种情况。

（1）当专职司机驾车时，其排位自高至低依次为：后排右座、后排左座、后排中座、副驾驶座。在商务活动中，副驾驶座又被称为"随员座"，专供秘书、翻译、警卫等随从人员就座，便于为后排右座的贵宾开关车门、为司机引路等。

（2）当主人或领导（如总经理）亲自驾车时，其排位自高至低依次为：副驾驶座、后排右座、后排左座、后排中座。当主人或领导亲自驾车时，如果只有一个人乘车，则建议坐在副驾驶座上；如果多人乘车，则建议推举一人坐在副驾驶座上，不然就是对主人或领导的失礼。

需要注意的是，如果乘车人有特殊要求，则按实际情况决定位次。

9. 微笑礼仪

有时候，微笑是自信的表现，是对自身魅力和能力的坚信。微笑可以传递温暖，能有效地缩短双方的距离，给对方留下良好的印象，从而形成融洽的交流氛围。面对不同的场合、不同的情况，如果你面带微笑地与对方交流，可以展现出你良好的修养和宽广的胸怀。

发自内心微笑，会自然调动人的五官：眼睛略眯起、有神，眉毛上扬，鼻翼张开，脸肌收拢，嘴角上翘，只有做到眼到、眉到、鼻到、肌到、嘴到，才会亲切可人，打动人心。微笑在于它是含笑于面部，"含"给人以深刻、包容感。如果张嘴大笑，就没什么气质可言。

> **辨一辨**
>
> 在职场中，应避免以下几种笑，你能分辨它们吗？
>
> （1）假笑，即笑得虚假，皮笑肉不笑。它有悖于笑的真实性原则，是毫无价值可言的。

（2）冷笑，是具有讽刺、不满、不屑、不以为然等意味的笑。这种笑给人以敌意。

（3）怪笑，即笑得怪里怪气，令人心里不舒服。它多含有恐吓、嘲讽之意，令人十分反感。

（4）媚笑，即有意讨好别人的笑。它亦非发自内心，而具有一定的功利性目的。

（5）怯笑，即害羞或怯场的笑，如笑的时候，以手掌遮掩口部，不敢与他人进行目光交流，甚至还会面红耳赤，语无伦次。

（6）窃笑，即偷偷地笑，多表现为洋洋自得、幸灾乐祸或看他人的笑话。

（7）狞笑，即笑时面相凶恶，多表现为愤怒、惊恐、吓唬他人。这种笑毫无美感可言。

10. 着装礼仪

身在职场，不仅要懂得着装的基本原则，还应掌握一些技巧，环境、个人身份、自己的身体条件、季节等因素都应考虑进去。

（1）着装要与环境相协调。

当人置身于不同的环境、不同的场合时，应当有不同的着装，要注意穿戴的服饰与周围的环境相协调。比如，在办公室工作一般需要穿正规的职业装；参加宴会可以穿鲜亮、明快的服装。

（2）着装要考虑个人身份。

大家在选择服装时，应考虑个人身份。若你是一名柜台的销售人员，就不能过分打扮自己，以免有抢顾客风头的嫌疑；若你是企业的高层管理人员，就最好不要随心所欲地穿着运动服去上班。

（3）着装要考虑自己的身体条件。

大家应当充分了解自己的身体条件，明确自身的优点和缺点，通过着装来扬长避短，其中重在"避短"。比如，身材矮小的人适合穿简洁明快、图案较小的服装；皮肤白净的人可以穿各色服装；肤色偏黑或发红的人最好不要穿粉色服装等。

（4）着装要与季节相协调。

大家不能只根据环境、个人身份和自己的身体条件而不顾季节的变化选择服装，着装应与季节相协调。同时，在服装色彩的选择上也应注意季节性。

三、职场礼仪禁忌

职场新人初入职场，一不小心就会误踩"地雷"。因此，在进入职场前，大家应了解一些职场礼仪禁忌，掌握职场礼仪，使自己成为一个受欢迎且受尊重的职业工作者。下面列举12种职场礼仪禁忌。

（一）直呼领导名字

一般来说，会直呼领导名字的人，要么跟领导交情特别深，要么是领导相识已久的朋友。除非领导自己说"大家可以叫我某某某"，否则下属应该尊称领导为"郭总""郭经理"等。

（二）高声接打私人电话

在公司接打私人电话已经很不应该，如果职工还肆无忌惮地高谈阔论，更会让领导、同事厌恶，因为大家的正常工作受到了影响。

（三）开会时不将手机关机或不调成静音模式

开会时将手机关机或调成静音模式是一种良好的职业习惯。会议上通常有人汇报工作或布置工作，若突然有手机铃声响起，会议必然会受到干扰，这不仅是对会议上的发言人的不尊重，还会影响其他参加会议的人。

（四）让领导提重物

跟领导出门谈业务时，提重物等事情你要尽量代劳，让领导跟你一同提重物是很不礼貌的。另外，当男职员跟女职员一同出门时，男职员若能展现出绅士风度，帮女职员提东西、开关车门等，可能会为自己赢得好人缘。

（五）称本人为"某先生或某小姐"

打电话找某人时，留言时千万别说"我是某先生或某小姐"，正确的做法应该是先讲本人的姓名，再留下职务和电话。比如，你可以说："您好，我姓王，是××公司的营销主任，请李总回来后给我回个电话好吗？我的电话号码是134×××2001，感谢您的转达。"

（六）只对"自己人"有礼貌

一些人只对"自己人"有礼貌，比如一群人走进大楼，他们只帮自己熟悉的朋友或同事开门，却不管后面的人是否要进去就直接把门关上，这样做是相当不礼貌的。

（七）迟到、早退或太早到

无论是上班还是开会，请不要迟到或早退，若有特殊事情不得不迟到或早退，应当向领导提前一天说明。此外，当参加宴会时，太早到也是不礼貌的，因为主办方可能还没准备好，尽量不要给对方造成困扰。如果出门早了，可以先在外面逗留片刻，等时间到了再进入宴会厅。

（八）谈完事情不送客

在职场中，谈完事情后将客人送走是基本的礼貌。若是很熟的朋友，应起身送到办公室门口，或者请秘书帮忙送客；若是普通客人，应送到电梯口，并帮他按电梯，目送客人进电梯，电梯门完全关闭后，再转身离开；若是重要的客人，应将其送到公司门口，看着客人上车，目送对方离开后再走。

（九）看高不看低，只跟居高位者打招呼

只跟居高位者打招呼，会让人觉得你太过势利。在与经理、主管打招呼后，别忘了跟他们身边的秘书或同行的其他职员打招呼。

（十）他人请客时专挑昂贵的餐点

当他人请客时，专挑昂贵的餐点是十分失礼的，大家可以参考主人所选择的餐的价位点餐。若主人请你先点餐，那么可以选择中等价位的餐，千万别随意挥霍他人的好意。

（十一）不喝他人倒的水

他人给你倒的水，一滴不沾是不礼貌的，即使不渴也应举杯喝一口再放下。若是主人亲自泡茶或煮咖啡给你喝，喝完后别忘了赞美几句。

（十二）想穿什么就穿什么

"随性而为"的穿着或许让你看起来具有青春活力、有个性，但是上班就应有上班的样子，穿着职业装，有助于塑造良好的职业形象，也是对工作的基本尊重。

以上是职场新人初入职场时容易忽略的职场礼仪禁忌。大家应在工作过程中主动积累职场礼仪，因为如果一个职业工作者没有良好的职场礼仪打基础，那么他在职场中将难以取得巨大的成就。

学一学

职场新人必知的18件事

1. 多做自我介绍。在到岗的前几天，可以主动添加部门同事的微信，并且给自己设置一个容易让人记住的标签，让大家尽快记住你。

2. 主动领任务。当同事没时间顾及你时，最好主动去领任务，展示自己的积极主动性。

3. 勤于观察。每个单位和部门都有自己的文化，应有意识地去观察。

4. 对工作成果负责。不要想着自己是新人，会有他人为自己把关，一开始就要对自己的工作负责。

5. 主动求助。一些职场新人遇到问题时会选择自己"死磕"，其实他们完全可以向

分派给自己任务的领导寻求帮助。不用担心自己的能力会受到质疑，这是你们沟通的好机会。

6. 每天做记录。记录当天做过哪些事、哪些做得不足，可以怎样改善；明天有什么安排，准备怎么开展工作等。

7. 多参加团建活动。当有参加团建活动的机会时，一定要积极参加。

8. 避免消极情绪。刚工作的时候，消极是难免的，但尽量不要表露这种负面情绪。

9. 准时上班。不迟到是职场人应具备的基本素养。

10. 适当地表达对他人的赞美。发现他人值得肯定的方面要进行赞美，这样做他人可以感受到你的善意。

11. 将办公桌收拾整齐。办公桌上除了摆放笔记本、笔筒、便利贴，其他东西尽量放到储物柜中。

12. 不做与工作无关的事。尽量不在工作时间处理私事，也不要玩游戏、购物、打私人电话等。

13. 制定规划。对自己未来3~5年的发展有一个合理的规划。

14. 学会转达信息。如果同事不在座位上，而他工位上的电话响起，可以帮忙接听和记录内容，并及时转达信息。

15. 出差时服从安排。不提与工作无关的要求，不借机办私事。

16. 学会应酬。与领导、同事、客户一同赴宴时，应礼貌让座，在宴会上要尊重领导、年长者、女士。

17. 主动跟他人打招呼。碰到领导、同事时应主动打招呼，这样能使你给他人留下好印象。

18. 注意入座仪态。女士着裙装入座时应将裙子后面拢一下，并膝而坐，保持上身端正，双手放在膝盖上或椅子扶手上；男士可以微微分开双腿，双手自然地放在膝盖上或椅子扶手上。

总结案例

职场新人怎样摆脱"拍马屁"的嫌疑

小丰是一个职场新人，她性格温和，再加上刚进公司不久，难免对领导有点"唯唯诺诺"，于是公司中一些人说她是个十足的"马屁精"。其实，小丰特别想跟每个人都搞好关系，几乎对每个人都有点"唯唯诺诺"。刚走进职场就得到这么个名声，让她着实苦闷。后经过辅导，她掌握了如何在与领导保持良好关系的同时又不被误解为善于"拍马屁"的技巧，即懂得了职场的生存之道。此外，她在认真做好工作的同时，开始尝试把握一般社交礼仪的分寸，避免处处引起领导的注意，也避免让其他同事对她的行为感到不适。她学

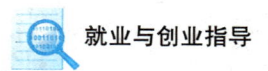

会了不过于卑躬屈膝或过于附和领导。

小丰愿意学习，踏实认真，行事果断，领导交派任务时不挑三拣四，遇到问题时积极主动沟通，面对困难勇于尝试寻求解决的办法。经过一段时间的努力，她得到了领导的认可。在同事面前，小丰也能不卑不亢，并在各项工作中积极配合。慢慢地，大家开始对她友好了，那些闲言碎语也消失了，她的工作越来越顺利了。

（资料来源：河北人才网，有改动）

【启示】社会和职场也是一所大学，在这所大学里所要学习的科目很多，而初入职场的毕业生在各个方面或多或少都存在欠缺的地方，因此应当积极思考，多向专业人士或资深的职场前辈请教，善于观察和学习别人优秀的地方，做一个善于学习和思考的职员，力求在社会和职场这所大学中顺利完成每个科目的学习。

职场小剧场

目标：模拟职场中的场景，体验规范的职场礼仪，加深对规范的职场礼仪的理解。

时间：30 分钟。

活动要求：5 人组成一组，每组随机抽取一个职场场景。通过小短剧的形式进行现场模拟表演。一组表演时，其他组的成员认真观看，在该组表演结束后指出表演中存在的有违职场礼仪的行为，并提出改正建议。

思考与讨论

1. 课后观看南希·迈耶斯导演的喜剧电影《实习生》。在这部电影中，实习生不是 20 岁出头的代名词，老年人也可以回到职场做一名实习生。观看影片后，请你谈谈从这位特殊的"实习生"身上学到了什么，并将影片中涉及的一些职场礼仪进行简单归纳。

2. 职场是复杂、颇具挑战的地方。作为职场新人，你认为应该在哪些职场礼仪方面进行改进与提高，以更好地适应纷繁复杂的职场环境？

4.5　掌握面试技巧

学习目标

1. 了解面试的常见形式；
2. 掌握面试中常见问题的回答技巧；
3. 掌握面试时着装的技巧。

导入案例

如何进行面试前准备——内外兼顾，稳操胜券

小薇是杭州某大学英语系毕业的学生。她几次面试都以失败告终。有一次，她去某学校应聘教师岗位，7个不同学校的求职者竞争一个岗位，她觉得竞争太激烈，自己的能力不足，于是打了退堂鼓，主动退出了面试，因为不想做无谓的"挣扎"。还有一次，她去应聘网络编辑，面试现场9个面试官面试7个求职者，她紧张无比，如坐针毡。在自我介绍环节过后，她了解到只有她一个人专业能力较弱，甚至还有人有一定的从业经验。自此她心虚起来，回答面试官的各种问题时明显底气不足。在面试的自由讨论阶段，她明显插不上嘴，也就没什么机会发表自己的意见，自然这次面试又以失败告终。

小薇面试失败不是偶然的。如果她总是以这种退缩和茫然的状态去面试，是不可能取得成功的。她的问题主要表现在：第一，自信心不足；第二，准备不充分。在面试前，她应该做好充分的准备：第一，熟悉面试现场环境，准备好必需物品；第二，了解用人单位，并根据所了解的情况重点思考一些问题，做到有的放矢；第三，全面认识自己，包括自己的专业、特长、兴趣及自己在所应聘岗位方面具有的优势等；第四，调整好状态，首先要注意自己的仪容仪表，其次要保证充足的休息，最后要保持自信。

（资料来源：中国就业网，有改动）

【启示】从小薇的案例可以看出，当一个人在专业能力培养和面试准备两个方面做得不足时，在面试时就会焦虑、怯场，最终导致面试失败。大家应努力培养专业能力，掌握一定的面试技巧，从而提高面试成功的概率。大家在做就业准备时要内外兼顾，这样才能稳操胜券。

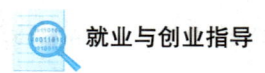

 应知应会

一、掌握面试技巧的必要性

面试是用人单位招聘时经常采用的一种考核方式，是供需双方相互了解的重要途径，是一种经过精心设计，以交谈与观察为主要手段，了解求职者信息和能力的一种测评方式。一些毕业生因为面试经验少，没有掌握面试技巧，信心不足，在面试时常常不知所措。掌握面试技巧对于毕业生求职择业十分重要。

二、面试的常见形式

根据面试的实施方式，可将面试分为以下几种。

（一）一对一的面试

一对一的面试通常为第一轮面试，主要目的是排除一些素质相对较差者。

（二）多对一的主试团面试

这种面试由多个部门组成主试团，主要评估求职者的人格修养、业务素质、行为风格等。

（三）多对多的小组面试

面试对象有多个，便于对求职者进行比较。

（四）小组讨论面试

这种面试由求职者组成一个临时的工作小组，讨论给定的问题并且做出决策，目的是考核求职者的领导能力、组织能力、口头表达能力、洞察力、处理人际关系的能力等。

（五）评估中心面试

专业化程度高的企业通常会用一两天的时间通过评估中心进行人才选拔。评估中心将进行一系列综合性考核，包括在公众面前演讲、针对特定的话题进行辩论等，目的是评估求职者的适应能力及在一个全新的、毫无准备的情境中处理问题的能力。

三、面试中常见问题的回答技巧

求职者在面试前应了解一些常见问题的回答技巧。下面介绍一些求职者在面试时经常遇到的问题，能回答好这些问题的求职者，往往能够给面试官留下不错的印象。

（一）你能介绍一下自己吗？

解法：学会三层表述法。

1. 专业背景 + 硬实力

求职者可以强调自己的专业背景和硬实力，如毕业学校、所学专业、所获奖项、个人技能等，并突出应聘的岗位要求求职者具备的能力，明确地表达出来。

2. 核心匹配能力

求职者应强调个人能力与岗位十分匹配，可通过工作经历、实习经历、活动经历等具体说明。

3. 被吸引点 + 表态

求职者可以通过描述招聘公司在行业中的地位来突出对自己的吸引力，并表达自己的向往。

需要注意的是，不要从头到尾把简历复述一遍，要寻找与岗位密切相关的价值点，补充简历中无法展开说明的。求职者应多练习几遍，既不要像背诵一样，也不能太生疏。

（二）你对我们公司及应聘的职位了解多少？

解法：应聘前清楚地了解应聘的公司及职位。

1. 通过熟人了解

如果有同学、朋友在你感兴趣的公司工作，可通过他们提前了解一些应聘公司的情况。

2. 查看应聘公司的官网或专业招聘网站

求职者可重点查看公司简介（基本情况、愿景、目标等）、业务介绍、产品情况和人力资源状况等，了解公司背景、业务模式、发展前景等。

3. 关注公司的微信公众号、微博等

通过公司的微信公众号、微博等，可以对公司的经营理念、办公氛围有初步的认识。

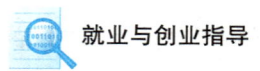

4. 校园论坛、各类求职网等

求职者可从各种求职应聘网站中，找到时效性较强的工作或实习机会。

5. 明确招聘岗位的要求

求职者应明确招聘岗位的具体要求（技能、素质等）。

（三）你的优势和劣势是什么？

解法：面试官一般关注的是以下两点：

（1）求职者有没有撒谎，是否真实地阐述了自己的优势和劣势；

（2）所阐述的优势是否恰好是招聘岗位所需要的。

如果你应聘销售岗位，千万不要说自己性格内向、比较宅。你可以说，我的缺点是文笔不太好，写东西平平无奇，但是我口才不错，属于会说不会写的那种人。如果你应聘设计岗位，你可以说，我有点强迫症，做事情喜欢抠细节，不过我设计作品的速度很快，并不会因为抠细节而忽略整体或者耗费太长时间，而且设计的作品很出彩。

注意，夸自己时不能泛泛而谈，要摆事实。

（四）你有失败的经历吗？

解法：陈述自己从失败中吸取的教训。

面试官关注的不是你失败的经历和原因，这些也不是面试中评价求职者的重要指标。求职者应重点陈述从过去的失败中学到了什么，以及如何把吸取的教训转化成日后成功的能量。

注意，吸取的教训最好与招聘岗位所需的素质相关。

（五）你的职业规划是怎样的？

解法：了解面试官的关注点。

在职业规划方面，面试官主要关注以下三点。

（1）自我认知：你对自己是否了解？

（2）动机和价值观：为什么选择来这里？

（3）组织承诺：你能在我们公司踏实干几年？（最核心）

面试官可能并不关心你真正的职业规划，而是关心未来的3～5年里，你是否能在公司稳定地工作。注意，要表现出自己靠谱、稳定、负责的一面。

（六）你从上家公司离职的原因是什么？

解法：该说的说，不该说的不说。

哪些原因可以说？

（1）公司距离我家太远，通勤时间太长，一天来回将近 4 小时，短期工作还可以，长期这样来回跑我确实坚持不下去。

（2）上一份工作没有挑战性，公司整体运营稳定，但没有什么发展空间，我希望有一份具有挑战性的工作，毕竟我还年轻。

（3）上一家公司准备转型，其定位和我的发展目标不一致。

哪些原因不建议说？

例如，领导不好、公司制度不好、和同事相处不融洽等。

（七）你对薪资有什么要求？

解法：了解面试官希望听到的内容。

面试官希望听到哪些内容呢？

（1）求职者对自身价值的判断；

（2）求职者对待薪酬的态度；

（3）求职者期望的薪酬与企业薪酬标准是否一致。

如何优雅地和面试官谈薪酬呢？

（1）主动收集薪酬信息，了解面试岗位的薪酬范围，包括面试公司的薪酬结构和相关岗位的薪酬水平、同类岗位的市场平均薪酬。

（2）明确自己的价值和能力。如你的优势是什么？有多少价值？你做过什么？你能为企业带来什么直接或间接的价值？

（3）明确地说出自己预期的薪酬范围。

注意，直接回答，不要反问面试官，如"你们对这个岗位可以给的薪酬是多少呢？"或"你们觉得我值多少钱呢？"，这些反问会让人感到不舒服。

（八）你还有什么问题要问我们吗？

解法：知晓提问环节反映的是你做准备的程度、对岗位的兴趣度、学习能力、理解能力、敬业度等。

大家可以针对以下方面提问：

（1）公司来年的规划和阶段性发展目标；

（2）团队工作风格/团队文化，对岗位进行考核的关键绩效指标（KPI）；

（3）后续面试流程（以更好地做准备）；

（4）面试结果反馈时间；

（5）对做好岗位工作的建议。

注意，面试过程中谈过的问题不要再问。

表 4-6 所示为面试测评的主要内容。

表 4-6　面试测评的主要内容

维度	具体内容
仪表风度	求职者的体形、外貌、气色、衣着、举止、精神状态等。仪表端庄、衣着整洁、举止文明的人，一般做事有规律、注意自我约束、责任心强
专业知识	作为对笔试的补充，招聘人员通过面试了解求职者所掌握专业知识的深度和广度，是否符合招聘岗位的要求。面试时对专业知识的考察更具有灵活性，既可能随机提问，也可能要求求职者现场解决一定的技术问题等
工作技能	面试不但可以检验求职者个人简历中对工作技能的描述的真实性，而且可以考察求职者的职业道德、责任心、主动性、思维能力、口头表达能力等与工作技能相关的一系列基本状况
表达能力	面试中，求职者是否能够将自己的思想、观点、意见和建议顺畅地用语言表达出来，不但可以说明其表达的逻辑性、准确性、感染力等是否符合岗位要求，而且可以说明其音质、音量、音调等是否符合岗位要求
应变能力	主要看求职者对招聘人员所提问题的理解是否准确，回答是否迅速、准确等；对突发事件的反应是否敏捷；对意外事情的处理是否得当、妥善等
人际交往	在面试中，通过询问求职者经常参与哪些社团活动，喜欢同什么类型的人打交道，在各种社交场合所扮演的角色，可以了解求职者的人际交往倾向和与人相处的技巧
自我控制	自我控制能力对一些从事特定工作的人（如服务人员、营销人员）十分重要。招聘人员主要关注两个方面：一方面，在遭受挫折、委屈、压力时是否能够克制、容忍、保持理智；另一方面，对工作是否有耐心
工作态度	招聘人员往往要了解两点：一是了解求职者过去对学习、工作的态度；二是了解求职者对招聘岗位的态度。一般认为，对过去无所谓的人，在新的工作岗位是很难勤勤恳恳、认真负责的
求职动机	了解求职者为何希望来本单位工作，对哪类工作最感兴趣，在工作中追求什么，从而判断本单位能否满足其要求和期望，更重要的是就此了解求职者对招聘岗位的"渴望度"和潜在的"工作热忱"
业余兴趣	招聘人员往往会询问求职者闲暇时喜欢哪些运动，喜欢阅读哪些书籍，以及喜欢什么样的电视节目等。了解一个人的兴趣爱好，对以后的工作安排有帮助
行为习惯	招聘人员通常会非常注意求职者的行为，特别是细微的行为。因为下意识的行为可以真实地反映一个人的性格特征、道德修养等

四、面试的注意事项

（一）面试前

求职者在接到面试通知后，应如何做准备呢？

首先，应与用人单位的工作人员确认准确的面试地点、面试时间、面试程序等基本信息，并记录下来，以免遗忘。

其次，求职者应迅速查找用人单位的原始招聘信息，了解用人单位的情况、应聘岗位的知识和技能要求，并提前查找交通路线，规划好面试当天的行程，时间安排要充裕，以免面试当天出现迟到等情况。

再次，求职者应提前整理好自己的文件包，带上面试必备的东西，如个人简历、身份证、就业推荐表、自荐书、各类证书、纸、笔等。

然后，求职者要回顾与应聘岗位相关的知识，熟记用人单位的信息，准备简单的自我介绍材料。如有空余的时间，可以先客观地评估自己，收集若干面试问题，提前模拟面试，必要时可计时，做到心中有数。

最后，准备一套较为得体的服装，配饰不要夸张，相称为宜。面试前应保证充足的睡眠，精神饱满地迎接职场面试。

> **看一看**
>
> **面试前准备**
>
> 在面试开始前的15分钟，可以参照下面的方法做准备。
>
> 1. 找个位置坐下，稍做休息。待呼吸平稳后，询问工作人员是否需要签到，面试时间是否有变化及其他相关事项。
>
> 2. 整理仪容仪表。男士注意一下领带的松紧（如果系领带的话），女士可以稍微补一下妆，但切勿化浓妆。此外，还需要检查鞋子是否需要擦一擦灰尘（擦鞋的纸巾一定要扔进垃圾桶），鞋带是否松了，头发是否凌乱等。
>
> 3. 在心中演练自我介绍和面试过程中可能出现的问题的问答。但如果感到紧张，可以闭目静坐，让呼吸均匀，做一个放松训练。总之，要尽可能使自己处于一定的兴奋状态，既不松懈，又不紧张。尽管还未进入面试室，但请注意，坐姿端正，言语礼貌。
>
> 4. 等待时可以与其他求职者交谈。你和其他求职者之间可以用积极的语言相互鼓励，切忌说一些诸如"我很紧张"之类的话，这会给你带来消极的心理暗示。总之，一定要保持积极的心理状态。
>
> 注意，不要奢求从面试室出来的人口中问出什么。当有求职者从面试室出来后，有些人一拥而上，问个不停。其实根本就问不出什么，那样做反而会使自己慌张、忙乱，并且会给人留下不稳重的印象。

（二）面试中

面试当天，提前15分钟到达为宜，这样可以有时间整理下思路，进行深呼吸，稳定一下紧张的情绪，避免匆忙中出现疏漏。大家可以利用这15分钟时间观察公司的工作环境，要懂得眼观六路、耳听八方，并友好、礼貌地对待遇到的每个人，包括自己的竞争对手。

进入面试室后，等面试官告诉你"请坐"后方可坐下，并道"谢谢"。坐时身体要略向前倾，不要靠椅子背坐，但也不宜坐得太少，一般以坐满椅子的三分之二为宜。另外，

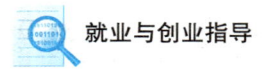

女士应并拢双腿。

面试时，要谨慎多思，落落大方。在回答提问之前，应对自己要讲的话稍加思索，想好了的可以说，还没有想清楚的就不说或少说，切勿信口开河、夸夸其谈、文不对题、言不及义。应答时，要表现得从容镇定，如果答不出来就大方地承认自己的认知有限。面试官在意的可能并不一定只是问题本身，如果你能从容地说出自己的想法，虽然不够完整或不够成熟，但不致影响大局。与面试官交谈时不能漫不经心地四处张望，在交谈时应尽量做到自然、大方。

（三）面试后

面试结束后，求职者应当站起来向面试官表示感谢，若面试官有其他的交代，应认真倾听，挖掘对方话语中的言外之意、弦外之音、微妙情感，以便正确判断其真正的意图。求职者还可以找准时机，表达与面试官们的交谈使自己受益匪浅，希望今后能有机会再次得到对方进一步的指导。告别时，应与对方礼貌握手。握手通常以三五秒钟为宜，要注意把握好力度，双目注视对方，面带笑容，同时应配以适当的语言，如"再会""谢谢"等。

面试结束并不意味着求职过程的完结，求职者不应该袖手以待聘用通知的到来。面试结束后，求职者应及时分析自己在面试中的得与失，注意调整自己的心情，准备全身心投入下一个单位的面试中。在接到聘用通知之前，面试结果还是未知数，大家不应该放弃其他机会。一般来说，如果在面试两周后或约定的时间已过还没有收到任何答复，就应该给用人单位发电子邮件或打电话，询问面试结果。

大家应随时做好再战的准备。求职过程中不可能每个人都是成功者，如果你在竞争中失败了，请不要气馁，这一次失败了，还有其他机会，关键是及时总结经验、教训，找出失败的原因，并针对自己的不足重新做准备，争取下次面试成功。

五、面试仪容礼仪常识

（一）女性面试仪容

一是服装要得体。一般以正装为宜，体现出女性的干练、优雅，切忌穿太紧、太透、太露的衣服。

二是鞋子要相配。鞋子应和整体相协调，在颜色和款式上与服装相配，对女性来说，中跟鞋是最佳选择，不建议穿长而尖的高跟鞋。如果平时不穿高跟鞋，也不必勉强，可选择黑色平底皮鞋。

三是袜子要合适。袜子不能脱丝，一般肉色袜子是最合适的。无论你的腿多漂亮，在比较正式的场合也不宜光着腿。注意，应在包里放一双袜子备用，以便脱丝时及时更换。

四是饰物要少而精。公文包或手提小包，带一个即可；首饰尽量少戴，佩戴的眼镜的镜框应适合自己。注意,千万别戴着太阳镜去面试,当然更不能戴反光镜。此外,佩戴的围巾应当与衣服相配,如素色的衣服可搭配彩色围巾,而艳丽的衣服可搭配素色围巾。

五是发型要适宜。头发应保持干净,头饰不宜多,不要染夸张的颜色。中长发女性最好将头发扎起来,短发女性只要将头发梳理整齐即可。

六是注意手和指甲。指甲修剪要适宜,指甲油颜色要淡,手和指甲都要保持干净。

图 4-5 所示为女性面试着装示例。

图 4-5　女性面试着装示例

(二) 男性面试仪容

一是西装要笔挺,西装的颜色以黑色、深蓝、深灰为宜。

注意事项:要拆除衣服上的商标;要熨烫平整;要扣好纽扣;要不卷不挽;要少装东西。

二是衬衫要恰当。白衬衫是最不容易出错的,给人朝气、干净之感;条纹衫较保险,线与线之间的间距不要过大,线条不要过粗;格子衫要慎穿,若格子的面积比较大,就不适宜在正式场合穿。

三是领带要选好,皮鞋要擦亮,袜子要搭配得当。

四是头发要干净、自然。头发要干净、自然,发型简单、鬓角要短,头发不宜超过衬衫领子上方,还应刮净胡须。

五是注意手和指甲。指甲要勤修剪,手要干净,否则容易令人生厌,留下不好的印象。

图 4-6 所示为男性面试着装示例。

图 4-6 男性面试着装示例

学一学

面试时的形体语言

（一）把握时机进屋

当自己的名字被喊到时，首先应有力地答应一声，然后敲门进入。开门、关门尽量要轻，进门后应转过身正对着门，轻轻将门关上。之后，回过身来将上半身前倾 30°左右，向面试官鞠躬行礼，面带微笑说声"您好"，彬彬有礼且大方得体，不要过于殷勤、拘谨。

（二）正确握手

当面试官的手朝你伸过来之后，要面带微笑，以一定的力度握住，然后把手自然地放下。握手时应双眼直视对方，并且握手的时间不宜过长。

（三）如钟坐姿显精神

进入面试室后，等面试官说"请坐"后方可坐下。坐下后不要背靠椅子，也不要弓着腰，并不一定要把腰挺得很直，否则会给人留下死板的印象，应该很自然地将腰挺直。

（四）眼睛是心灵的窗户

和面试官交流时应将目光始终放在面试官身上，展现出自信及对面试官的尊重。眼睛是心灵的窗户，通过眼睛能看到一个人的自信及对岗位的向往。

（五）保持微笑

微笑是自信的表现，也能助力消除紧张情绪。面试时要面带微笑，这样做易使人产生信任感，也易被他人真正接受。对方讲话时，要适时点头，表示自己听明白了或正在注意听。注意，微笑要自然，不宜笑得太僵硬。

（六）适度使用手势

说话时做些手势，加强对某个问题的形容，是有一定效果的，可手势太多会分散人的注意力，因此需要适度使用手势。在讲解一些内容时，可适度使用一些手势，但不要频繁耸肩、手舞足蹈，切忌抓耳挠腮、用手捂着嘴说话，这样做显得很紧张。此外，勿拍面试官的肩膀，拍其肩膀是很失礼的表现。

 总结案例

自我介绍"四要四不要"

小李在毕业前就投身求职大军，他参加了不少面试，但令他郁闷的是，一次面试都没有通过。一些公司听完他的自我介绍后，就请他回去等消息，接着就再无音信。带着疑惑，他来到就业促进中心，向职业指导师求助。据了解，他在应聘行政助理时的自我介绍是这样的："您好，我叫李××，20××年毕业于××高中，后来考入××学校××系，学的是机械自动化专业。在校期间我做过一次家教，曾在鸡排店做过一个月店员……这次应聘贵公司的行政助理，主要是因为贵公司知名度高，福利好，另外我家离公司较近，上班方便。如果贵公司愿意录用我，我一定会努力工作，不会让您失望。"从小李的自我介绍来看，除"诚实"之外，其他方面都不符合行政助理的要求。他专业不对口，缺乏相关经验，贪图近说明他可能不够勤奋，最后的保证毫无说服力。他连竞聘优势都没想清楚，因此面试失败不足为奇。

（根据上海市普陀区就业促进中心孙炯提供的案例改写）

【启示】在做自我介绍时应注意以下3点：第一，详略得当，突出重点，不要报流水账；第二，围绕岗位阐述竞聘优势，不要系统地说"什么都会"；第三，正面、积极地介绍，不要自曝缺陷。

活动与训练

模拟面试

【实训目标】

1. 学会模拟面试的情景；
2. 掌握面试的一般流程，做到从容应对，不卑不亢；
3. 掌握面试的一般技巧。

【实训安排】

具体的实训安排如表4-7所示。

表4-7 具体的实训安排

序号	实训内容	时间分配
1	各组进行角色分配	课外完成
2	模拟面试	每组10分钟
3	提出改进建议	10分钟
4	教师点评各小组展示	5分钟
5	教师剖析面试表现	10分钟
6	教师布置实训作业	5分钟

【资源准备】

学生和教师都应做好资源准备工作，资源准备工作示例如表4-8所示。

表4-8 资源准备工作示例

序号	人员	主要内容	重点提醒	程度要求
1	学生	做好面试的表演准备	问答式面试	低
2	教师	模拟面试题的拟定	选用常见的题目	高
3		小品情境设计	面试细节处理	很高
4		各组展示的评价方法	真实性、合作性	较高
5		面试技巧指导	易于掌握	高

【实训流程】

1. 组织分工。

（1）组长负责安排、协调本组分工。

（2）组长安排 2 名以上组员作为面试官。
（3）组长安排 1 名组员进行表现记录。
（4）组长作为求职者参加其他组设置的面试。

温馨提示：各组一定要合力"刁难"一下其他组的求职者哦，面试问题要认真准备。

接下来的流程如下。
（1）组长到教师那里抓阄，抓到去本组面试的重新抓，若有其他冲突由教师指定面试组。
（2）第一组进行模拟面试。
（3）其他组进行观摩、记录。

2．模拟面试。

3．面试点评。
（1）记录者进行点评。
（2）面试官进行点评。
（3）观摩者进行点评。

在做观摩记录时可以参考表 4-9。

表 4-9　观摩记录示例

要点记录	观摩记录（记录本组组长的表现）	
	缺点 1：	优点 1：
	缺点 2：	优点 2：
	缺点 3：	优点 3：
	缺点 4：	优点 4：
	缺点 5：	优点 5：

4．教师点评。
（1）待模拟面试结束后，教师进行点评。
（2）教师点评应表扬先进，批评落后。
（3）将教师点评成绩纳入期末成绩。

5．教师剖析。
（1）教师剖析模拟面试环节中各求职者的表现。
（2）学生根据大家的表现进行归纳总结。
（3）学生根据各面试场景，形成自己表现的意识。

6．教师布置实训作业。
（1）教师布置课后练习。
（2）布置之后章节的资源准备作业。
（3）教师可另外布置题目。

思 考 与 讨 论

1. 换位思考，如果你是面试官，你注重求职者哪些素质，是其经验、技能还是潜力？说一说你认为这些素质重要的理由。

2. 大学生毕业后将面临严峻的就业形势，请思考如何提高自身竞争力才能从激烈的竞争中脱颖而出。

4.6 规避求职陷阱

1. 了解常见的求职陷阱；
2. 了解求职陷阱的危害和应对措施；
3. 能够规避求职风险。

盲目求职

一天，小赵看到了一家知名网络公司招聘网络管理员岗位的信息，招聘启事中提到"无经验也可"，他不假思索地来到这家公司，填写了登记表，但是没问清楚招聘公司和那家网络公司是否是同一家公司。面试人员在面试过程中提出要收取报名费、培训费等一系列费用，由于急于得到这份工作，小赵便交了钱，并听从面试人员的话回家等消息。但等了一个月，该公司仍然没有给他任何回音。于是，他到该公司退钱，但该公司已不存在了。

【启示】不少毕业生求职心切，疯狂"海投"简历，对所应聘单位的背景资料了解得不详细，缺乏自我保护意识，盲目前往。不少毕业生为了表示自己应聘的诚意，对一些公司提出的十分苛刻的要求也一概满足，结果陷入求职陷阱。

应知应会

求职陷阱是指不法分子利用人们求职心切的心理，采用非法手段侵害人们财产权益和人身权益的非法活动。毕业生求职陷阱通常表现为骗取毕业生的财物、个人信息、低廉甚至免费的劳动，以及限制毕业生的人身自由或者侵害毕业生的其他人身权益等。

一、常见的求职陷阱及其危害

（一）常见的求职陷阱

1. 上岗前收取培训费等费用

以各种理由收取费用是不法分子惯用的伎俩。不法分子往往利用毕业生求职心切的心理设下陷阱，以各种理由收取费用，包括培训费、服装费、风险押金、建档费等。比如，不法分子以新人培训后才能上岗、培训时需交纳相关费用等为借口，骗取毕业生的钱财。

2. 传销陷阱

传销是国家明令禁止的行为，其特征是发展"下线"，通过吸引他人加入、交纳各种费用来骗取钱财。传统非法传销组织一般以欺骗文化程度不高的人群为主，现今的非法传销组织有向大学生渗透蔓延的趋势，考虑的是大学生文化水平相对较高，具有较强的沟通和宣传能力，能够发展更多的"下线"，骗取更多的钱财。一旦发现可疑情况或者被骗，大家应立即拨打110报警。

3. 扣留毕业生的证件

《中华人民共和国劳动合同法》（简称《劳动合同法》）规定：用人单位招用劳动者，不得扣押劳动者的居民身份证和其他证件，不得要求劳动者提供担保或者以其他名义向劳动者收取财物。而在现实中，存在着一些用人单位扣留求职者证件的情况，理由是防止求职者干一段时间就跳槽。无论用人单位出于何种理由，这种行为都是违法的。

4. 非法中介骗局

一些非法或违规经营的职业介绍所，与一些公司串通，或者自行制造招聘骗局，发布虚假的就业信息，骗取求职者的中介费、资料费等。这些机构惯用的伎俩有3种。

（1）用谎言骗取求职者的信任。

一些非法中介机构往往承诺求职者能很快找到工作，"保证一周内上岗"等，目的是让求职者上钩，骗取中介费。有的中介机构将骗取的钱财与合伙公司按一定比例分，骗完就走；有的中介机构以各种理由将求职者拒之门外，让被骗者无法要回钱财。

（2）打着咨询公司的旗号，以"直聘"来引诱求职者上当。

求职者以为该公司工资高，因此对着装、技能要求很高，需要培训后再上岗，需要交纳培训费、服装费、资料费等，然而迟迟不能上岗。

（3）假体检，真诈骗。

一些非法中介机构与非法医院勾结，以体检为名，假装按照正常的招聘程序，告诉求职者需要去指定的医院体检。当求职者交纳高额的体检费用后，却因"体检不合格"而被拒绝。

5. 骗取毕业生廉价的劳动力

一些用人单位让毕业生顶岗实习,告诉毕业生岗位急需用人,要求最好提前一年上岗实习,并承诺实习期满考核合格者留用。在毕业生实习一年后,用人单位却以各种理由辞退毕业生,其实是为了长时间使用廉价的劳动力。

6. 剽窃毕业生的作品

高校毕业生作为文化水平较高的人群,在校期间,为完成学业或赢得各种比赛,会完成一些优秀作品。一些毕业生在求职时,将优秀作品作为求职的砝码。殊不知,一些用人单位正是以招聘为借口,将毕业生的优秀作品备份,然后据为己有。这样,它们不用耗费人力和财力,就能拥有一些优秀作品。

7. 滥用试用期

试用期是指包括在劳动合同期限内,劳动关系还处于非正式状态,用人单位对劳动者是否合格进行考核,劳动者对用人单位是否符合自己要求进行了解的期限。劳动合同期限三个月以上不满一年的,试用期不得超过一个月;劳动合同期限一年以上不满三年的,试用期不得超过二个月;三年以上固定期限和无固定期限的劳动合同,试用期不得超过六个月。处于试用期的人员与正式员工的工资、福利待遇具有很大的差距。一些非法用人单位为了降低用人成本,滥用试用期,侵犯毕业生的合法财产权益。

8. 以招聘为由进行暴力犯罪活动

一些不法分子以招聘的名义通知毕业生前往偏僻之处面试,再以公司位置偏僻为由主动派车接送,在偏僻之处抢夺毕业生的财物,或者进行其他暴力犯罪活动。

(二)求职陷阱的危害

求职陷阱对毕业生危害很大,如果不能有效地防范各种求职陷阱,可能会使其财产遭受损失,人身权益受到侵害。刚刚离开校园的毕业生心理尚不成熟,一旦掉进求职陷阱,往往难以自己跳出来。毕业生应通过正规途径获取就业信息,不走任何"求职捷径"。

二、求职陷阱的应对措施

(一)防范求职陷阱的根本:增强防范意识

1. 切莫急功近利、急于求成

毕业生在求职前或求职过程中,应主动学习劳动法规和相关政策,增强自己的防范意识,切莫急功近利、急于求成。

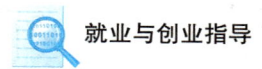

2. 把握底线

扣押证件、收取费用等行为一律不合法。用人单位在招聘时无论以何种名义向劳动者收取保证金、服装费、风险金、报名费、抵押金等都是不合法的。毕业生遇到此类情况时，要拒绝交纳，可向劳动监察部门举报，确保自己的合法权益不受侵害。

（二）防范求职陷阱的关键：提高防范能力

1. 从招聘广告开始

招聘广告包含用人单位的招聘信息。毕业生应当从信息中识别可能存在的陷阱，如果招聘广告中未附公司简介，未提出应聘要求，毕业生就应当多加防范。一些诈骗公司在写字楼租个房间，张贴出提供高薪而岗位要求很低的"招聘启事"诈骗毕业生的钱财。实际上，天上不会掉馅饼。面对高薪，大家要冷静分析：一看用人单位的实力；二看岗位的特点；三看高薪的条件；四看同类人员的薪资水平。

毕业生可通过国家大学生就业服务平台、高校就业网站、国聘平台等途径获取就业信息，不要轻信各种招聘广告。

2. 验证用人单位相关资质

毕业生应想方设法加强对用人单位的了解。在接到用人单位的面试邀请电话时，可通过互联网或其他途径核实用人单位的资料。毕业生应认真确认面试地点，正规单位一般会将招聘地点设在单位的办公室、会议室，对一些将单独租赁的房间作为招聘地点的单位要警惕。

3. 在应聘过程中防范

一方面，在面试提问等环节，毕业生不要透露与就业无关的个人信息、家人信息，以防用人单位侵犯个人隐私，或者利用这些信息进行诈骗等违法活动；另一方面，用人单位在招聘过程中负有告知义务，应当告知毕业生与劳动合同履行相关的全部事项，如工作内容、工作条件、工作地点、职业危害、安全生产状况、劳动报酬等。用人单位在招聘过程中提供虚假信息，构成欺诈的，劳动合同无效或者部分无效；对劳动者造成损害的，用人单位应承担赔偿责任。

4. 谨慎面对体检

入职体检是招聘中的一个重要环节，体检应由用人单位统一组织，并在正规的医院或体检机构进行，而且由用人单位承担全部体检费用。如果在入职体检时，用人单位以各种理由收取费用或在体检中含有涉嫌就业歧视的内容，毕业生就应该高度警惕。同时，毕业生应当对体检结果进行妥善处理，注意保护自己的隐私。

5. 谨慎面对外地上岗

面对外地用人单位或外地分公司、分厂、办事处的高薪招聘，毕业生应当保持头脑清醒、高度警惕，不能轻信口头承诺。若碰到特殊的情况，最好先核实再前往，以免上当受骗。

（三）遭受侵害时充分利用法律武器

1. 保存好录用通知书、就业协议书等证据

录用通知书、就业协议书等就业资料中包含录用条件、录用岗位、工资待遇等与毕业生权益相关的内容，这是用人单位与毕业生解决争议的法律依据，毕业生应当妥善保存这些证据，以便在解决争议时处于有利地位。

2. 权益受到侵害时及时举报

当遇到用人单位在招工时以各种理由收取风险基金、保证金、抵押金等时，毕业生应当立即向劳动监察部门举报。毕业生在求职过程中，一旦发觉上当受骗，要及时向招聘单位所在地的人力资源和社会保障局、劳动监察大队或公安局报案，寻求法律保护。由于劳务诈骗往往涉及公安、市场监督管理等部门，毕业生应该根据实际情况选择投诉部门：若被投诉对象为合法机构，毕业生可以找劳动部门；若求职受骗情况特别严重、诈骗金额大，可以到公安局报案；当遇到劳动合同纠纷或争议，自身合法权益受到侵害时，可向当地劳动仲裁机构申请仲裁。

 总结案例

"可怕"的求职

2012年3月初，某职业技术学院一位毕业生接到高中同班同学的电话，称外地有一家公司要招聘人员，待遇丰厚，要其前往应聘。3月23日，该毕业生被通知到公司参加面试。该毕业生到达后被控制起来，手机被收缴，其人身自由受到限制。他每天都要写计划，有"专家"给他上课（洗脑），读"励志书籍"，听如何快捷赚大钱的课程。4月3日，该毕业生用欺骗的方法让其母亲汇入3800元，以获得"公司"的会员资格。4月10日，该毕业生的母亲因一直无法与其正常联系，来到学校求助。最后学校报警，该毕业生被成功解救。该毕业生一共被传销组织骗去4900余元，被控制26天，精神受到严重摧残。

【分析】这是典型的传销陷阱。当前就业形势严峻，大学生在求职过程中一定要谨慎，提高警惕，增强防范意识，规避求职陷阱。

校友就业经验交流分享会

目标：了解常见的求职陷阱及其应对措施，掌握求职面试技巧。

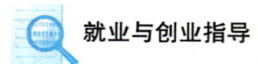 就业与创业指导

建议时间：120分钟。

活动步骤：

1．邀请3～5位已工作两年以上的优秀毕业生回学校进行主题演讲，分享就业经验和教训，深度剖析常见的求职陷阱及其应对措施，介绍面试成功的技巧。

2．演讲后，优秀毕业生和在校生进行互动，就业指导中心的教师进行点评、分析。

1．就业过程中有哪些求职陷阱？

2．你认为应从哪些方面防范求职陷阱？

3．求职过程中若受到侵害，你知道怎样运用法律保护自己吗？

单元五　就业流程与劳动保护

 引导语

　　高校毕业生在就业以前，应深入了解国家关于毕业生就业的有关方针、政策和规范，以及它们之间的关系，熟悉毕业生在就业过程中的权利和义务，这是毕业生维护自身权益的前提。在就业过程中，如果因为公司规定或部门规定与国家政策法规相违背，侵犯了自己的权益，则可以依据国家政策法规的有关内容，维护自己的合法权益。同时，毕业生应自觉遵守有关就业规范，接受其制约，保证自己的就业行为不违反就业规范。在与用人单位签约后，毕业生应用法律武器维护自身权益。

 单元学习目标

1. 熟悉就业实习相关知识；
2. 了解相关单位的招聘程序和个人的就业程序；
3. 掌握劳动合同的形式、内容；
4. 了解签订劳动合同的程序；
5. 了解劳动维权相关法律法规和注意事项。

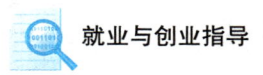

5.1　遵循就业程序

 学习目标

1. 熟悉就业管理与服务部门的工作程序；
2. 熟悉用人单位的招聘程序；
3. 了解毕业生的就业程序。

 导入案例

签约的程序要熟知

某高校一位计算机专业的毕业生小李在人才市场与华东地区一家外资企业达成就业意向，并签订了用工合同，在毕业离校后直接到该企业报到。由于他专业技术过硬、个人素质不错，很快就得到了重用，成为业务骨干。几年后，公司决定提拔他为高层管理人员，按照企业规定，必须到国外总公司培训一年。在办理出国签证时，领事馆要求他提供政审材料并调阅部分档案材料。直到此时，他才发现自己的档案不知道在何处，于是返回学校查询档案的去处。

原来，由于小李毕业时未与企业签订就业协议书，学校只能将他的档案转往生源地的就业主管部门，然而小李一直未去报到登记，在过了派遣期后，就业主管部门又把档案寄回学校。由于学校无权保存毕业生的档案，又无法与小李取得联系，无奈下又将档案发往生源地的人才交流服务中心。经过查询，人才交流中心虽然收到了档案，但是无人前来办理托管手续，该档案成了"死档"，由于时间过长，加上人员变动等原因，现已不知去向。最后，小李只好回到学校补办了一份残缺不全的档案，而此时，出国培训的事情已经成了泡影。

【启示】从此案例可以看出，档案对毕业生来讲并不是可有可无的。档案是由学校、人事部门等按照严格的程序真实填写、认真审核后，签字盖章，由专人管理，具有法律效力的证明材料，是每个人的人生轨迹最可靠的记录。毕业生应了解就业流程，弄清楚关系到个人切身利益的重大事项，避免出现不必要的麻烦。

 应知应会

一、就业管理与服务部门参与就业工作

(一)就业管理与服务部门的构成及职能分工

为更好地保障毕业生就业安全,高校一般为毕业生设置专门的就业管理与服务部门,就业管理与服务部门的工作一般分为 3 个层面。

1. 国家层面

教育部主管全国高校毕业生的就业工作,履行自身主管高校毕业生就业工作的职能。

2. 地方层面

各省、自治区、直辖市和中央各部委的有关部门主管本地区、本部门的高校毕业生就业工作,履行各地方高校毕业生就业指导部门的职能。

3. 高校层面

学校负责本校毕业生就业的具体事宜,履行就业指导中心的职能。

(二)高校就业管理与服务部门的工作程序

全国高校毕业生的就业程序和时间安排由国家教育委员会统一部署,各部委和地方应按照统一部署具体指导高校毕业生的就业工作。毕业生的就业指导工作一般从其在校的最后一学年开始。用人单位一般在每年 11 月至 12 月向主管部门及有关高校提供下一年度毕业生需求计划,次年 1 月至 5 月与毕业生签订录用协议。每年 6 月,相关部门派遣毕业生;派遣工作结束后,对当年毕业生的就业情况进行汇总,并上报教育部。高校就业管理与服务部门的工作程序一般如下。

(1)毕业生情况统计;
(2)发布毕业生信息;
(3)毕业生资格审查;
(4)发放就业推荐表和就业协议书;
(5)向用人单位发邀请函;
(6)开展就业指导活动,组织校园招聘会;
(7)形成就业方案并上交教育部;
(8)派遣,办理改派手续。

各高校根据自身的办学理念和特色,设置就业工作领导机构,成立毕业生就业工作领

导小组。毕业生就业工作领导小组统筹全校毕业生的就业工作，学校就业指导中心（就业办老师）制定全校毕业生就业工作的实施方案，并负责就业指导、就业信息收集等工作。院系就业工作小组（负责就业的老师）负责制订本院（系）的就业工作计划，为毕业生提供就业咨询服务，并做好就业月报等。毕业班的班委负责就业材料的发放、就业信息的传达等。

> **议一议**
>
> 以3~4人为一个小组，模拟学校就业指导中心的工作情景。其中，1~2人扮演学校就业指导中心的老师，1~2人扮演求职者，达到如下目标：
> 1. 完成一个就业咨询项目；
> 2. 提供一条有效的就业信息；
> 3. 合作完成一份就业月报。

二、用人单位的招聘程序

（一）确定人才需求和招聘计划

用人单位根据自身的发展需求，制订当年或长期的招聘计划，主要由人力资源管理部门实施工作。

（二）发布招聘信息

人力资源管理部门确定的人才需求和招聘计划经过领导的审批后，在公司官网、人才网、报纸等载体上发布招聘信息。

（三）举办单位宣讲会

开展校企合作，在就业合作的各大高校举办单位宣讲会。学校就业指导中心发出正式通知，召集即将毕业的学生与用人单位进行面对面的沟通。

（四）收集毕业生信息

通过各种途径收集毕业生信息，并系统、科学地进行分类整理。

（五）分析毕业生信息

根据毕业生的基本信息，通过校企合作等途径，进一步深入了解毕业生的情况和个人职业规划，以便更好地进行人才培养和管理。

（六）组织笔试和面试

很多用人单位会组织毕业生进行笔试和面试。通过笔试和面试，用人单位可以更好地了解毕业生的综合能力和个人意愿。

（七）签订就业协议书或劳动合同

若用人单位和毕业生都看好对方，应届毕业生与用人单位签订就业协议书，往届毕业生与用人单位签订劳动合同。

（八）上岗培训

待签署好就业协议书和劳动合同后，通常用人单位会根据岗位要求，对就职人员进行岗前培训，以使就职人员更好地胜任本职工作。

> **想一想**
>
> 假如你是一名招聘人员，你会对求职者提出哪些问题？你最想了解求职者哪些信息？

三、毕业生的就业程序

（一）了解有关就业政策

高校毕业生的就业是一项政策性很强的工作，学校和用人单位必须按照有关政策来指导和规范毕业生的求职择业活动。因此，了解有关就业政策对毕业生来说十分有必要。

（二）收集就业信息

毕业生应特别注意所收集就业信息的准确性、客观性和全面性。当从招聘会、招聘网站收集到大量就业信息后，毕业生应对收集到的就业信息进行删减、归纳。否则，铺天盖地的就业信息很容易使毕业生在求职时盲目选择，甚至误入求职陷阱，导致个人权益遭受损害。

（三）自我分析

（1）测评自己的综合素质、能力；
（2）分析自己的气质、性格特点；
（3）了解自己内心的需要；
（4）分析自身的优势和劣势。

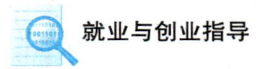

> **想一想**
> 假如你是某职业院校的毕业生,你会如何进行自我分析?你看重哪些因素?

(四)确定目标

(1)做好行业定位;
(2)做好地域定位;
(3)进一步缩小定位的范围。

> **试一试**
> 请查询自己所学专业对应的岗位的具体要求,并试着确定择业领域和择业岗位。

(五)准备材料

毕业生应准备好个人简历、学历和学位证书、获奖证书、职业资格证书、技能证书等。此外,毕业生还需要准备好个人身份证明材料,如个人身份证复印件等。

(六)参加招聘会

招聘会或就业市场在用人单位与毕业生之间架起了见面、沟通的桥梁。在招聘会或就业市场上,用人单位与毕业生之间只是初步"结识"。用人单位向毕业生介绍自身的发展状况,同时收集毕业生的资料。毕业生在参加招聘会时,需要了解意向单位的基本情况,并完成个人简历投递等事项。

(七)参加笔试

笔试主要是为了检验毕业生运用大学期间所学知识、所培养技能处理实际工作问题的能力,注意卷面整洁、答题细心。

(八)参加面试

通过面对面沟通、交流,用人单位可以了解毕业生的表达能力、思维能力、处世能力及其他不能通过笔试反映出来的个人素质。毕业生应事先做好准备。

(九)签订就业协议书

就业协议书一般包括以下内容:服务期、工作岗位和工作内容、劳动保障和工作条件、工资报酬和福利待遇、协议终止的条件、违反协议应承担的责任及双方认为需要增加的条款等。

（十）走上岗位

毕业生对岗位工作需要一个适应过程。毕业生应坚定信念，相信自身的专业技能和实践能力，要脚踏实地地工作，不辜负学校、老师、家长对自己的培养。总之，毕业生要学以致用，回报社会。

四、就业协议书的签订

高校使用的就业协议书是由教育部高校学生司统一制定的，一式三份，由学校、毕业生、用人单位三方共同签署后生效。它具有一定的广泛性和权威性，是学校制定就业方案、用人单位申请用人指标的主要依据，对签署的三方都有约束力。

（一）目的

经过供需见面和双向选择，毕业生与用人单位达成一致意见之后，需要以协议的形式加以确定。毕业生通过学校与用人单位签订就业协议书，目的在于明确个人、用人单位、学校三方的权利和义务，维护国家就业计划的严肃性。

（二）定位

就业协议书是毕业生正式入职前与用人单位签订的，是办理报到手续的依据。

（三）作用

（1）约束用人单位按照双向选择时的约定接收毕业生；
（2）约束毕业生按照双向选择时的约定到用人单位就业；
（3）为管理部门办理毕业生报到手续提供依据。

五、承担违约金的规定

一般情况下，用人单位不得与劳动者约定由劳动者承担违约金。用人单位为劳动者提供专项培训费用，对其进行专业技术培训的，可以与该劳动者订立协议，约定服务期。劳动者违反服务期约定的，应当按照约定向用人单位支付违约金。违约金的数额不得超过用人单位提供的培训费用。用人单位要求劳动者支付的违约金不得超过服务期尚未履行部分所应分摊的培训费用。

对负有保密义务的劳动者，用人单位可以在劳动合同或者保密协议中与劳动者约定竞业限制条款，并约定在解除或者终止劳动合同后，在竞业限制期限内按月给予劳动者经济补偿。劳动者违反竞业限制约定的，应当按照约定向用人单位支付违约金。

总结案例

无须交纳风险抵押金

小赵学的是信息技术专业。在招聘会上，他看到一家待遇和条件都不错的IT公司正在进行招聘，经过一番努力，小赵终于被该公司录用。当他报到时，该公司负责人告诉他："你刚毕业，没什么工作经验，我们提供给你的月薪是3500元。今后，公司还会给你提供很多培训机会，会好好培养你。为了避免日后由于你的个人原因给公司造成损失，在正式签劳动合同之前，请你先交纳2万元风险抵押金，这是公司的规定。"小赵很看重这份工作，但不知是否该交纳风险抵押金。

【分析】用人单位在与劳动者订立劳动合同时，不得以任何形式向劳动者收取定金、保证金（物）或抵押金（物）。对违反此规定的，由公安部门和劳动行政部门责令用人单位立即退还给劳动者本人。

就业流程梳理

目标：掌握就业流程。

时间：30分钟。

活动步骤：

1. 请同学们根据所学知识，绘制出高校毕业生的就业流程图。
2. 运用绘图软件绘制。
3. 教师选出一幅优秀的、美观的、完整的就业流程图进行讲解。

思考与讨论

1. 签订就业协议书时，如果求职者不能按时取得毕业证书，应该怎么办？
2. 如果用人单位不解决存档问题，应该怎么办？
3. 求职者在什么情况下需要给用人单位支付违约金？

5.2　签订与解除劳动合同

学习目标

1. 了解就业协议书与劳动合同的区别；
2. 知晓劳动合同的具体内容，了解签订劳动合同的程序；
3. 了解与用人单位解除劳动合同的相关规定。

导入案例

是否该交违约金

小杜毕业后，被分配到某工厂做车工。他与工厂签订了为期5年的劳动合同。某年回家过春节，小杜看到家乡的变化很大，很多人通过做买卖挣了大钱，他跟妻子商量后，决定辞职，在家乡开家小商店。春节假期结束后，小杜回到工厂，第一时间递交了辞职报告，要求解除劳动合同，但工厂领导不同意，认为按规定应提前30天通知工厂。小杜没有理会工厂的意见，径自离开了工厂。在小杜的家乡，开小商店可以享受优惠政策。在办有关手续时，有关部门要求他出具解除劳动合同的证明。但工厂领导明确表示，不会为他出具解除劳动合同的证明。原因是，小杜没有提前30天通知工厂解除劳动合同，他擅自离开的做法给工厂的生产造成了损失。

【启示】《中华人民共和国劳动法》（简称《劳动法》）规定："劳动者解除劳动合同，应当提前三十日以书面形式通知用人单位。"这是对劳动者单方面解除劳动合同的程序要求。小杜所在地区的有关法规还明确规定："劳动者违反提前三十日或者约定的提前日期要求与用人单位解除劳动合同的，用人单位可以不予办理解除劳动合同手续。"

一、就业协议书与劳动合同的区别

（一）二者的作用不同

就业协议书是指为维护国家就业计划的严肃性，明确毕业生、用人单位、学校三方在毕业生就业工作中的权利和义务的文件，可作为办理报到、接转行政和户口关系的依据；而劳动合同是指劳动者与用人单位确立劳动关系、明确双方权利和义务的协议，是劳动者从事何种岗位、享受何种待遇等权利和义务的依据。

（二）二者的主体不同

就业协议书由毕业生、用人单位、学校三方协商签订；而劳动合同由劳动者与用人单位签订，这些劳动者既可以是高校毕业生，也可以是其他人，学校既不是劳动合同的主体也不是劳动合同的见证方。

（三）二者的内容不同

就业协议书是高校毕业生首次与用人单位签订的工作协议，其主要意义在于将毕业生与用人单位双方互相选择的关系确定下来，一般不会详细规定双方具体的权利和义务；而劳动合同是用人单位在与劳动者确定劳动关系之后，让劳动者签订的关于双方权利与义务的协议。劳动合同的具体内容包括劳动合同期限、工作内容、劳动保护和劳动条件、劳动报酬、社会保险和福利、劳动纪律、劳动合同终止的条件、违反劳动合同的责任等。因此，毕业生与用人单位签订了就业协议书不能等同于签订了劳动合同，毕业生与用人单位在签订就业协议书之后，还需要签订劳动合同，以保护自己的合法权益。

（四）二者的效力不同

就业协议书的效力始于签订之日，终于毕业生到工作岗位报到之时。一般情况下，就业协议书的作用仅限于对毕业生就业过程的约定，一旦毕业生到用人单位报到，就业协议书的使命就完成了。就业协议书不能替代劳动合同，不是确定劳动关系的凭证。

（五）二者处理的部门不同

当毕业生和用人单位在就业协议书方面发生纠纷时，一般首先由毕业生和用人单位进行协商，如果取得一致意见，则将修改内容报送毕业生所属的学校主管部门，由学校主管部门审查后，报上级主管部门批准，予以调整。而当毕业生和用人单位在劳动合同方面发生纠纷时，则双方或其中一方可以向劳动争议调解委员会申请调解或向劳动仲裁机构申请仲裁，它们根据《中华人民共和国劳动法》处理这类纠纷。

二、劳动合同的种类

（一）固定期限劳动合同

固定期限劳动合同，是指用人单位与劳动者约定合同终止时间的劳动合同。劳动合同期限届满，双方的劳动关系即告终止。但如果双方同意，劳动合同也可以续订。这类劳动合同在具体期限上，可以由用人单位与劳动者根据工作需要和实际情况来确定，如半年、一年、五年、十年等。它的根本特征是劳动期限是不变的，即劳动合同的起始时间和终止时间是固定的。

（二）无固定期限劳动合同

无固定期限劳动合同，是指用人单位与劳动者约定无确定终止时间的劳动合同。这类合同的双方应当约定劳动合同终止的条件。只要没有达到双方约定的劳动合同终止的条件或双方没有违反法律、法规，无固定期限劳动合同一般不能终止。这种合同适用于技术复杂、生产工作需要长期保持人员稳定的工作岗位。用人单位与劳动者协商一致，可以订立这种合同。此外，国家法律、法规规定对部分符合条件的劳动者，除劳动者本人提出订立固定期限劳动合同外，用人单位应当与其订立无固定期限劳动合同。

（三）以完成一定工作任务为期限的劳动合同

以完成一定工作任务为期限的劳动合同，是指用人单位与劳动者约定以某项工作的完成为合同期限的劳动合同。某项工作任务开始的时间，就是劳动合同履行的起始时间。这项工作任务一旦完成，也就意味着劳动合同的终止。

查一查

在什么情况下可以订立无固定期限劳动合同？

三、劳动合同的内容

劳动合同应当具备以下条款：
（1）用人单位的名称、地点和法定代表人或者主要负责人；
（2）劳动者的姓名、住址和居民身份证或者其他有效证件号码；
（3）劳动合同期限；
（4）工作内容和工作地点；
（5）工作时间和休息休假；
（6）劳动报酬，主要包括劳动者的工资、奖金和补贴等；
（7）社会保险；
（8）劳动保护、劳动条件和职业危害防护；
（9）法律、法规规定应纳入劳动合同的其他事项。

劳动合同除上述必备条款外，用人单位与劳动者还可以就用人单位出资培训、劳动者保守商业机密等事项，约定双方的权利和义务。需要注意的是，双方的约定条款不能违反法律、法规的有关规定。

> **看一看**
>
> 聘用合同的签署
>
> 聘用合同是指事业单位与职工按照国家有关法律、法规及相关政策，在平等自愿、协商一致的基础上，确定双方权利和义务的协议。只有事业单位和拟聘用人员双方意见一致、自愿达成协议，聘用合同才成立。聘用合同具有一般合同的法律特征，是广义劳动合同的特殊形式。

四、订立劳动合同的程序

劳动者和用人单位订立劳动合同时，应遵循一定的步骤。根据《中华人民共和国劳动法》的有关规定及订立劳动合同的相关实践，通常订立劳动合同的程序如下。

（一）提议

在订立劳动合同前，劳动者或用人单位提出订立劳动合同的建议，这被称为要约；如果用人单位通过招工简章、电视广告等渠道提出招聘要求，同时接受劳动者提出的条件，这被称为承诺。一般由用人单位起草合同，提供协商的文本。

（二）协商

用人单位与劳动者对劳动合同的内容进行认真协商，包括工作内容、劳动报酬、劳动条件、合同期限、社会保险等。协商的内容应当做到明示、清楚、具体、可行，充分表达双方的意愿和要求，经过讨论、研究，相互让步，最后达成一致意见。要约方的要约经过双方提出不同意见，最后在要约的基础上增加新的承诺。在双方达成一致意见后，协商即告结束。

（三）签约

在认真审阅合同，确认没有分歧后，用人单位的法定代表人（负责人）或者其书面委托的代理人代表与劳动者签订劳动合同。劳动合同由双方分别签字，并加盖用人单位印章。订立的劳动合同可以约定生效时间，没有约定的，以当事人签字或者盖章的时间为生效时间。当事人盖章时间不一致的，以最后一方签字或者盖章的时间为准。

> **看一看**
>
> 无效劳动合同
>
> 《中华人民共和国劳动法》规定，下列劳动合同无效：一是违反法律、行政法规的劳动合同；二是采取欺诈、威胁等手段订立的劳动合同。"欺诈"是指一方当事人故意

告知对方当事人虚假的情况，或者故意隐瞒真实的情况，诱使对方当事人做出错误意思表示的行为；"威胁"是指以给公民及其亲友的生命健康、荣誉、名誉、财产等造成危害为要挟，迫使对方做出违背真实的意思表示的行为。无效的劳动合同，从订立的时候起就没有法律约束力。确认劳动合同部分无效的，如果不影响其余部分的效力，其余部分仍然有效。劳动合同是否为无效劳动合同，应由劳动争议仲裁委员会或者人民法院确认。

五、解除劳动合同的规定

（一）随意"跳槽"行为受约束

"用人单位与劳动者协商一致，可以解除劳动合同。""劳动者提前三十日以书面形式通知用人单位，可以解除劳动合同。"可见，劳动者若想"跳槽"，应提前三十日通知用人单位，但现实中仍存在着员工想走就走，以致给企业经营造成不良影响的现象。用人单位可以不给违反规定的员工转档案，不为其办理转移社会保险关系的手续，不给新单位出具解除或终止劳动合同的证明等，这就对随意"跳槽"行为进行了约束。

（二）对特殊员工的离职提前通知期可延长

一些企业发现掌握企业机密的员工"跳槽"后可能泄密，为维护自身利益，它们在劳动合同中对这些特殊员工提出了一定的要求。根据《北京市劳动合同规定》，用人单位在与按照岗位要求需要保守用人单位商业机密的劳动者订立劳动合同时，可以协商约定解除劳动合同的提前通知期。提前通知期最长不得超过6个月，在此期间，用人单位可以采取相应的脱密措施。

（三）经济性裁员

根据《中华人民共和国劳动合同法》，有下列情形之一，需要裁减人员二十人以上或者裁减不足二十人但占企业职工总数百分之十以上的，用人单位提前三十日向工会或者全体职工说明情况，听取工会或者职工的意见后，裁减人员方案经向劳动行政部门报告，可以裁减人员：

（1）依照企业破产法规定进行重整的；
（2）生产经营发生严重困难的；
（3）企业转产、重大技术革新或者经营方式调整，经变更劳动合同后，仍需裁减人员的；

(4) 其他因劳动合同订立时所依据的客观经济情况发生重大变化，致使劳动合同无法履行的。

（四）员工不得对企业变更合同的要求不理不睬

订立劳动合同时依据的客观情况发生重大变化，致使原劳动合同无法履行，当事人一方应当将变更要求以书面形式送交另一方，另一方应当在15日之内给予答复，逾期不答复的，视为不同意变更劳动合同。在现实中常常出现这样的情况，当企业提出变更劳动合同时，员工对此不理不睬。这时，企业可视情况单方面解除劳动合同。

（五）劳动者违反劳动合同约定的赔偿责任

劳动者若违反了劳动合同的约定，应对给用人单位造成的损失进行赔偿，具体包括以下3项：一是用人单位为录用劳动者直接支付的费用；二是用人单位为劳动者支付的培训费用；三是对生产、经营和工作造成的直接经济损失。

（六）未按约定承担违约责任的，用人单位有权不解除合同

劳动者给单位造成经济损失尚未处理完毕或者未按照劳动合同约定承担违约责任的，不得解除劳动合同。

（七）不用支付补偿金的劳动合同终止条件

根据《中华人民共和国劳动合同法》，有下列情形之一的，劳动合同终止：劳动合同期满的；劳动者开始依法享受基本养老保险待遇的；劳动者死亡，或者被人民法院宣告死亡或者宣告失踪的；用人单位被依法宣告破产的；用人单位被吊销营业执照、责令关闭、撤销或者用人单位决定提前解散的；法律、行政法规规定的其他情形。

 总结案例

高校就业要严格执行"四不准"

各高校要严格执行"四不准"规定，即不准以任何方式强迫毕业生签订就业协议和劳动合同，不准将毕业证书、学位证书发放与毕业生签约挂钩，不准以户档托管为由劝说毕业生签订虚假就业协议，不准将毕业生顶岗实习、见习证明材料作为就业证明材料。

【分析】各地各高校应公布本单位的举报电话或邮箱。各地毕业生就业主管部门要牵头负责就业统计核查工作，对举报就业统计数据弄虚作假的，要认真核查，一经核实要立即整改。事实上，教育部也会对毕业生的就业情况进行随机抽查。

模拟签订劳动合同

目标：掌握劳动合同的形式、基本内容。

时间：20 分钟。

活动步骤：

1．请从网上搜索劳动合同样本，了解其形式和基本内容。

2．班级学号为单数的同学作为企业代表，与班级学号为双数的同学洽谈并签订劳动合同。

3．学号为单数和双数的同学交换角色。

1．签订劳动合同时应注意什么？

2．全班讨论签订劳动合同的程序。

3．在签订劳动合同时需要关注哪些法律内容？

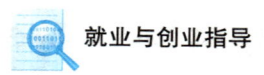

5.3 保护就业权益

学习目标

1. 熟悉劳动权益保护的相关法律；
2. 能够正确对待不同情况并合理维权；
3. 能够认识职业健康并有意识地加强自我保护。

导入案例

新员工跪地乞讨的"上岗培训"

据报道，某地曾上演了这样一幕：每隔100米左右就有一名衣着整齐的年轻人跪地乞讨，4女6男共10名年轻人长跪不起。这一幕引起了行人的非议——原来这是某公司的一种培训。其中，一名穿蓝衬衫、黑西裤、黑皮鞋的帅小伙双膝跪地，面前放着两枚硬币。他告诉记者，自己刚进公司，准备做业务员，要成为正式员工必须经过一系列培训，在街上跪着乞讨是培训项目之一。公司声称这么做的目的是锻炼员工的"脸皮"，以利于今后的推销工作。在街上跪着乞讨是员工自愿的，他们要看自己能不能承受这种常人难以忍受的压力和挑战，而且公司不会开除不接受此项培训的员工。该公司负责人介绍："让员工在最繁华的商业街当众下跪，就是让他们把不好意思'跪掉'，敢于面对客户。我是做业务出身的，生活中有许多困难，我们必须勇敢面对，做销售不能有半点不好意思。"

【启示】某路人说："我对这家公司的这种行为非常反感，一名下跪的员工问我能否给他一元钱，我说不能，因为我不赞成这种不顾人格的行为，你自己都不尊重自己，怎么能赢得别人包括客户对你的尊重？"有律师指出，老板让员工当街下跪，是一种明显侮辱人格的行为，其行为构成了侵权。在就业形势严峻的今天，由于老板和员工之间存在雇佣关系，在利益面前，员工不敢反抗。上升到法律角度，如果员工指控，老板就要承担相应的法律责任，以此种行为来锻炼员工的意志是不可取的。

 应知应会

一、毕业生的权利与义务

（一）毕业生的权利

1. 自主择业权

自主择业权是指毕业生享有就业与不就业的权利，如申请自费出国深造的毕业生在毕业时可以申请不就业。毕业生可以自主选择就业方式和职业等。

2. 平等待遇权

用人单位在招录毕业生时，应坚持公开、公平、公正的原则，任何凭关系、"走后门"及性别歧视等都是对毕业生平等待遇权的侵犯。《中华人民共和国劳动法》第十二条规定："劳动者就业，不因民族、种族、性别、宗教信仰不同而受歧视。"同时，该法律第十三条规定："妇女享有与男子平等的就业权利。在录用职工时，除国家规定的不适合妇女的工种或者岗位外，不得以性别为由拒绝录用妇女或者提高对妇女的录用标准。"

3. 接受就业指导、就业服务权

毕业生有权接受高校的就业指导和就业服务。高校应及时向毕业生传达就业方针、政策、规定，并对毕业生进行择业观教育和择业技巧的指导等。

4. 自荐权和被荐权

毕业生有权向有需求的用人单位进行自荐并接受学校的推荐。学校应主动向用人单位推荐毕业生，并坚持优生优荐的原则，发挥学校推荐的导向作用。

5. 信息知晓权

了解就业信息是毕业生成功就业的前提，学校和有关就业指导部门应该如实地、毫无保留地向毕业生及时提供就业信息。这些信息包括用人单位的需求信息，用人单位的基本情况，国家就业政策，当前就业形势等。

6. 享受国家规定的待遇的权利

毕业生就业后，其工资标准和福利待遇应按国家有关规定执行，工龄从报到之日起开始计算。毕业生报到后，用人单位应根据工作需要和毕业生所学专业及时安排工作岗位。到非公有制单位就业的毕业生，其档案按国家有关规定进行管理，工资待遇由毕业生与用人单位协商确定，但工资标准原则上应不低于国家规定。此外，毕业生还应享有自主创业及享受相应优惠政策的权利。患有疾病的毕业生在就业时应享有的权利，参照《普通高

等学校毕业生就业工作暂行规定》（简称《暂行规定》）第三十七条规定："学校应在派遣前认真负责对毕业生进行健康检查，不能坚持正常工作的，让其回家休养。一年内治愈的（须经学校指定县级以上医院证明能坚持正常工作的）可以随下一届毕业生就业；一年后仍未治愈或无用人单位接收的，户粮关系和档案材料转至家庭所在地，按社会待业人员办理。"毕业生报到后，发生疾病不能坚持正常工作的，应按在职人员有关规定处理，不得把上岗后发生疾病的毕业生退回学校。

7. 申请调整改派权

符合下列条件之一的毕业生，可以提出申请改派：因家庭发生不可预知的困难需要回家庭所在地就业的；符合国家、省有关政策导向，流向合理的；接收单位因不可抗拒的原因（如倒闭、破产或被兼并等）无法接收毕业生的；国家政策照顾对象情况发生变化的；毕业生就业主管部门下达调整分配计划的；其他经批准要求改派的。

8. 解除协议权

当履行协议后毕业生的权益或人身自由、人身安全受到用人单位严重侵害时，毕业生可以主动提出解除协议。《中华人民共和国劳动法》第三十二条规定，"有下列情形之一的，劳动者可以随时通知用人单位解除劳动合同：在试用期内的；用人单位以暴力、威胁或者非法限制人身自由的手段强迫劳动的；用人单位未按照劳动合同约定支付劳动报酬或者提供劳动条件的"。

9. 申诉权

《中华人民共和国劳动法》第七十七条规定，"用人单位与劳动者发生劳动争议，当事人可以依法申请调解、仲裁、提起诉讼，也可以协商解决"；第七十九条规定，"劳动争议发生后，当事人可以向本单位劳动争议调解委员会申请调解；调解不成，当事人一方要求仲裁的，可以向劳动争议仲裁委员会申请仲裁。当事人一方也可以直接向劳动争议仲裁委员会申请仲裁。对仲裁裁决不服的，可以向人民法院提起诉讼"；第八十三条规定，"劳动争议当事人对仲裁裁决不服的，可以自收到仲裁裁决书之日起十五日内向人民法院提起诉讼。一方当事人在法定期限内不起诉又不履行仲裁裁决的，另一方当事人可以申请人民法院强制执行"。

10. 求偿权

求偿权是指毕业生享有向违约方要求承担违约责任、获得赔偿的权利。

（二）毕业生的义务

权利与义务是相辅相成的，毕业生在享有国家规定的权利的同时，还必须履行一定的义务。毕业生在就业过程中应当承担的主要义务如下：

（1）遵守国家就业方针、政策和规定的义务；

(2) 向用人单位实事求是地介绍个人情况的义务;
(3) 严格履行就业协议的义务;
(4) 遵守学校有关规定的义务;
(5) 承担自身违约而带来的相应责任,依法履行其他义务。

> **看一看**
>
> **毕业生违约的不良后果**
>
> 一些毕业生在毕业季往往同时联系多家单位,为了保险起见,常常勉强与自己不太满意的单位签订就业协议。之后,一旦遇到自己中意的单位,他们就纷纷违约。这往往会带来一些不良后果,主要表现在以下3个方面。
>
> 第一,对学校而言,会影响用人单位对学校教育工作的信任,进而影响学校和用人单位的长期合作关系。
>
> 第二,对用人单位而言,毕业生违约后,用人单位需要重新物色其他毕业生,会浪费宝贵的时间和相关资源。
>
> 第三,对其他毕业生而言,当初希望到该用人单位就业的其他毕业生由于违约毕业生的原因,错过了录用时间,影响了他们的就业。
>
> 因此,毕业生在就业过程中不仅要考虑自身利益,还应考虑学校、用人单位和其他毕业生的利益,务必慎重选择、认真履约。

二、就业权益保护相关法律法规

(一)《中华人民共和国劳动法》

《中华人民共和国劳动法》自 1995 年 1 月 1 日起施行,是为了保护劳动者的合法权益,调整劳动关系,建立和维护适应社会主义市场经济的劳动制度,促进经济发展和社会进步而制定的。2018 年 12 月 29 日修订的《中华人民共和国劳动法》分为十三章,具体包括总则、促进就业、劳动合同和集体合同、工作时间和休息休假、工资、劳动安全卫生、女职工和未成年工特殊保护、职业培训、社会保险和福利、劳动争议、监督检查、法律责任、附则。

(二)《中华人民共和国就业促进法》

《中华人民共和国就业促进法》(简称《就业促进法》)自 2008 年 1 月 1 日起施行。毕业生是我国青年就业群体的重要组成部分,事关社会安定、国家发展。这部法律将就业工作纳入法制化轨道,从法律层面形成了有利于大学生就业的社会环境。这部法律的内容涉及转变就业观念,提高就业能力;强化依法管理,加大资金投入;规范就业市场,打击违法行为；鼓励自主创业，加强就业援助；反对就业歧视，营造公平环境等几个方面。毕业生在就业过程中若遇到就业歧视问题，既可以向相关政府部门反映，也可以直接向人民法院提起诉讼。

> **看一看**
>
> **乙肝病毒携带者可以平等就业**
>
> 毕业生小汪通过了一份自己满意的工作的笔试和面试，但入职体检剥夺了他的工作机会，因为他是乙肝病毒携带者。小汪是国际贸易专业的，学业优秀，从事进出口贸易工作是他的理想。他疑惑的是，用人单位是否可以拒绝录用乙肝病毒携带者？
>
> 《中华人民共和国就业促进法》虽然没有提到"乙肝病毒携带者"，但在第三十条给出了概括性规定："用人单位招用人员，不得以是传染病病原携带者为由拒绝录用。但是，经医学鉴定传染病病原携带者在治愈前或者排除传染嫌疑前，不得从事法律、行政法规和国务院卫生行政部门规定禁止从事的易使传染病扩散的工作。"
>
> 据统计，2022年，我国乙肝病毒携带者约为8600万人。有关医学资料显示，一般的乙肝病毒携带者传染性很小，对健康危害也不大。按照《中华人民共和国就业促进法》的有关规定，除了前述规定情形外，任何单位设置禁止录用乙肝病毒携带者的规定都是不合理的，用人单位不得以小汪是乙肝病毒携带者为由拒绝录用。

（三）《中华人民共和国劳动合同法》

《中华人民共和国劳动合同法》自2008年1月1日起施行。2012年12月28日修订的《中华人民共和国劳动合同法》强化了对大学生就业的法律保护，其作用主要有以下几点。一是签订劳动合同构建起大学生就业的维权基础。《中华人民共和国劳动合同法》强调了劳动合同签订的强制性，并明确了用人单位是签订劳动合同的责任主体；明确了用人单位对劳动条件、劳动内容、工资报酬、职业危害的告知等法定义务，指导用人单位与劳动者签订内容规范的劳动合同。二是有利于维护职业稳定，为毕业生提供人权保障。这部法律有助于制约合同短期化行为，防止滥用试用期，限制随意设置违约金，增加解雇成本。三是规范劳务派遣用工形式，保护大学生权益。这部法律严格限制劳务派遣的岗位范围，提高劳务派遣单位的准入门槛，劳务派遣违法行为将受到处罚。

> **看一看**
>
> 小李是2011届毕业生，他于2011年6月到一家电子科技公司工作，但直至2011年11月，上班已经5个多月的他始终没能与该公司签订正式劳动合同。该公司每月发给小李实习工资，理由是小李仍在试用期。《中华人民共和国劳动合同法》第七条规定，"用人单位自用工之日起即与劳动者建立劳动关系"；第二十条规定，"劳动者在试用期的工资不得低于本单位相同岗位最低档工资或者劳动合同约定工资的百分之八十，并不

得低于用人单位所在地的最低工资标准"；第八十二条规定，"用人单位自用工之日起超过一个月不满一年未与劳动者订立书面劳动合同的，应当向劳动者每月支付二倍的工资"。这就意味着，即便用人单位未与小李签订劳动合同，但实际上双方已建立了劳动关系，可以适用《中华人民共和国劳动法》和《中华人民共和国劳动合同法》的相关规定。

（四）《中华人民共和国社会保险法》

《中华人民共和国社会保险法》（简称《社会保险法》）自 2011 年 7 月 1 日起施行。该法是中华人民共和国成立以来第一部关于社会保险制度的综合性法律，它从法律上明确了国家建立基本养老保险、基本医疗保险、工伤保险、失业保险、生育保险等社会保险制度，并对确立基本养老保险关系转移接续制度、提高基本养老保险基金统筹层次，建立新型农村社会养老保险制度、城镇居民社会养老保险制度和新型农村合作医疗制度等做出了原则性规定。与毕业生就业有关的社会保险，主要是就业后涉及的"五险一金"问题。"五险"包括基本养老保险、基本医疗保险、工伤保险、失业保险、生育保险；"一金"是指住房公积金。需要注意的是，"五险"是法定的，"一金"不是法定的。

试一试

春节期间，小李被单位安排从大年初一加班到大年初三，且没有调休。小李的月工资是 4500 元，试计算小李这 3 天应得的加班费。

（五）税法

税收是指国家为满足社会公共需要，凭借公共权力，依照法律所规定的标准和程序，参与国民收入分配，强制地、无偿地取得财政收入的一种方式。与大学生就业、创业相关的税法主要有《中华人民共和国个人所得税法》《中华人民共和国企业所得税法》等。国家鼓励毕业生自主创业，并实行税费优惠政策。各地区相继出台鼓励政策，如符合条件可免收行政事业性收费、小额担保贷款享受政府贴息、享受社会保险补贴政策等，具体内容可在当地教育部门的协助下向银行、市场管理、税务、社保等部门咨询。

看一看

为进一步减轻家庭生育养育和赡养老人负担，依据《中华人民共和国个人所得税法》有关规定，国务院印发《关于提高个人所得税有关专项附加扣除标准的通知》，决定提高 3 岁以下婴幼儿照护、子女教育、赡养老人个人所得税专项附加扣除标准。自 2023 年 1 月 1 日起，3 岁以下婴幼儿照护专项附加扣除标准，由每个婴幼儿每月 1000 元提高到 2000 元；子女教育专项附加扣除标准，由每个子女每月 1000 元提高到 2000

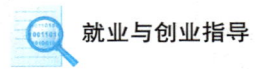 就业与创业指导

元；赡养老人专项附加扣除标准，由每月 2000 元提高到 3000 元，其中独生子女按照每月 3000 元的标准定额扣除，非独生子女与兄弟姐妹分摊每月 3000 元的扣除额度，每人分摊的额度不能超过每月 1500 元。

三、劳动维权注意事项

（一）毕业生首次就业维权注意事项

1. 端正态度，调整心态

毕业生在首次就业过程中，往往会出现焦急、盲目等现象。在求职时，或不惜委曲求全，或不敢"斤斤计较"，或被花言巧语诱骗。虽然首次就业并非"一次定终身"，但如果首次就业使得身心受到伤害，就很可能会给自己未来的职业发展带来负面影响。因此，毕业生应时刻保持头脑清醒，了解和掌握就业方面的政策及流程，并严格按照程序办事，将会使自己的合法权益得到充分的保障。

2. 学习法律法规，掌握政策和流程

毕业生在求职、择业、签约之前，要全面了解和掌握毕业生就业政策和流程，做好相关法律法规的知识储备，这样才可以做到思路清楚、条理清晰、有的放矢，及早识破不法单位设下的陷阱，懂得通过合法途径解决就业过程中出现的问题，最大限度地保护自己的正当权益。

3. 了解用人单位，查找背景材料

在求职面试的过程中，毕业生应尽量多方面了解用人单位的行业背景、运营状况、招聘信誉、岗位职责等，甚至可以去实地考察工作环境。

4. 慎重签订协议，敢于据理力争

在签约时，毕业生要仔细阅读就业协议书及其补充条款，重点关注试用期及违约责任条款的约定，尽量不要在协议书中留下空白。对用人单位的口头承诺，要尽可能在补充协议中予以注明，并明确在签订劳动合同时予以确认。如果在求职应聘和签订协议的过程中发现权益受到侵害，不要因为害怕失去就业机会而忍气吞声，要学会运用法律武器保护自己的合法权益。

5. 善于虚心请教，多方征求意见

毕业生在就业的过程中遇到问题时，要及时咨询有关专家、老师和家长。毕业生缺乏社会阅历，其求职的过程也是从学生向社会人转化的过程，而有关专家的意见、老师和家长的指导、往届校友的经验，对毕业生来说就是一笔宝贵的财富。

（二）建立劳动关系后的维权注意事项

进入职场的毕业生面对纷繁复杂的社会，在职业适应方面还有很多事情要做，为了保障自己的职业生涯发展顺利，注意不要忽略了自身合法权益的保护。

1. 重视学习有关法律法规

《中华人民共和国劳动法》《中华人民共和国劳动合同法》《中华人民共和国劳动争议调解仲裁法》，以及各地方性的劳动管理规定，是毕业生签订劳动合同、调整劳动关系、解决劳动争议经常用到的法律法规。毕业生在就业之前就应对这些法律法规有所了解，不给他人可乘之机。

2. 重视劳动合同签订

签订好劳动合同，是毕业生在实际工作中合法权益得到充分保障的前提。毕业生在成为职业人的过程中，应当学会依法保护自身权益，了解劳动合同订立的原则，了解劳动合同应当具备的条款，了解劳动合同变更、解除、终止的情形，以防止合同短期化、滥用试用期、随意设置违约金、不支付解雇补偿金等情况出现。依法签订劳动合同，不仅可以帮助毕业生顺利就业、愉快上岗，还将提高毕业生服务社会的主动性和积极性，并为他们的职业发展提供坚实保障。

学一学

职场合理保护四原则

第一，善于用实力说话，把自己的贡献作为争取利益的砝码。有的求职者尚未展示能力，就给招聘人员列出长串清单：交通补助、通信补助、公费旅游……一个不满足，就"拒你没商量"。职场人应更注重职位本身给自己带来的发展，包括行业经验、专业知识、人际关系的积累等。有个求职者，初入职场时公司并没有给予他希望的全部福利，但他还是努力工作，两年后荣升为主管，同时也获得了当初没能获得的全部福利。

第二，和企业发生分歧时，要心平气和地沟通，尽量以协商的方式解决问题。一是平时多学些劳动法律法规知识，包括法律条文的相关司法解释，这样在需要和企业谈判时才能做到有理有节；二是平时注意收集各种证据，如加班纪录、工资条、考勤记录、社保缴纳记录等；三是注意协商时机，不要发生一点小事就去找HR谈判，如果类似事件发生多次，那么把它们一次性摆到HR面前，必能引起足够的重视。

第三，不要轻易申请劳动仲裁。企业一般都会对求职者进行背景调查，如果从前"东家"处得知求职者曾因为小纠纷和企业闹上仲裁庭，那么可能会对接纳此人加盟企业持"慎重态度"。因为企业潜意识里会认为此人不善沟通，看重小利。当然，如果企业对劳动者权益有重大侵害，劳动者就应当用法律武器保护自己，如遭遇企业随意解雇、拖欠工资、对工伤不负责任等，都应该勇敢地申请仲裁甚至提起诉讼。注意，福利待遇方面的分歧，最好寻求其他方式解决。

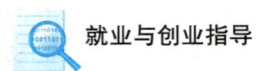就业与创业指导

> 第四，即使企业有错在先，劳动者也不能以违反劳动纪律或法律法规的方式表示不满。如果劳动者自身也违反了劳动纪律或法律法规，就失去了保护自己的立场。

四、职业健康保护

（一）不同职业人群的健康问题

调查研究表明，各种职业环境和条件都存在影响人类健康的因素，不同的职业、不同的职业场所、不同的职业劳动环境与条件、不同的劳动方式，甚至在同一企业中，不同的管理者和不同素质的劳动者都有不同的健康问题。

（二）职业疾病的预防

1. 提高工程技术

通过科学技术的发展，促进生产力水平的提高，实现生产过程的机械化、密闭化和自动化，以避免和减少各种职业危害因素，这是控制和消除职业病的根本措施。

2. 注重健康监护

健康监护的内容包括健康检查、健康档案、健康状况分析等几个方面。通过健康监护，关注职业病危害因素对从业者的影响程度，从而减少或降低罹患职业病风险。

3. 加强个人防护

防护用品包括防护服、防护眼罩和面罩、呼吸防护器、防噪声用具及皮肤防护剂等。个人防护用品的使用，可以在一定程度上防止某些职业病危害因素对从业者造成伤害。

4. 强化宣传教育

预防职业病需要个人、企业和社会的关注。我们可以通过各种信息传播渠道，大力开展防治职业病的宣传工作。通过宣传，使企业认识到自身对职业病的防治负有经济和法律责任，使个人了解到各种职业病危害因素的性质，掌握个人防护技能，增强自我保护意识，维护自身权益。

五、女职工的劳动保护

国家为了减少和解决女职工在劳动中因生理特点造成的特殊困难，保护女职工健康，制定了《女职工劳动保护特别规定》。该规定由国务院于 2012 年 4 月 18 日通过，自 2012

年 4 月 28 日起施行。对女职工的劳动保护，关系到女职工的身心健康，做好女职工的劳动保护工作，对于改善民生、构建社会主义和谐社会具有重要意义。

（一）女职工禁忌从事的劳动范围

（1）矿山井下作业；
（2）体力劳动强度分级标准中规定的第四级体力劳动强度的作业；
（3）每小时负重 6 次以上、每次负重超过 20 公斤的作业，或者间断负重、每次负重超过 25 公斤的作业。

（二）产检算工时不能扣工资

根据《女职工劳动保护特别规定》，怀孕女职工在劳动时间内进行产前检查，所需时间计入劳动时间。需要注意的是，进行产前检查时还应该按照企业的考勤管理规定，履行必要的请假手续，并注意留存相关诊疗记录，避免因为程序和证据问题，影响自己孕期合法劳动权益的维护。

（三）产假

女职工生育享受 98 天产假，其中产前可以休假 15 天；难产的，应增加产假 15 天；生育多胞胎的，每多生育 1 个婴儿，可增加产假 15 天。

女职工怀孕未满 4 个月流产的，享受 15 天产假；怀孕满 4 个月流产的，享受 42 天产假。

需要提醒广大女职工的是，要准确理解和运用法律规定，要依法维权，但不要过度维权。

 总结案例

不得以休产假为由拒发年终奖

张女士于 2013 年 3 月入职一家软件技术公司担任销售部经理，签订了为期 3 年的劳动合同。2014 年 8 月 1 日至 2014 年 11 月 23 日，张女士休产假，公司主张因张女士怀孕、休产假、请病假等无法保证工作时间，对公司贡献很小，故无权获得 2014 年年终奖。张女士则认为，公司 2013 年按照其年薪的 15% 向其发放了年终奖，其 2014 年的工作表现获得了领导的认可，休产假之外的时间仍在职工作，故诉至法院，要求公司向其支付 2014 年年终奖。

【分析】法院经审理认为，公司与张女士对年终奖的发放存在约定且具备支付记录，休产假是女职工的合法权利，公司没有提供对张女士进行考核的依据亦无张女士考核不合格的证据，故结合张女士产假期间的时长等酌定公司应向张女士支付 2014 年年终奖 20 000 元。

活动与训练

企业我查查

目标：学会通过国家企业信用信息公示系统查询企业的相关信息。

时间：5分钟。

活动步骤：

1．查询自己未来想加入的企业或曾经做过兼职的企业。

2．看看这些企业是否被列入经营异常名录，确认它们是否属于严重违法的失信企业。

3．教师点评。

思考与讨论

1．劳动合同与聘用合同有什么区别？

2．简述如何防范试用期的法律陷阱。

3．请从当地人力资源和社会保障局网站上下载并阅读劳动合同范本。

单元六　创新创业与机会把握

 引导语

在现代城市化进程加快的环境下，创业机会无处不在。机会可以是未明确的市场需求或未充分使用的资源或能力。机会具有很强的时效性，甚至转瞬即逝，一旦被别人把握住就不存在了。而机会又总是存在的，一种需求得到满足，另一种需求又会产生；一类机会消失了，另一类机会又会产生。大多数机会都不是显而易见的，需要去发现和挖掘。

创新创业是一种意识，是一种能力，更是一种精神，开展创新创业教育，需要将创新创业教育理念融入人才培养的全过程，在教育教学过程中，应结合学科的特点与优势，不断强化自身的创新创业能力，这样不但能够解决问题，而且能够创造性地解决问题，促使学生们灵活地运用知识，适应市场需求，主动与产业结合，借鉴他人的创业经验，避免重蹈他人的覆辙，从而更好地把握创业机会。

对想创业的人来说，关键在于如何从众多机会中找出有价值的创业机会，找到适合自己的项目，快速产生创意、进行市场测试、设计商业模式，随后正式着手创业。

 单元学习目标

1. 了解创新意识、创新精神和创业精神的基本内涵；
2. 了解创新与创业的关系；
3. 学会培养创新意识、创业精神；
4. 了解几种典型的创业精神；
5. 对创业环境有基本的判断，能够识别并把握创业机会。

6.1 培养创新意识

学习目标

1. 了解创新意识的概念和基本特征；
2. 了解影响创新意识产生的环境因素；
3. 了解创新意识的作用。

导入案例

创新是企业的灵魂

2020年10月15日晚，自有品牌价值零售商名创优品在美国纽约证券交易所挂牌上市。上市当天，名创优品的总市值达到70亿美元。10月19日，名创优品创始人兼首席执行官叶国富发表题为《坚持做难而有价值的事，时间会奖励诚实勤奋的人》的内部公开信。叶国富表示，名创优品今天的成就得益于其核心竞争力——极致性价比、持续创新和全球化战略。他认为，全世界范围内，大多数企业被淘汰是因为创新不够。"名创优品要做真正的长期主义者。未来，要将极致性价比做得更好，坚持持续创新。"名创优品店铺如图6-1所示。

图 6-1 名创优品店铺

（资料来源：证券日报网，有改动）

【启示】在经济全球化的今天，名创优品以成为全球化发展速度最快的企业之一为目标。面对不同国家消费者多元化的需求，以及不断变化的营商环境和日趋激烈的竞争等，名创优品一直以创新为驱动力，向全世界输出中国制造，用极致性价比普惠公众。创新是企业生存和发展的灵魂，培养创新意识具有重要的意义。

一、创新意识简介

（一）创新意识的概念

正确理解创新是正确认识创新意识的前提。创新是一个涉及所有人类活动领域的概念，界定的角度不同，对它的理解就不同。就一般意义而言，创新是指个体为达到一定目的，创造某种符合国家、社会或个人需要的具有革新性或独创性产品的行为。美国著名管理学家彼得·德鲁克认为，创新是一种态度和实践，它能为人们的创造性实践确立稳定的价值取向。创新的内涵是突破和超越，是否定和发展。

创新意识是指人们根据社会和个体生活发展的需要，引发创造前所未有的事物或观念的动机，以及在创新活动中表现出的意向、愿望和设想。它是人类意识活动中的一种积极的、富有成果性的表现形式，是人们进行创新活动的出发点和内在动力，是创造性思维和创造力的前提。

创新意识由创新动机、兴趣、情感和意志等方面组成，是对创新活动有重大影响的各种精神因素构成的一种稳定的精神状态。一般来说，创新意识包括3个层级：第一层级是以人的心理状态存在的创新意识，也可以称为人的创造性精神品质；第二层级是以理论形态存在的创新意识；第三层级是以扩展形态存在的创新意识。

（二）创新意识的本质

创新意识的本质是将创新的感性愿望提升到理性的探索上，实现创新活动由感性认识到理性思考的飞跃。创新精神属于科学精神和科学思想范畴，是进行创新活动必须具备的心理特征，包括创新意识、创新兴趣、创新胆量、创新决心及相关的思维活动。

（三）创新意识的基本特征

创新意识以思想活跃，不因循守旧，富于创造性和批判性，具有敢于标新立异、独树一帜的精神和追求为主要表现。只有具备较强的创新意识，才敢想前人未想过的事、敢创前人不曾创成的业。只有敢于打破思维的桎梏，跳出直觉和经验的窠臼，才能提出新见解，创造新理论，研发出新产品，为人类发展做出重要的贡献。创新意识的基本特征如下。

1. 独创性

创新意识必定独立于前人或他人，具有填补空白的首创价值和意义，历史地位不可小觑。

2. 超越性

创新即突破、超越。思维的本质是超越，因而才有创新思维，才有创新思维对客观事物和对象的超越。创新意识的超越性特征体现在以下几个方面：①对过去的超越；②对将来的超越；③对空间的超越；④对具体现象、具体物品等的超越；⑤对"有"与"无"的超越；⑥对"传统"的超越。

3. 新颖性

创新意识或是为了满足新的社会需求，或是用新的方式更好地满足原来的社会需求，创新意识是求新意识。

4. 社会历史性

创新意识是以提高物质生活和精神生活水平需求为出发点的，而这种需求在很大程度上要受到具体社会历史条件的制约。人们的创新意识激起的创新活动和产生的创新成果，应为人类进步和社会发展服务，因此创新意识需要考虑社会效果，承担社会责任。

5. 个体差异性

一个人的创新意识与其社会地位、环境氛围、文化素养、兴趣爱好、情感志趣等有一定的联系，这些因素对创新意识的产生具有巨大的影响。这些因素对创新意识的影响是因人而异的，因此判断一个人有无创新意识，要综合考虑各方面的因素。

（四）创新意识的作用

1. 创新意识是决定一个国家和民族创新能力最直接的精神力量

如今，创新能力实际就是国家和民族发展能力的代名词，是一个国家和民族解决自身生存、发展问题能力大小的最客观和最重要的标志。

2. 创新意识促使社会多种因素变化，推动社会全面进步

创新意识的根源在于社会生产方式，它的形成和发展必然进一步推动社会生产方式的进步，从而带动经济的飞速发展，促进上层建筑的进步。创新意识能够推动人类的思想解放，有利于人们形成开拓意识、领先意识等；创新意识会使社会政治向更加民主、宽容的方向发展，这是创新发展需要的基本社会条件。这些条件反过来又促进创新意识的发展，从而有利于创新活动的开展。

3. 创新意识促使人才素质结构发生变化，提升人的本质力量

创新实质上确定了一种新的人才标准，代表人才素质变化的方向，输出了一种重要的信息：社会需要充满生机和活力的人、有开拓精神的人、有新思想和科学文化素质的人。创新客观上引导人们朝这个目标提高自己的素质，使人的本质力量在更高的层次上得到认同，激发人的主体性、能动性、创造性的进一步发挥，从而使自身的内涵获得丰富和扩展。路是自己走出来的，跟着别人的脚步永远走不到最前面。只有具备超前意识，才能闯出属于自己的一片天地；只有具有创新意识，未来才会更光明！

二、影响创新意识产生的环境因素

（一）家庭环境因素

安逸、舒适的生活往往会抑制人们创新的自觉性和能动性。有个词语叫作"穷则思变"，很少有人愿意固守贫穷与落后，稍有点进取心的人都不会被动地维持现状。为了改变家庭穷困的状况，人们会主动想办法、积极出主意，利用一切可以利用的地理、资源优势和条件，突破观念和制度的藩篱，努力走出一条新路，拼命创业致富，改变家庭的境况。

一个人即便有小规模的家族企业，也不能有小富即安的心理，因为"逆水行舟，不进则退"。要想把企业做大做强，需要培养创新意识。

（二）社会环境因素

曾经，由于缺乏创新，我们不得不将计算机、数控机床等利润的一部分转让给外国专利拥有者，企业面临"卖一台计算机只能赚一捆大葱钱"的尴尬；由于缺乏创新，我国面临卖出8亿件衬衫才能换回一架空中客车A380的窘境。由于不断创新，我国高速铁路才会领跑世界；由于不断创新，袁隆平才会被人们称为"杂交水稻之父"；由于不断创新，我国才离实现航天强国之梦越来越近……对比的残酷，形势的严峻，让我们不能不警醒。

提高自主创新能力，建设创新型国家，是国家发展战略的核心。党的十八大以来，我们已着手实施创新驱动发展战略，强调科技创新是提高社会生产力和综合国力的战略支撑，必须摆在国家发展全局的核心位置。要坚持走中国特色自主创新道路，以全球视野谋划和推动创新，提高原始创新、集成创新和引进消化吸收再创新能力，更加注重协同创新。深化科技体制改革，推动科技和经济紧密结合，加快建设国家创新体系，着力构建以企业为主体、市场为导向、产学研相结合的技术创新体系。完善知识创新体系，强化基础研究、前沿技术研究、社会公益技术研究，提高科学研究水平和成果转化能力，抢占科技发展战略制高点。实施国家科技重大项目，突破重大技术瓶颈。加快新技术、新产品、新

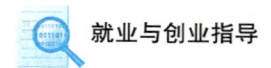
就业与创业指导

工艺研发应用,加强技术集成和商业模式创新。完善科技创新评价标准、激励机制、转化机制。实施知识产权战略,加强知识产权保护。促进创新资源高效配置和综合集成,把全社会智慧和力量凝聚到创新发展上来。

创新是推动社会发展的力量之源,是推动经济增长的核心要素,是提高党的执政能力的关键举措,是建设我国社会主义和谐社会的必然选择,是我们跻身世界强国之林、担当负责任大国的必由之路。

(三)国际环境因素

面对激烈的国际竞争,如果我们缺乏创新意识,就不能实现制度创新、观念创新、技术创新,必将受制于人。我们不仅要韬光养晦,还要敢于"亮剑",争取和平发展的国际环境。"不创新,就灭亡。"我国企业要时刻保持创新意识,发展绿色环保经济,不能富了当代、贻害子孙,要坚守起码的道德底线,不发昧心财,通过技术创新,发展民族工业,富民强国。

三、创新意识的培养

知识是新创意的材料,但是知识本身不会使一个人具有创造力。一个人具有创造力的关键是活用知识和经验来培养新点子、新创意。你可以积极尝试各种新方法;你也可以用疯狂的、看似不切实际的点子当垫脚石,以获取实用的新点子;你还可以偶尔打破既有规则,在专业领域之外寻找新创意。总之,只有具有创新意识,持有创新态度,才能接受新机会并适应种种改变。

创新,是求知欲、创造欲、质疑欲的综合反映,大学生创新意识的培养可以从以下几个方面入手。

(一)拥有热情、勇气和自信心

创新离不开探索,探索需要热情、勇气和自信心。培养创新意识,包括创新热情、创新勇气的激发和自信心的树立。创新热情的激发,可以首先从业余兴趣中寻找切入点,然后实现从业余兴趣向专业兴趣转移,最终实现从专业兴趣到创新热情的升华。在创新勇气的激发方面,重要的环节是敢于质疑和发问,重视各种疑问。除此之外,自信心的树立也很重要。只有对自己的能力有信心,对自己的质疑有把握,才能找到更多解决问题的方法。

(二)提升综合实力

综合实力主要涉及知识结构、实验和动手技能、思维方式等方面。在知识结构方面,除了注重必修科目,还要注重新学科、边缘学科和跨学科知识的学习。这种学习可以以参加选修课、听专题讲座、看学术报告、自学和教师专门辅导等方式进行。在实验和动手技能方面,实验设计、最佳方案选择、实验操作、研究报告撰写等都是必需的。在一系列实验中发现问题,并在问题的基础上提出自己的见解,已经成为大学生创新意识的重要体现。思维方式的培养不仅是综合实力培养的主线,也是创新意识和创新能力培养的关键。

(三)改变思维方式

随着年龄的增长和知识的积累,大学生的思维更加活跃,但已存在某种定式。在分析、演绎、想象方面的固定逻辑模式,尤其是"先入为主"的意识定式、"轻车熟路"的知觉定式等,都是对创新意识的严重约束和阻碍。大学生应排除思维定式的干扰,及时调整思路、拓宽思路。

总之,创新意识的培养是一项严肃、严密、严格的创新活动,也要按客观规律办事;不能把创新意识培养简单化、表象化、庸俗化,不能降低创新精神的科学性和严肃性。在培养创新意识的过程中,大学生应树立科学的创新理念,要有创新思想和创新实践,明确创新的真实含义,允许自己在创新过程中犯错,增强培养创新意识的信心、勇气和能力,只有大胆地试、大胆地闯,才能尽快成长起来。

 总结案例

使你的创新思维不致枯竭的7个步骤

很多人都是这样的:前一分钟还有很多新鲜的想法,迫不及待地想与世界分享,转眼思维便枯竭了,不知道下一个奇思妙想能否降临。下面介绍使你的创新思维不致枯竭的7个步骤。

(1)学会让自己振作起来。我发现,在一个领导者没有安全感的团队工作,是十分令人沮丧的事,甚至会影响团队中每个人的表现。身为领导者,偶尔担心工作进展是难免的,但若将这种不安全感传递给团队,则他人将很难信任你且不愿意与你交流,创新精神也将受到影响。那么,你能做些什么呢?锻炼自己的领导能力是一个不错的选择:平时多思考;询问朋友你该如何做得更好;允许自己采取一些方式,理性地释放压力。要知道,诚实地对待自己将使你受益良多,要学会让自己振作起来。

(2)汇聚有影响力的人。每当我看到新的建筑拔地而起,总是会去想象设计师们设计建筑时反复修改的情景。他们不仅考虑建筑内部的状况,还考虑人们在这个空间出入的方式,因为他们有较高的目标:使人与人之间的联系十分轻松。这也应该是你组建团队的目标。实践证明,有影响力的人往往能从工作伙伴身上汲取更多,因此你需要汇聚有影响力的人,以激发团队成员的创新思维。

(3)注重构思过程。设计师们喜欢说,背景环境决定内容。其实,这不过是以另一种

方式表达团队的重要性。作为领导者，你的目标是令团队成员感到惬意，从而使他们的思维更加自由地发散，逐渐获取创新的信心。要想做到这一点，需要积极地聆听，并且使用经典的即兴谈话技巧：多说"是的，并且"，而不是很快说"不"。你要告诉自己，没有不好的想法，只有尚未成熟的想法和好想法。

（4）让创新有趣起来。创新并非一定有回报。它需要付出很多的努力，并且随时可能遇到风险和失败。如果这个过程之中没有喜悦，就很难坚持下去。要记住，旅行的过程远比目的地更加重要，你要尽量使创新之路充满乐趣。共享欢乐不仅能建立团队内部的联系，还能为创意的产生贡献力量。

（5）制定社会契约并签署。大多数团队都会以一个不成文的社会行为准则来运作，但你可以选择与众不同——团队成员一起制定一份社会契约，之后大家共同签署。一个正式的仪式可以使团队成员更加团结，并帮助他们牢记自己的诺言。你们制定的社会契约可能与我的不同，这里有一些观点和大家分享：

——勇于打破规则，勇于追求梦想。

——打开门，多聆听外面的声音。

——学会信任别人，也被别人信任。

——不断前行。

（6）适当借助玩具。玩具可以使工作充满活力。我的团队创造了一个叫作雨林画布的玩具，此玩具可以帮助人们设想商业生态系统。我们借助此玩具在世界各地举办研讨会，结果令人十分满意。画布上的每块儿都代表商业生态系统中一个关键部分，如领导者、利益相关者、资源等。团队成员将为每块儿填写问题（谁是利益相关者？可供使用的资源有哪些？）。如果以恰当的方式将这些问题的答案整理汇总，很可能对企业产生巨大的作用。人们也将看到自己脑海中的商业生态系统。

（7）消除社会壁垒。社会壁垒无论是由于地理位置、文化等原因造成的还是由于不信任等原因造成的，都会使一些关系受到影响。因此，消除社会壁垒十分关键。问问自己，你的团队中谁与谁不合拍，是什么阻碍了协作，而你又将如何鼓励他们交流。也许，改进激励方式可以使交流更顺畅。请查看你的团队制定的社会契约，并选择与他们的共同目标相匹配的激励方式。

（作者：维克多·黄，硅谷风险投资家和企业家）

【分析】对企业家来说，新的思维是创新的血液，因此"思维沙漠"便显得十分恐怖，有时甚至是灾难性的。

那么，如何让自己快速走出创意的枯竭区？建议开启"创意的热带雨林"——一个可以使新的概念形成、使企业茁壮成长的商业生态系统。

活动与训练

收集青年创业成功的案例

目标：每人至少收集 2 个青年创业成功的案例。

时间：30 分钟。

活动要求：通过网络，查找 2010 年以来青年创业成功的案例。此外，根据网络报道或自身经验，分析青年创业成功的主要原因是什么。

思考与讨论

1．谈谈你对下面"三只松鼠"事例的看法。

安徽三只松鼠电子商务有限公司成立于 2012 年，是一家以干果、茶叶等食品的研发、分装及销售为主的现代化新型企业。

"三只松鼠"是由创始人兼 CEO 章燎原带领一批来自全国的粉丝组成的创业团队创立的互联网食品品牌。章燎原在任职业经理人期间曾 10 年打造出安徽十分知名的农产品品牌，一年时间打造出网络知名坚果品牌（壳壳果）。其较强的品牌营销理念及平民出身背景，使他能够迅速掌握消费者心理，在电商业界素有"电商品牌倡导者"的称号。三只松鼠团队便是其组建的一个全新的创业团队，这个团队正在逐渐扩大，从最初的 5 名创始成员发展到巨大的规模，是一个极具生命力和竞争力的团队。

"三只松鼠"主要以互联网技术为依托，利用 B2C 平台实行线上销售。凭借这种销售模式，"三只松鼠"迅速开创了一种新型食品零售模式。这种特有的商业模式拉近了商家与客户的距离，确保让客户享受到新鲜、美味的食品，开创了中国食品利用互联网进行线上销售的先河。凭借独特的销售模式，2012 年"双十一"当天"三只松鼠"的销售额在淘宝天猫坚果行业跃居第一名，日销售额约 800 万元，是电子商务历史上的一个奇迹。三只松鼠 2013 年销售额突破 3 亿元。

2．请你以"创新可以使生活更美好"为题，关注自己的现实生活，举手发言，畅谈自己的创新设想。

3．如何理解创新？

4．创新意识有哪些基本特征？

6.2 培养创业精神

1. 了解创业精神的定义及基本特征；
2. 掌握培养创业精神的基本途径；
3. 了解几种典型的创业精神。

与其追随潮流，不如另辟蹊径

19世纪末，美国加利福尼亚州发现了黄金，出现了淘金热。一位17岁的少年来到加利福尼亚州，也想加入淘金者的队伍，但人太多，而金子很少。少年看到金子没那么好淘，正打算放弃念想。这时，他看到淘金人在炎热的天气下干活口渴难熬，就挖了一条沟，将远处的河水引入，河水经过多次过滤变成清水，然后他将清水卖给淘金人。金子不一定能淘到，而且有一定的危险，卖水却十分保险。他很快就赚到了6000美元，回到家乡办起了罐头厂。这个人就是后来被称为美国食品大王的亚尔默。

（资料来源：应届毕业生网．2022-04-19，有改动）

【启示】创业与创新就像一对孪生姐妹，相生相随。亚尔默在遇到困难的时候，能及时发现商机，并坚持努力下去，才能取得如此的成就。

在改革开放初期，涌现出来的个体户就曾是我国第一批个人创业的典型代表。现在改革开放40多年了，我们已经进入了新时代。个人创业的光辉依然强有力地吸引着越来越多的跟随者，当前越来越宽松的商业政策也起到了推波助澜的作用。但是，创业不是简单的乌托邦式的理想加信念，不是光凭一腔热血加美好的梦想就能顺利到达胜利彼岸的。个人创业更多的是要以科学的前期规划、多角度观察、理性分析、有效的资源分析与整合、成熟高效的运作技能、良好的商业心态等重要的环节与因素为支撑，这样才可能保障创业的稳健起步和成功率。

人们往往会感性地看待个人创业问题，而缺乏理性，往往是梦想超越规划，热情淹没了冷静，这就造成了一个矛盾的局面：一方面是大量的创业者前赴后继地进行个人创业，另一方面是不得不面对极低的创业成功率。即便如此，还是挡不住势头汹涌的新创业者，毕竟个人成功的希望、丰厚的物质生活的强大吸引力充当着驱动因素。

一、创业精神的定义

"创业精神"类似一种能够持续创新成长的生命力,一般可分为个体的创业精神和组织的创业精神。个体的创业精神指的是以个人力量,在个人愿景的引导下,从事创新活动,并进而创造一个新企业;而组织的创业精神指的是在已存在的一个组织内部,以群体力量追求共同愿景,从事组织创新活动,进而创造组织的新面貌。

创业精神是指在创业者的主观世界中,那些具有开创性的思想、观念、个性、意志、作风和品质等。远见精神、创业观念、实践、成就是创业精神的四大构成要素(见图 6-2)。

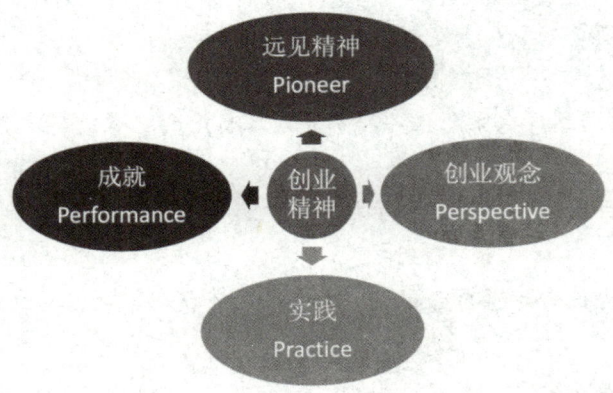

图 6-2　创业精神的四大构成要素

试一试

就算你已经辞掉工作,摆脱重重束缚,铁了心要闯出一番自己的天地,但是你有没有问过自己"我适合创业吗"?

创业测试:你是否适合创业?

"创业"是一个充满成就感和诱惑力的词语,但并非每个人都适合走创业这条路。下面是一份试卷,假如你想对自己多一点了解,可以试着回答下面的问题。

计分:选 A 得 4 分;选 B 得 3 分;选 C 得 2 分;选 D 得 1 分。

1. 你是否常来不及躲避困难或预防困难情形的发生?　　　　　　　　　　(　　)
   A. 经常　　　　B. 有时　　　　C. 很少　　　　D. 从来不

2. 你是否经常拐弯抹角地宣布可能得罪他人的决定？　　　　　　　　　（　　）
　　A. 经常　　　　　B. 有时　　　　　C. 很少　　　　　D. 从来不
3. 你喜欢让别人替你做自己不愿意做但又不得不做的事吗？　　　　　（　　）
　　A. 经常　　　　　B. 有时　　　　　C. 很少　　　　　D. 从来不
4. 在迫切需要做出决策的时候，你是否在想"再让我考虑一下吧"？　（　　）
　　A. 经常　　　　　B. 有时　　　　　C. 很少　　　　　D. 从来不
5. 你在决定重要的行动和计划时，常忽视其后果吗？　　　　　　　　（　　）
　　A. 经常　　　　　B. 有时　　　　　C. 很少　　　　　D. 从来不
6. 当你需要做出很可能不得人心的决策时，是否会找借口逃避？　　（　　）
　　A. 经常　　　　　B. 有时　　　　　C. 很少　　　　　D. 从来不
7. 你是否为自己的优柔寡断找借口说"遇事要慎重考虑，怎能轻易下结论呢"？
　　　　　　　　　　　　　　　　　　　　　　　　　　　　　　　　（　　）
　　A. 经常　　　　　B. 有时　　　　　C. 很少　　　　　D. 从来不
8. 你是否为避免冒犯某个或某几个有实力的客户而有意回避一些关键性问题，甚至表现得曲意奉承呢？　　　　　　　　　　　　　　　　　　　　（　　）
　　A. 经常　　　　　B. 有时　　　　　C. 很少　　　　　D. 从来不
9. 你是否无论遇到什么紧急任务，都先处理自己的日常琐碎事务呢？（　　）
　　A. 经常　　　　　B. 有时　　　　　C. 很少　　　　　D. 从来不
10. 你只有在巨大的压力下才肯承担重任？　　　　　　　　　　　　　（　　）
　　A. 经常　　　　　B. 有时　　　　　C. 很少　　　　　D. 从来不
11. 你是否无力抵御妨碍自己完成重要任务的干扰和危机？　　　　　（　　）
　　A. 经常　　　　　B. 有时　　　　　C. 很少　　　　　D. 从来不
12. 你是否总是在晚上才发现有要紧的事没办？　　　　　　　　　　　（　　）
　　A. 经常　　　　　B. 有时　　　　　C. 很少　　　　　D. 从来不
13. 你是否因不愿承担艰巨任务而寻求各种借口？　　　　　　　　　　（　　）
　　A. 经常　　　　　B. 有时　　　　　C. 很少　　　　　D. 从来不

得分统计：

50分以上，说明你的个人素质与创业者相差甚远；

40～49分，说明你不够勤勉，应彻底改变拖沓、低效率的缺点，否则创业只是一句空话；

30～39分，说明你在大多数情形下充满自信，但有时犹豫不决，不过没关系，有时候犹豫也是一种成熟、稳重的表现；

15～29分，说明你是一个高效率的决策者和管理者，极可能成为一个成功的创业者，建议你立刻采取行动。

二、创业精神的基本特征

（一）高度的综合性

创业精神是由多种精神特质综合作用而形成的，创新精神、拼搏精神、进取精神、合作精神等都是形成创业精神的精神特质。

（二）三维整体性

无论是创业精神的产生、形成和内化，还是创业精神的展现和外化，都是由哲学层次的创业思想和创业观念，心理学层次的创业个性和创业意志，行为学层次的创业作风和创业品质3个层面所构成的整体，缺少其中任何一个层面，都无法构成创业精神。

（三）超越历史的先进性

创业精神的最终体现就是开创新事业，创业精神本身就具有超越历史的先进性，想前人之不敢想、做前人之不敢做。

（四）鲜明的时代特征

由于不同时代的人们面对着不同的物质生活和精神生活条件，因此创业精神的物质基础和精神营养各不相同，创业精神的具体内涵也不同。创业精神对创业实践有重要意义，它是创业理想产生的原动力，是创业成功的重要保证。

三、培养创业精神的基本途径

创业是一项复杂的系统工程，它面临各个方面的问题和挑战，这同时考验着每位创业者的能力，良好的精神品质是创业成功的前提和条件。培养创业精神的基本途径如下。

（一）培育创业人格

国外的一项对 800 人长达 30 年的追踪结果表明，他们中成就最大的 20% 与成就最小的 20% 最明显的差异就是个性方面的不同。高成就者具有谨慎、独立、自信、不屈不挠、积极进取、坚持、敢为、克制等人格特征。这说明人格特征对于个体的创业是非常重要的，尤其是"独立""坚持""敢为""克制"等。因此，人格培育对创业精神与创业能力的培养至关重要。教师可以通过剖析创业案例中创业者的人格特征及心理训练，让学生掌握形成优良人格特征的方法。从世界观和方法论的角度来看,创业精神是一种实事求是的精神。创业不是纸上谈兵,需要根据实际情况提出新的思路,需要扎扎实实地付出艰苦的努力,大学生应以实事求是的态度面对学习、工作和生活。

(二)用创业榜样进行引导

榜样的力量是无穷的,他人的创业行为和成就是一笔宝贵的财富。古往今来,创业成功者具有一些共同的精神品质:自信,心态积极,喜欢独立思考,具有寻根究底的探索精神,敢于创新,敢于竞争和冒险,热情,专注,意志坚定,不怕挫折,情绪稳定等。

(三)继承前人精神

创业需要的精神品质的形成重在创业实践,积极实践既能带来及时的反馈,也能带来成功的喜悦;切实投入创业实践中,大概率能磨炼出良好的精神品质。第一,学校要构建创业实践基地,为大学生提供创业实践的平台,如创业见习基地、创业园等,实现产、学、研一体化;第二,社会要为大学生提供更多的创业岗位,如勤工俭学岗位、社区服务岗位等,使其经受创业实践熔炉的考验;第三,大学生个人课余时间应主动参与创业实践,从商品推销到自己开店,了解各种职业的特点和自己的能力,积累创业经验,提高创业才干,降低将来创业的盲目性。只有多进行创业实践,创业目标才会更加明晰,创业信念才会更加强烈,才会形成良好的精神品质。

四、创业精神五要素

激情、积极性、适应性、领导力和雄心壮志是创业精神的五大要素。

(一)激情

维京集团(Virgin Group)创始人理查德·布兰森(Richard Branson)十分具有激情。理查德·布兰森的激情,从他对创建公司的强烈愿望中可以看出。始建于1970年的维京集团,旗下拥有超过200家公司,业务范围涵盖音乐、出版、移动通信等。理查德·布兰森曾打过一个比方:"做生意就好像乘坐公共汽车,总会有下一班车过来。"

(二)积极性

亚马逊创始人杰夫·贝索斯(Jeff Bezos)非常清楚积极思考的作用。他以"每个挑战都是一次机会"为座右铭。事实上,亚马逊自正式启动两个月内就轻松实现每周2万美元的销售额。1990年，互联网公司的发展受到严重影响，亚马逊的股价也暴跌。雪上加霜的是，一些评论家预测，美国最大的实体书店巴诺（Barnes & Nobles）启动在线业务，这将对亚马逊造成严重的威胁。在紧要关头，杰夫·贝索斯向外界表达了乐观态度和信心，针对批评言论，他一一列举了公司的积极因素，包括已经完成的和准备实施的。

杰夫·贝索斯带领亚马逊不断发展壮大，出售图书、衣服、玩具等各种商品。后来，亚马逊的年销售额十分可观，这在很大程度上得益于杰夫·贝索斯的积极思考。

（三）适应性

企业家应具备适应能力。成功的企业家通常乐于改进，往往按照客户的意愿定制服务，以持续满足客户所需。

谷歌创始人谢尔盖·布林（Sergey Brin）和拉里·佩奇（Larry Page）更进一步，他们不仅及时响应变化，还引领发展方向。凭借众多新创意，谷歌不断引领互联网发展，将人们的所见所闻提升到一个前所未有的新境界。拥有这种先锋精神，无怪乎谷歌能成为互联网科技巨头。

（四）领导力

优秀的领导者往往具有很强的个人魅力和感召力，有道德感，有在组织中树立诚信原则的意愿；他们也可能是热心人，具有团队协作精神。在玫琳凯·艾施（Mary Kay Ash）女士身上，可以发现所有这些元素。她创建了玫琳凯品牌，帮助超过50万名女性开创了自己的事业。很早以前，玫琳凯在一个家用产品公司做销售。虽然25年间她的销售业绩一直名列前茅，但是当时，由于性别歧视，玫琳凯无法在晋升和加薪时获得和男同事一样的待遇。玫琳凯受够了这种待遇，1963年她用5000美元创办了玫琳凯公司。玫琳凯以具有强大的驱动力和富于灵感的领导风格而闻名，她创办公司的态度是"你能做到！"。她甚至将凯迪拉克轿车奖给顶尖的销售者。由于具有高超的领导力，玫琳凯被认为是极具影响力的商业领袖之一，而玫琳凯公司也被评为美国最适合工作的公司之一。

（五）雄心壮志

20岁时，戴比·菲尔兹（Debbi Fields）可以说是一无所有。作为一个年轻的家庭主妇，她毫无商业经验，但她拥有绝佳的巧克力甜饼配方，并梦想全世界的人都能品尝到这样的巧克力甜饼。1977年，戴比·菲尔兹开设了自己第一家店，尽管很多人认为她仅靠卖甜饼无法将业务维持下去。戴比·菲尔兹的果断决策和雄心壮志使得小小的甜饼店变成了一家大公司，销售点遍布美国及其他国家。

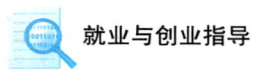
就业与创业指导

五、创业项目分析

虽然你已经考虑和写下了你创办企业的构想，但是你还需要对此构想进行分析，进一步了解其可行性和风险。你需要知道它是否能使你的企业具有竞争力和盈利。我们知道企业以盈利为基本目的。企业要成功，首先，销售要成功，也就是说要做好市场（这基本是外部的）；其次，要控制成本（这基本是内部的）。

在进行创业项目分析时可以采用 SWOT 分析法。

（一）内部分析：优势与劣势

SWOT 分析从观察内部的优势与劣势开始。优势是指你的企业的长处，如你的产品比竞争对手的好，你的商店的位置非常有利，或者你的员工的技术水平很高等。劣势是指你的企业的不足，如你的产品比竞争对手的贵，你没有足够的资金按自己的愿望做广告，或者你无法像竞争对手那样提供综合性服务等。在进行内部分析时，可以参照表 6-1。

表 6-1　内部分析：优势与劣势

因素	优势	劣势
获利能力		
销售与市场营销		
质量		
顾客服务		
生产力		
财力		
财务管理		
运行		
生产与分配		
员工的发展		
其他		

（二）外部分析：机会与威胁

SWOT 分析还需要考察企业运行所处的外部环境。机会是指周边地区存在的对企业有利的因素，如你想制作的产品将越来越流行；附近没有同类商店；附近正在建设新小区，潜在顾客数量即将上升等。威胁是指周边地区存在的对企业不利的因素，如有生产同类产品的其他企业，原材料上涨将导致你的产品价格上升，或者你的产品将被市场淘汰等。

这些因素是你不可控制的，但如果知道它们将怎样影响你，你可以预先采取措施。在进行外部分析时，可以参照表 6-2。

表 6-2　外部分析：机会与威胁

因素	机会	威胁
当前顾客		
潜在顾客		
竞争		
技术		
政治气候		
政府及受理机关		
法律		
经济环境		
其他		

（三）风险分析

任何一个营业中的企业都面临一定的风险，小企业自然也不例外。大多数小企业抗风险能力弱。小企业虽然"船小好掉头"，但由于"本小根基浅"，故只能"顺水"，不能"逆水"。因此，大学生在创办企业时应该充分预估各种可能的风险，并制定应对方案，把风险损失控制在自己所能承受的范围内。创业风险主要有以下几种。

1. 技术风险

技术风险包括研制的产品原型能否变成合格成品，形成批量生产；产品的技术寿命是否会缩短，提早退出市场；专门支持的配套技术是否成熟等。例如，美国的 Tritium 公司在风险资本的帮助下于 1998 年年初开始进军免费网络服务领域，采取类似网络零点公司的技术。但 Tritium 公司一时无法解决遇到的技术难题（廉价带宽技术问题），在挣扎了半年之后，只好宣布无限期停业。

2. 管理风险

一些创业的大学生是专业技术人员，他们在专业技术上各有特长，并对技术研发"情有独钟"，但对管理不感兴趣，也不熟悉，因此可能发生诸如决策风险、组织风险和生产风险等。这里建议大家在创业时寻找合作伙伴，取长补短，形成团队。另外，关键人员的流失也会给企业带来致命的威胁。例如，你开办一家餐厅，餐厅生意的好坏在很大程度上取决于厨师的厨艺，因此你应该想办法聘请手艺好的厨师并长期留用他。

3. 市场风险

市场风险包括新产品从推出到被顾客完全接受的时间过长、市场接受程度不够、潜在进入者的竞争威胁等。企业可能由于生产成本过高、缺乏强大的销售系统或新产品用户的转换成本过高而常常处于不利地位,严重的可能危及企业的生存。

4. 外部环境变化所带来的风险

外部环境包括国家的产业政策、经济发展趋势等,这些都在随时发生变化,对企业经营会造成一定的影响。另外,一些突发事件或自然灾害也会带来很大的风险。创业者应当多研究国家的产业政策,尽量避开那些政策限制性行业,在经济条件允许的情况下应当尽量为企业的财产购买保险,或者加入一些互助性组织,以规避各种风险。

总结案例

共同致富的有心人

"90后"青年陈柏年,是甘肃省兰州市皋兰县返乡创业大学生。大学毕业后,他返乡创业,抓住当地小麦品种的优势,进行规模种植,并对其进行加工,进而销售面粉、面条等特色产品。他走过弯路,积极求变,不断拓展市场,最终和周边农户一道,走出了一条农产品深加工的致富路。陈柏年经营的兰州乡韵农产品专业合作社,已被认证为国家农民合作社示范社。截至目前,合作社有社员103人,年销售额600万元左右,带动原建档立卡贫困户25户,每年分红1500元,并带动周边150户农户年均收入达5万元。

(资料来源:《人民资讯》. 2021-06-21,有改动)

【分析】相比某些成功人士,陈柏年的创业成功经验更值得我们学习,因为他是一名成功返乡创业的大学生。起初,他在创业时遇到了不少挫折,但进行了一定的调研之后,找到了解决办法,并帮助困难家庭获得收益,是一名优秀的创业者。

活动与训练

评估创业潜质

1. 教师将学生分成若干小组,每组4~6人。

2. 组员举例说明自己的创业意识如何,自己的创业潜质处于何种水平,自己到底适不适合创业,如果现在开始创业,还有哪些方面需要提高。

3. 其他组员进行点评,并互相帮助,最终每个组员写出改进措施。

4. 每个小组选出一个代表进行汇报,教师进行点评和总结。

1. 如何理解创业精神？
2. 创业精神有哪些基本特征？
3. 对你确定的创业项目进行 SWOT 分析，评估其可行性和风险。

6.3　分析创业环境和创业机会

学习目标

1. 能够进行创业的宏观环境和微观环境分析；
2. 了解创业机会的内涵和特征；
3. 能够发现并识别身边的创业机会，对创业机会进行评价。

导入案例

"90后"女大学生开网店，创2000万元销售神话！

小敏（化名）是某高校大四学生，爱漂亮，爱音乐，热爱一切美好的事物，她家专门为知名的欧美大牌服装做代工生产。有一次出门逛街，她发现商场专柜里的衣服都很漂亮，但价格大多是几千元，是国际一线品牌厂商顶尖设计师的原创设计，很多爱美的女同学喜欢但是买不起。从小就受到服装生产熏陶的她，在成长的过程中自然产生了很多对服装设计及搭配的灵感。于是，她开始自己设计服装，把目标瞄准学生群体。

近几年，互联网和直播平台的发展给她的"事业"带来了广阔的发展空间。她起初利用微信和淘宝销售自己的产品，依靠自己家庭的产业优势和兴趣爱好，她的事业逐渐有了起色。在朋友的帮助下，她改变了经营模式，从自己设计、自己销售转向只做分销，生意十分火爆。

2020年之后，直播带货异军突起，成为网购的另一种模式。小敏发现大学生很少去商场购买衣服，也越来越不喜欢一些网络店铺那种只能看图的模式，便转变经营模式，开始线上直播带货。她聘请专业的模特试穿衣服，介绍适合不同人群的服装搭配，吸引了众多人员购买。物流公司的工作人员对她说："你们家的包裹越发越大、越发越多！"

（资料来源：百度．2021-10-24，有改动）

【启示】很多大学生创业在科学、系统地分析市场环境之后，抓住机会，勇敢去拼搏，最终取得了不错的成绩。

 应知应会

一、创业环境

(一)创业环境的概念

创业环境是指围绕创业者的创业和发展的变化,并足以影响或制约创业行为的一切外部条件的总称。一方面,它指影响人们开展创业活动的所有政治、经济、社会文化诸要素;另一方面,它指获取创业帮助和支持的可能性。

创业环境是这些因素相互交织、相互作用、相互制约而构成的有机整体。创业者的创业过程并不仅依靠某一方面的推动,也不仅是某一种因素作用的结果,它的运作需要环境各方面的支持。

(二)创业环境的特征

1. 整体性

创业环境是一个由各要素相互作用、相互联系而形成的有机整体,创业环境的各要素是相互联系、相互影响的。由于创业环境具有整体性特征,在研究创业环境的时候,应该运用系统的原则和方法,从整体的角度来考察创业环境,不能割裂各要素之间的联系,即从创业环境的整体去研究个体要素的表现。

2. 主导性

在创业环境的各要素中,总有一个或几个要素在某一阶段的发展中居于主导地位,即在创业环境这个整体中规定和支配着其他的要素。因此,对主导要素的研究具有特别重要的意义。

3. 可变性

区域环境和创业环境都是不断发展变化的,包括经济结构的调整、政治制度的优化、市场需求的变化、消费水平的提高等,这些都极大地影响着创业环境,使创业环境始终处于不断变化的过程之中,并且逐步趋于完善。因此,创业者应以动态的观点来看待、研究创业环境,这样才能正确认识创业与创业环境之间的关系。

4. 差异性

差异性是指地区的差异。创业环境是个空间概念,所在的区域不同,内容也不尽相同。区域政治、经济、文化等方面的差异,决定了创业环境的差异。

（三）创业环境的分类

创业环境可以从多个角度进行分类，其基本分类如下。

1. 按创业环境的构成要素分类

从宏观层次看，创业环境可以分为经济环境、政治法律环境、科技因素、商务环境、教育环境、社会文化环境及自然环境等。

2. 按创业环境的层次分类

创业环境是有层次的，是一个分级系统。宏观环境是指一国或一个经济区域范围内的创业环境；中观环境是指某个区域或城市、乡镇的创业环境等；微观环境是指企业的文化氛围、团队合作精神、创新精神等。

3. 按创业的软硬环境分类

硬环境是指创业环境中有形要素的总和，如有形基础设施、自然区位和经济区位；软环境是指无形要素的总和，如政治、法律、经济、文化环境等。

硬环境是创业的物质基础，软环境在创业过程中也十分重要，而且在一定时期内，硬环境的变化是有限的，而软环境的改善能够弥补硬环境的缺陷，提高硬环境的效用，最终成倍提高整体环境的竞争力。

二、大学生自主创业的环境分析

现在大学生创业应该是有很多机会的，虽然有很多的困难，但是也会有无量的回报。创业环境对大学生创业具有十分重要的影响。在日益严峻的就业形势之下，大学生在自主创业时应认清创业环境。

（一）大学生创业环境

大学生在自主创业时，所面临的环境可以概括为宏观和微观两个方面。所谓创业环境，实际上就是创业活动的舞台。任何创业活动都是在一定的社会环境下进行的，在大学生迈向社会进入创业阶段的时候，呈现在面前的就是一个巨大的时空舞台。在这个舞台上，诸多事物和要素互动联系、碰撞，形成了一个面面俱到的现实环境系统，因此创业环境对大学生创业具有十分重要的影响。在大学生就业形势日益严峻的社会背景下，采取有效的措施，为大学生创业营造良好的环境，对促进大学生创业并带动其就业具有十分重要的作用。

（二）宏观环境分析

1. 国家的一些关于金融财政方面的资金支持

一些地方政府解决大学生创业问题的常用方法是专项资金扶持和贴息贷款。通过这种途径，在短期内扶持很多创业者。政府为大学生自主创业提供各方面的保障，主要采用经济、行政及法律手段。例如，简化不必要程序；建立创业培训中心，免费为大学生进行项目风险评估和指导；出台并落实针对大学生创业的税收减免优惠政策；大学生创办的企业被认定为青年就业见习基地的，可享受市有关补贴等。

2. 创业的相关培训

政府部门除在资金上支持大学生创业外，还通过学校等教育机构对大学生进行创业培训。培训内容包括申请贷款的程序、创业者应具备的心理素质、基本的金融知识等。通过系列培训，使创业大学生能坚持理想，贯彻计划，取得最终的成功。例如，学校政策鼓励支持大学生创业，形成创业的文化；在学校建立配套的科技园，加强创业教育，通过创业实践或比赛等多种形式，培养大学生的创业能力。同时，向大学生适度开放校内市场，以利于大学生创业实践，搭建创业服务平台。某学校市场营销专业的实训基地就给学生提供了自主创业的平台，做到了给学生一个门面，让学生自己去经营管理。

3. 宽容地对待失败问题

对于大学生创业失败的，审查机构确认是非人为故意造成的，可以免除其所贷资金的利息，并可适当延长其还贷期限。对于希望重新创业并提交可行计划的，仍可在其未还清所欠贷款的情况下，再次为其提供无担保贷款。这样可以营造宽容地对待失败、鼓励创业的社会环境。大学生毕竟年轻，若他们创业失败了，家人和社会应理解和包容他们。

（三）微观环境分析

大学生创业的微观环境主要是指其创业流程。下面以开一家卖牛仔裤的店为例进行具体分析。

1. 创业之初需要制作一份切实可行的创业计划书

要在市区开一家卖牛仔裤的店，开店之前要制作一份计划书。在制订营销计划时要将各个环节相互联系构成一个完整的内部环境，各个环节的分工是否科学，协作是否和谐，目标是否一致，都会影响营销决策和营销方案的实施。

2. 创业其实最终就是服务顾客，从顾客中获得一定的收益

顾客群的不同直接影响价格的制定，所以人流量是创业前最看重的一点。服装面向的人群十分广泛，不论男女，多少岁的人群都可以，开卖牛仔裤的店的目标是让每个进来的顾客都找到自己喜欢的牛仔裤。

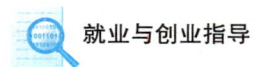

3. 创业过程中货品的选择及进货渠道的重要性

选货要掌握当地市场行情：出现了哪些新品种，销售趋势如何，存量多少，价格涨势如何，购买力如何等。进货时，首先到市场上转一转、看一看、比一比、问一问、算一算、想一想，然后着手落实进货，建议先少进试销。因为是新店开张，所以款式一定要多，给顾客的选择余地大。

4. 供应商的选择

供应商是指为企业及其竞争者提供生产经营所需资源的企业或个人，包括提供原材料、设备、能源、劳务和其他用品等。因为大学生的资金比较匮乏，没有很大的进货量，所以选择的供应商应当适合自己店面的大小。

5. 产品的价格定位

大学生开始创业的时候并没有太多的人脉关系，也就是说没有固定的消费者，要想吸引到消费者，就需要在价格上做文章。

三、把握创业机会

（一）创业机会的内涵

（1）某个市场可以持续为购买者创造有价值的产品、服务或者某种需求，具有吸引力、持久性和适时性。

（2）创业者可以提供一些产品、服务或者满足某种需求，并存在能以高于成本价出售的情况。

（3）创业者具有能力、资源，能为经济活动引入新产品、新服务、新原材料、新市场或新组织方式。

（4）具有较强吸引力的、较为持久的有利于创业的商业机会，创业者借此在为客户提供有价值的产品、服务的同时获得利益。

综上所述，我们可以得出较为全面的概念：创业机会是指在当前市场经济条件下，在社会经济活动过程中形成和产生的有利于企业经营成功的各种因素，是一种带有偶然性并能被经营者认识和利用的契机。

> **看一看**
>
> **"机会"在哪里**
>
> 站在台风口，一头猪都能飞起来。创业成功需要满足两点：一是优秀的创业者，二是好的机会。
> ——雷军（小米科技创始人）
>
> 所谓机会就是别人不看好的时候你去尝试了，大多数成功者都是敢于冒险的人，实际上，行动本身就创造了最大的成功机会。
> ——孙陶然（拉卡拉创始人）

（二）创业机会的特征

创业机会具有以下特征。

（1）普遍性。但凡有市场存在、有经营、有市场竞争的地方，客观上就存在创业机会。创业机会普遍存在于各种经营活动过程之中。

（2）偶然性。创业机会大多数情况下是偶然出现的，它的发现和捕捉带有很大的不确定性，人们很难捕捉到它，有的时候越是刻意地去寻找创业机会，它隐藏得越深。任何创业机会的产生都有"意外"因素。

（3）易逝性。创业机会十分显著的特征是易逝性。所谓"机不可失，时不再来"，说的就是机会稍纵即逝，创业机会存在于一定的时空范围之内，随着产生创业机会的客观条件的变化，创业机会会相应地消失。

（4）隐蔽性。生活中处处充满机会，但是大多数人意识不到它的存在。这就是机会的隐蔽性，创业机会更是如此，能否抓住创业机会，主要看创业者是否具有"慧眼"。

（三）创业机会的来源

1. 技术更替潜在的商机

世界产业发展的历史告诉我们，几乎每个新兴产业的形成和发展，都是技术创新的结果。技术机会指现有的技术规范程度和性能存在更新改进的极大的可能性，也包括全新技术的出现和应用。技术更新和新技术的出现，产业的变更或产品的替代，既满足了顾客需求，也为创业者提供了前所未有的创业机会。

> **看一看**
>
> 微信创立的初衷！
>
> 拉近人与人之间的距离。
>
> 至今日，在国内的社交软件中，微信是当之无愧的王者。
>
> 马化腾当初建立腾讯之后推出QQ，就是为了让年轻人能够结识更多的朋友，QQ上线之后反响很不错，QQ从上线到现在一直都是人们网上沟通交流的主要工具，后来腾讯又推出了新的聊天工具——微信。随着互联网的发展，传统的打电话、发短信沟通交流方式逐渐被使用微信和QQ沟通交流替代，曾经人们抱怨打电话、发短信的费用比较高，马化腾正是抓住了这一机会。
>
> 随着互联网的发展，老年人逐渐跟不上时代的脚步，在这个时候腾讯推出了微信，微信的使用方法简单，老年人学习起来更加容易，所以老年人也纷纷开始学习使用微信，以更好地与家人进行沟通。
>
> 不仅如此，视频聊天、扫一扫、摇一摇等功能的完善，吸引了众多群体的加入。例如，微信的发红包功能和摇一摇功能，在春晚期间很受欢迎，很多电视机前的观众，都

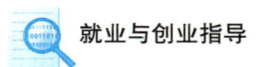
就业与创业指导

拿出手机摇红包，将微信再一次推进千家万户。

（资料来源：百度. 2021-10-24，有改动）

多数技术对人类而言都有利弊两面性，即在给人类带来利益的同时，也会给人类带来某些灾难。这就迫使人们为了消除新技术的某些弊端，再去开发新技术，当然也会带来新的创业机会。

2. 政策变化带来的商机

政府政策变化给创业者带来一定的商机。随着经济的发展、技术的变革，政府会不断调整相关政策，而政府政策的某些变化，就可能给创业者带来新的商机。

3. 市场需求变化蕴含的商机

（1）市场上出现了与经济发展阶段有关的新需求，相应地，就需要企业去满足这些新需求，这同样是创业者可以利用的商机。

（2）当期市场供给缺陷产生新的商机。非均衡经济学认为，市场是不可能真正"出清"，达到供求平衡的，总有一些供给不能实现其价值。因此，创业者如果发现这些供给结构性缺陷，同样可以找到可利用的商机。

（3）先进国家或地区产业转移带来的商机。从历史上看，世界各国各地的发展进程是有快有慢的，即使同一国家，不同区域的发展进程也不尽相同。这样，在先进国家或地区与落后国家或地区之间就存在"成本差异"，再加上经济发展到一定程度时，环保问题往往会被先进国家或地区率先提出。因此，先进国家或地区会将某些产业向外转移，这就可能为落后国家或地区的创业者提供商机。

（4）从中外比较中寻找差距，差距中往往隐含某种商机。通过与先进国家或地区比较，看看别人已有的哪些东西我们还没有，这"没有的"就是差距，其中就可能发现某种商机。

看一看

潮汕创业奇才温城辉：投资人砸我 3000 万美元！

礼物说是致力于帮助用户送出完美礼物的礼物电商，2014 年 8 月上线，短短 8 个月的时间先后完成了两轮融资，估值已经突破了 2 亿美元，成为"90 后"创业公司里面融资最多的一家，不得不说是个奇迹。

"你们为什么愿意投资我？"当我问我的投资人的时候，他是这样回答我的："城辉，我们觉得你很可能成功，我们愿意赌你，陪你一起走！"

那么，是什么让投资人觉得我有可能成功呢？

1. 新垂直电商的机会

新垂直电商不仅仅是品类垂直，还有场景垂直。以前垂直电商更多的是从商品的物理属性进行垂直，属于物质层面，而现在的垂直电商更多的是从商品的延伸属性进行垂直，属于精神层面。礼物说垂直的是礼物市场。礼物是什么？它不是一个品类，它是一种场景，什么都可以是礼物，小到鲜花、蛋糕、巧克力，大到一顿大餐、一场旅行、一段美好时光，都是礼物。

2. 移动端时间碎片化的机会

移动端的兴起，让随时随地消费成了消费的主流。用户可能在睡前听到一首歌想起某个好友，就买了个礼物送给他，这种随时随地消费的场景让原本碎片的感性的礼物需求得以被满足。

"新垂直电商大多是以商品的'精神属性'进行细分的，因此非常适合用户利用碎片化时间进行浏览。早上8:00至9:00和晚上9:00至10:00是浏览高峰期，很多用户早上8:00在公交、地铁上随手翻看，也有不少用户在晚上睡觉前随手翻看，这其实在很大程度上代表了一些移动电商，也就是时间碎片化的内涵。"

3. "礼物化生存"的流行造就万亿元规模新蓝海

在这个节奏越来越快、信息爆炸、竞争压力巨大的时代，"礼物化生存"是一种需要，我们需要用礼物来奖励自己、温暖他人。除节日、生日需要送礼物外，现在越来越多的人会在平时送点小礼物，为自己的家人、朋友制造惊喜，让平淡的生活多一点浪漫。

我已经创业6年了，是"90后"里十分有经验的，我很欣慰自己做出了正确的选择。

（资料来源：《搜狐》，2018-08-14，有改动）

（四）创业机会的评估

由于所有的创业机会都存在着一定的风险和失败的因素，即使发现了也不要盲目兴奋和乐观，创业者要对发现的创业机会进行准确判断和评估，这是创业成功的前提和基础。

评估的准则有两种。

1. 市场评估准则

（1）市场定位。

评估创业机会的时候，可通过市场定位是否明确、顾客需求分析是否准确、顾客接触通道是否流畅、产品是否持续衍生等，来判断创业机会可能创造的市场价值，创业带给顾客的价值越高，创业成功的概率越大。

（2）市场结构。

创业者应对市场结构进行以下分析：进入障碍，供货商，顾客，经销商的谈判能力，替代性产品的威胁和市场内部竞争的激烈程度。创业者由此可知自身在未来市场中的地位，以及可能遭遇竞争对手反击的程度。

（3）市场规模。

市场规模大者，进入障碍相对较少，市场竞争激烈程度也相对较低。若要进入的是一个十分成熟的市场，那么利润空间会很小，不值得再进入；若要进入的是一个成长中的市场，只要时机合适，必然有获利的空间。

（4）市场渗透力。

对于一个具有巨大市场潜力的创业机会，市场渗透力评估非常重要。创业者应该知道选择在最佳的时机进入市场，也就是市场需求正要大幅增长之际。

（5）市场占有率。

一般而言，要想成为市场的领导者，最少需要拥有百分之二十以上的市场占有率，若低于百分之五的市场占有率，则市场竞争力不强，自然也会影响未来企业上市的价值。尤其是处在高科技产业的新企业，必须拥有成为市场前几名的能力，才比较有投资价值。

（6）产品的成本结构。

从物料与人工成本所占比重、变动成本与固定成本的比重，以及经济规模的大小，可以判断企业创造附加价值的程度及未来可能的获利空间。

2. 效益评估准则

（1）合理的税后净利。

一般而言，具有吸引力的创业机会，至少需要能够创造百分之十五以上税后净利。如果创业预期的税后净利在百分之五以下，那么不是个很好的投资机会。

（2）达到损益平衡所需的时间。

合理的损益平衡时间应该在两年之内达到，如果三年还达不到，恐怕就不是个值得把握的创业机会了。当然，有的创业机会确实需要经过比较长的耕耘时间，通过前期投入，保证后期的持续获利，这样的情况可将前期投入视为投资，才能容忍较长的损益平衡时间。

（3）投资回报率。

考虑到创业面临的各种风险，合理的投资回报率应该在百分之二十五以上，而百分之十五以下的投资回报率是不值得考虑的创业机会。

（4）资本需求。

资本需求较低的创业机会，投资者一般比较欢迎，资本额过高其实并不利于创业成功，甚至还会带来稀释投资回报率的负面效果。通常，知识越密集的创业机会，对资金的需求越低，投资回报率反而越高。因此，在创业开始的时候，不要募集太多资金，最好通过盈余积累的方式来获得资金，而比较低的资本额，将有利于提高每股盈余，并且可以进一步提高未来上市的价格。

总结案例

刘枫：中国科学院硕士公共 Wi-Fi 市场创业

27岁的刘枫2021年从中国科学院硕士研究生毕业，摆在他面前的有几条康庄大道：要么继续搞科研，专业对口，学有所用；要么听从导师的建议，读博；要么听从母校召唤，回到辽宁中医药大学任教；要么出国、入伍、考公务员。如果留在北京，取得北京户口，也绝非难事，而他却做了个令人大跌眼镜的选择——回到辽宁锦州创业。他看好公共Wi-Fi 市场。3个月时间，他创办的"爱锦州"（i-JinZhou）公共Wi-Fi像一张无形的网，覆盖锦州众多商家。

万事开头难。设备造价400多元，全部为商户免费安装，这是一件烧钱的事。在用户用手机连接 i-JinZhou 时，植入12秒广告。因此，他们的收入全部依靠植入广告。刚开始，客户不认可，网速也不好，只谈下30多家。这哪行？刘枫开始动脑筋，他把12秒广告分成3段，每一条4秒，前4秒全送给商家，技术上实现了行业间的规避。之后，刘枫找到移动、联通等通信公司谈宽带业务，跑了无数趟，磨破了嘴皮子，最终拿到了大客户协议。

光纤入户，网速的问题也解决了。对于客户最关注的安全问题，他们与设备生产厂家"极路由"联系，对设备进行加密，外人无法破解，保证客户的信息绝不外泄。先做公共Wi-Fi，再做微商城，目标是打造东三省电商王国。做好了前期铺垫，刘枫接下来的步子迈得更稳了。他在人才市场招兵买马，20名大学生帮他跑业务、搞安装。因为都是同龄人，大家都干劲十足，业务员们凭借两条腿、一张嘴，用3个月时间安装了670多家。

刘枫还与公交公司达成协议，将115路的两辆车作为 i-JinZhou 移动 Wi-Fi 的试点。其中，一辆车的司机也是个年轻人，他对车队领导说："别给我换车啊，我这车有Wi-Fi，东三省第一辆，太牛了！"他还热情地对乘车的乘客说："我这车有Wi-Fi，免费上网！"Wi-Fi 平台建立起来了，他们开始做收费广告。一家一家地跑，一点一点地磨，大大小小的广告业务陆陆续续开展起来。670余家 i-JinZhou 公共Wi-Fi像一张无形的网，联结了锦州古塔、凌河、太和三大区。接下来，他打算做锦州的同城电子商城，争取实现不用逛街就能同城购物。

他拿锦州市场当敲门砖，跟阿里巴巴谈支付端，最终他获得支付宝客户端的技术支持，阿里巴巴还答应他根据客户消费情况给予返点；做 i-JinZhou 微信公共平台，他就跟腾讯谈，一分钱没花，搞定！刘枫对市场有着清醒的分析。

当今社会的主力消费群体是年轻人，他们喜欢并且容易接受新事物，而智能手机的大范围普及，让手机客户端大有可为。刘枫目光并不局限于锦州，他下一步的目标是在阜新、朝阳、葫芦岛开分公司，把辽西市场盘活，然后运作微商城，达成东三省的电商联动，打造真正属于他的电商王国。

（资料来源：励志 TAG. 2022-05-15，有改动）

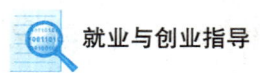

【启示】刘枫善于规划，面对问题不轻易退缩，努力克服困难，开辟市场，针对消费群体的主力军年轻化，发现新的商机，最终创业成功。

活动与训练

了解创业政策

目标：了解所在地的创业政策。

时间：30分钟。

活动要求：通过网络查找或者咨询，了解当地的创业政策。

产生创业想法

目标：检验你的商业敏锐度。

时间：30分钟。

活动要求：请根据表6-3中的物体，尽可能多地产生创业点子，填入表中。

表6-3　创业点子联想

物体	创业点子	补充说明
旧报纸		
手机充电器		
矿泉水瓶		
电池		
纸杯		

思考与讨论

1．政府对创业的支持，对即将创业的你有何帮助？
2．创业能力指什么？成功的创业者应当具备什么样的能力？
3．如何识别一个创意是不是创业机会？
4．如何判断创业机会的竞争力？

单元七　创业准备与创业实施

 引导语

　　创业是追梦的过程，也是点亮更多梦想的过程，但是要实现创业梦想并不容易。创业就像下象棋，要想取得成功，你必须提前考虑好多步。准备创业计划是创业过程的重要一环。如果想要成功创业，就需要充分的准备、缜密的计划，并努力付诸实践。

　　硅谷著名的创业家和风险投资者盖伊·卡维萨基曾经说过："一旦他们将商业计划写到纸上，那些希望改变世界的天真想法就会变得实实在在且冲突不断。因此，文件本身的重要性远不如形成文件的过程。即使你并不试图去集资，你也应当准备一份计划书。"

　　通过创业计划的准备、创业团队的组建、创业资源的整合、创业模式的选择及创业计划的实施，大家可以明确创业规划，降低创业风险，最终实现创业梦想。

 单元学习目标

1. 了解创业的基本过程；
2. 了解准备创业计划对创业成功的重要性，掌握创业计划书的主要组成部分；
3. 了解创业资源的内涵及分类，了解资源整合的途径和原则；
4. 了解主要创业模式和创业项目的选择方法；
5. 了解市场调查的基本内容、创业资金的筹措渠道及企业选址的常识。

7.1 选择创业项目与模式

 学习目标

1. 了解创业企业的分类；
2. 了解创业项目的选择方法；
3. 了解创业模式。

 导入案例

ofo 共享单车

谈到中国很长的一条排队队伍，估计很多人都会想到 ofo 退押金队伍。曾经 ofo 页面显示线上排队人数已经突破 1000 万人，高达 19 亿元的待退押金可能成为压垮 ofo 的最后一根稻草。

ofo 创始人戴威在公司内部信件中坦陈自己处于"痛苦和绝望中"，这其实也是一封公开信，向 1000 多万个排队退押金的用户承诺 ofo "为我们欠着的每一分钱负责，为每一个支持过我们的用户负责。"戴威甚至表示为了维持运营，"1 块钱要掰成 3 份花"。而在这之前，ofo 还在为怎么花掉大额融资而发愁。据《财经》报道，当时 ofo 的前台都要通过猎头来招。

这样疯狂烧钱也不能完全怪 ofo，一位共享单车投资人在接受《财新周刊》采访的时候道出了真相：业务运营不是为了盈利，而是为了融资，这不是真的商业模式。这种"烧钱换用户"的互联网商业故事，在过去 20 多年间反复上演，ofo 不是第一个，也不可能是最后一个。

"烧钱换用户"的互联网泡沫是怎么被吹起来的？从网约车补贴大战到共享单车战争，资本之所以愿意不断砸钱给这些创业公司，就是希望通过烧钱来换取市场规模，最后达到垄断再赚钱，一个个"烧钱换用户"的互联网泡沫不断被吹起再破裂。这就是"烧钱换用户"的商业模式。

【分析】ofo 等共享单车企业的现状说明，资本的大量涌入让共享单车企业不再考虑如何通过精细化运营来与对手竞争，甚至不用考虑盈利，要做的只有不断投放和补贴，这是不利于发展的。

应知应会

一、创业企业的分类

创业企业有很多种类型,主要可以分为以下 4 类。

(一)贸易企业

贸易企业从事商品的买卖活动,它们从制造商或批发商处购买商品,再把商品卖给顾客或其他企业。其中,零售商从制造商或批发商处购买商品,再把商品卖给顾客。通常把商品卖给最终消费者的是零售商,而批发商从制造商处购买商品,再将商品卖给零售商。例如,菠菜、水产、文具、日用品批发中心等都是批发商。

(二)制造企业

制造企业生产实物产品。如果你打算开办一家生产并销售砖瓦、家具、化妆品或罐头的企业,那么你拥有的就是一家制造企业。

(三)服务企业

服务企业不出售任何产品,也不制造产品。服务企业提供服务或劳务。例如,房屋装修、邮件快递、法律咨询、技术培训等企业都是服务企业。

(四)农、林、牧、渔业企业

这类企业利用土地或水域进行生产,种植或饲养的产品多种多样,可能是种果树,也可能是养珍珠。

事实上,有些企业不完全符合上述分类,我们可以遵循一定的标准确定企业的类型。如果你准备开办一个汽车修理厂,你开办的就是服务企业,因为你提供的是维修服务。汽车修理厂也可能同时出售汽油、机油、轮胎等,也就是说你兼做零售业务。因此,要根据主要经营内容来确定企业的类型。

当把企业进行上述分类后,你大概会知道自己适合开办哪类企业,你的思路会更清晰。当然,各类企业有不同的特点,你要认真分析,以便掌握成功经营这些企业的要素。

二、创业项目的选择

当你有了创业项目(想法)之后,你需要知道该项目是否可行,是否具有竞争力和盈利能力。大家可以用 SWOT 分析法进行分析。

（一）SWOT 分析法

在进行 SWOT 分析时，要综合评估自己的创业项目，并写下自己企业的所有优势、劣势、机会和威胁。优势和劣势是存在于企业内部的你可以改变的因素；机会和威胁是你需要了解的存在于企业外部的你无法施加影响的因素。

（1）优势——企业的长处。

（2）劣势——企业的不足。

（3）机会——周边地区存在的对企业有利的因素。

（4）威胁——周边地区存在的对企业不利的因素。

（二）SWOT 分析的结果

在做完 SWOT 分析后，应评估创业项目，并做出决定。

（1）坚持自己的创业项目，并进行全面的可行性研究。

（2）修改创业项目。

（3）完全放弃这个创业项目。

切记：你需要运用 SWOT 分析法对自己的创业项目进行独立分析，并独立做出判断。不要依赖老师或专家，老师或专家只能告诉你如何进行分析，最终的决策必须由你自己做出。

创业项目有大有小，但是没有好和坏之分，因为相同的创业项目，在不同的地点，由不同的人运作，结果往往不同。选择的创业项目是大还是小不重要，记住，适合自己的最好。

三、创业模式

同样的项目，创业者采用不同的创业模式会产生不同的创业效果。初次创业者一般很难做出选择。下面是几种常见的创业模式。

（一）网络创业

大家可以利用现成的网络资源进行创业，网络创业主要有两种形式：网上开店，在网上注册网络商店；网上加盟，以某个电子商务网站门店的形式经营，利用母体网站的货源和销售渠道。无论选择哪种形式，创业者必须有可以产生利润的货物可卖，之后才可以去尝试创业。

（二）加盟创业

加盟创业是采用加盟的方式进行创业，一般的方式是加盟开店。也就是说，加盟商（受许人）与连锁企业总部（特许人）建立一种契约关系。连锁企业总部会与加盟商分享经营诀窍、各种资源，创业者可以采取直营、委托加盟、特许加盟等形式加盟开店。加盟费往往是创业者需要迈过的第一道创业门槛。

（三）兼职创业

兼职创业是在已有的工作的基础上进行二次工作，即在工作之余创业。兼职创业往往选择一个商业项目来起步、操作，一般来说，适合兼职创业的项目规模比较小。例如，培训师可兼职培训顾问，业务员可兼职代理其他产品，设计师可自己开设工作室等。

（四）团队创业

创业团队是为进行创业而形成的集体。这种集体不同于一般意义上的社会团体，它存在于企业之中，因创业的关系而连接起来。优秀的创业团队的基本构成因素：一个优秀的团队带头人；彼此十分熟悉、能够很好地配合的团队成员；创业所必需的足够的相关技能。如今，团队创业是趋势，其成功的概率远高于个人独自创业。

（五）大赛创业

创业者可以充分利用各种形式的创业大赛，获得各种各样的资源。现在，我们身边有各类创业大赛，大家的创业项目或想法，可以通过大赛的形式，让社会各界人士，特别是投资团队或个人，了解大家的项目，投资大家的项目。

（六）概念创业

概念创业具有点石成金的神奇作用，特别是本身没有很多资源的创业者，可通过独特的创意来获得各种资源，即凭借创意、点子、想法创业。当然，这些概念必须新，至少在打算进入的行业或领域是个创举，只有这样，才能抢占市场先机，才能吸引风险投资商的眼球。同时，这些超常规的想法还必须具有可操作性，而非天方夜谭。

（七）内部创业

内部创业指的是在企业的支持下，有创业想法的员工承担企业内部的部分项目或业务，并且和企业约定双方的权利和责任。"大树底下好乘凉"，这种创业模式的优势是创业者可获得企业已有的资源，因此是很多创业者青睐的创业模式。选择这种创业模式的创业者应知道自己所在企业成功的要素，并且避开其原来所走过的弯路。

就业与创业指导

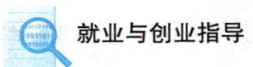 总结案例

陈峰伟的创业模式

南京邮电大学学生陈峰伟正在仙林大学城内建一个 500 平方米的 IT 卖场，这个名为"华盛电器"的大卖场将投入 300 万元，所有投资都是陈峰伟个人的投入和融资。虽然南京家电业巨头云集，但陈峰伟这个年轻人已经把竞争对手锁定为苏宁等巨头。"第一年的销售目标是 4000 万元，5 年后，我希望能达到 2 亿元，抢到仙林地区 80% 的市场份额。"

陈峰伟最早接触 IT 销售是在大学中，除向同学们推销手机、MP3 等 IT 产品外，他还在仙林大学城的各个学校内发展代理。在向同学们推销手机和其他数码产品时，他发现了巨大的商机：仙林地区有 12 万名大学生，却没有一个专售数码、手机产品的店铺。"仙林地区手机、笔记本电脑等产品的年市场份额达 3.6 亿元之巨，光手机一天就产生 300 部需求。"陈峰伟称这一结论来自他组织的 3 次市场调研。他通过调研发现，大学生们购买电子产品大多选择苏宁、国美这样的大店，一部分会选择去珠江路，而到他店里购买的占 18%。但这 18% 也给了他很大的激励，陈峰伟决定开个大卖场。

陈峰伟称，华盛电器所需的数十名员工已经招聘完毕，全是来自仙林地区各高校的大学生。"核心管理团队 4 到 5 人，有南京邮电大学的大学生也有其他高校的大学生。"陈峰伟称伙伴们都是各校的创业主力。

【分析】陈峰伟的创业模式是什么？如果是你，你会选择什么样的创业模式？

根据自己的创业项目，选择适合自己的创业模式

目标：分析创业项目的优势和劣势。

时间：课余时间。

活动要求：通过调研，分析自己拟创业项目的形式，班级同学间交流并整理汇总。可登录人力资源和社会保障部专题网站查询中国劳动就业市场的动态数据。

1. 如何选择创业项目？
2. 你接触过哪种创业模式？
3. 创业企业有哪几种类型？

7.2　创业资源整合

学习目标

1. 了解创业资源的基本内容；
2. 熟悉自身特长，确定创业方向；
3. 学会如何整合创业资源。

**导入案例**

诸葛亮化身资源整合高手！

诸葛亮（181—234年），字孔明，号卧龙，是杰出的政治家、军事家、发明家、文学家。诸葛亮一生立功无数，不断为蜀国建功立业，他一生中很多传奇故事都跟"借"字相关，借天时、借地利、借人和、借荆州、借东风、借箭、借火、借雨等。

其中，广为传扬的故事是草船借箭。赤壁之战是中国历史上著名的以少胜多、以弱胜强的战役之一。吴国周瑜故意提出限十天内造十万支箭，而机智的诸葛亮一眼识破这是一条害人之计，却淡定表示"只需要三天"。后来，有鲁肃帮忙，诸葛亮再利用曹操多疑的性格，调了草船诱敌，"借"到了十万余支箭。

诸葛亮充分利用自然环境和人文环境成就了大业，这也是资源整合智慧。"他借的全部不用还，所以他是借又不是借，实际上他是在整合，因为整合不用还。"反观现代企业管理，主要缺乏的恰恰就是这种"借"的智慧。

（资料来源：知乎，有改动）

【启示】没有资源，就无法取得胜利。如今，也是同样的道理，如果创业过程中不会整合资源，企业就难以顺利运营。如果用一个字来代替资源整合，那就是"借"。

应知应会

一、创业资源

（一）创业资源的概念

创业资源是指新企业在创造价值的过程中需要的特定的资源，包括有形的资源与无形的资源，它是新企业创立和运营的必要条件，主要表现形式为创业人才、创业资本、创业机会、创业技术和创业管理等。

（二）创业资源的整合

创业资源的整合是指创业者将自己掌握的各类创业资源，根据新企业的需求进行有效整合的过程。整合的结果一般是自己掌握的资源不够用。

二、梳理创业资源

资源就像散落的珍珠，创业者需要一双慧眼去识别、挖掘，将一颗颗散落的珍珠打磨好、穿起来，这样才能成为耀眼的珠宝。

（一）创业资源整合的内涵

资源整合是指新企业对资源进行组合以构造或改变新企业能力的过程。新企业的创建通常是通过机会与资源的整合来实现的。处于起步阶段的企业，对资源的开发与运用决定了企业的战略导向。在企业进入成长与成熟期后，资源结构影响企业的市场地位与长期的发展模式。因此，企业需将资源的开发与整合置于发展的、动态的市场环境中进行系统分析。只有有效地整合和管理创业资源，大学生创业才有可能取得成功。

（二）创业资源整合的方法

资源整合就是要优化资源配置，理智筛选、取舍、管理，从而获得部分乃至整体的资源优化。在创业过程中，大学生要根据不同的创业过程和环节，运用不同的方法进行资源整合。

1. 向外寻找式

大学生创业之初，创业所需资源主要依靠自身的努力和个人关系网络来获取，较少的创业资源很难维持企业的发展，要想使企业继续发展，就得从外界寻找创业资源。创业者要结合自身创业团队的资源，分析企业资源储备的情况，尤其是分析企业资源存在的不足，找出整合和利用外界资源的方法。向外寻找式资源整合方法要求创业者准确把握行业的发展热点和竞争焦点，这样才能获取有价值的创业资源，进而进行整合。

2．对内累积式

在创业中期，创业者积累了一些企业赖以生存、发展的资源。企业处于发展关键期，创业资源需要不断累积，创业者需要掌握对内累积式资源整合方法。为了使已获得的创业资源发挥最大的效用，创业者应当进一步了解创业资源的特征，分析、归类自身的资源，以便更好地整合利用。只有对已有的资源进行准确的分析，才能发挥资源的最大效用，不断提高企业的核心竞争力。

3．开拓式

企业取得发展之后，创业者要想使企业继续快速发展，就应当采用开拓式资源整合方法。开拓式资源整合方法要求创业者具有创新能力，用创新思维和视角寻找具有创新点的创业资源，特别是继续寻找新的增长点，在新的增长点上充分开拓和整合利用资源。

总结案例

牛根生与蒙牛

在当今时代，靠一个企业独立经营，单打独斗，力量是十分有限的，只有整合各方面的资源才能把一个企业做好、做大。

牛根生是这方面的"牛人"。牛根生刚开始只是伊利的一个洗碗工，凭着自己的勤奋和聪明做到了生产部门的总经理。后来，他被伊利解雇了，但是他那个时候都40多岁了，去北京找工作，人家嫌弃他年纪大。没有办法，他又回到呼和浩特，邀请原来在伊利工作的几个同事，一起出来创业。人有了，但是没有奶源，没有工厂，没有品牌，每一项都是致命的。

牛根生开始资源整合了。他通过人脉关系找到哈尔滨一家乳制品公司，这家公司的设备都是新的，但是生产的乳制品质量有问题，同时营销渠道也没有打通，所以产品一直滞销。牛根生马上找到这家公司的老板说："你来帮我们生产，我们曾经是伊利的技术高层，帮忙技术把关，牛奶的销售我们也承包了。"这位老板一听，马上答应了。同时，几个一起出来创业的伙伴也有了落脚的地方，解决了生存问题。

第二个问题，没有品牌怎么办？在乳制品行业，没有品牌很难销售，因为品牌代表着安全、可靠。借势，整合，打出口号："蒙牛甘居第二，向老大哥伊利学习。"就这样，一个新品牌马上挤进全国前列。牛根生不仅盯着伊利，还把自己和内蒙古的几个知名品牌联系起来，说："伊利、鄂尔多斯、宁城老窖、蒙牛为内蒙古喝彩！"因为前三个都是内蒙古驰名品牌，把自己放在最后，让人感觉它就是内蒙古的第四大品牌。牛根生整合品牌资源，没有花多少钱就让蒙牛迅速成为知名品牌。

第三个问题，没有奶源怎么解决？如果自己买牛去养，牛很贵，也没有那么多人员饲养牛，于是牛根生整合了3个方面的资源：第一个是奶农，第二个是农村信用社，第三个是奶站。农村信用社把钱借给奶农，蒙牛担保，而且蒙牛承诺包销售，生产出来的牛奶由奶站接受。蒙牛定时把农村信用社的钱还了，把利润又给了奶农，其趁机喊出一个口号："一年养10头牛，过的日子比蒙牛的老板还牛。"

【分析】很多事情，不是自己能做就去做，即使自己去做也很难做到最好，而且会花费太多的人力、物力。这个时候，我们就要进行资源整合，即发挥自己的长处，整合别人的优势。可见，用较少的成本创业，或者说零成本创业都有可能。

活动与训练

梳理创业资源

1. 自身特长，它决定你的创业方向。

   你的兴趣和爱好是你创办企业最可靠的资源。

我擅长（或喜欢）做以下事情：
1.
2.
3.
4.
5.
6.

2. 人脉资源，创业者自身拥有的朋友圈。

我认识从事以下工作的亲戚和朋友，他们可以提供信息、建议或帮助（说明他们的职位）：
1.
2.
3.
4.
5.
6.

3. 项目资源，项目创意或者构思。

以苹果产品为例，用头脑风暴法产生尽可能多的创业构思。

4. 渠道资源，拥有一部分渠道客户和技术人才。

我有以下渠道客户和技术人才：
1.
2.
3.
4.
5.
6.

5. 经历，创业需要探索和实践。

我有以下经历（列出工作、培训经历）：
1.
2.
3.
4.
5.
6.

1. 请说一说创业资源与一般商业资源的异同。
2. 为什么说获取创业资源是一项重要的创业行为？如何有效地利用创业资源？

7.3　准备创业计划

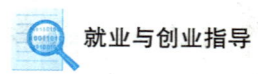

1. 了解创业计划的作用、熟悉创业的基本流程；
2. 了解创业计划书的基本结构，掌握信息收集的方法和市场调查的方法；
3. 掌握创业计划书的撰写技巧，熟悉创业计划书的展示方法。

小王的创业故事

小王学的是生物工程专业，毕业于某职业技术学院。毕业后，他顺利进入一家发展新型农业技术的公司工作，因为专业对口且勤奋努力，很快就成了部门的骨干，但是小王一直怀揣着自己创业的梦想。他发现新型农业技术非常有发展前景，在公司工作两年后，小王辞去工作，开始自己创业。但是，小王很快就发现创业并没有想象中那么容易，在付过房租、完成企业注册、购买完相应设备后，小王发现手中的资金已经所剩无几，但是还有招聘人员、宣传促销等很多事情没有做，而这些都需要资金。这时，小王就想到风险投资，但是多次与风险投资机构和个人洽谈后都没有实质性进展。每次会谈，小王只是凭借三寸不烂之舌强调技术的广阔前景和自身技术的优势，当对方问到市场需求量、一年的预期销售额、盈亏平衡点、投资回报率等问题的时候，小王就无言以对了。

（资料来源：李怀康、梁美娜.职业发展与就业创业指导[M].北京：高等教育出版社，2018：248）

【分析】凡事预则立，不预则废。小王的创业经历十分具有代表性——对创业的基本流程不太熟悉，没有做好创业的准备。风险投资机构和个人之所以不愿意投资给小王，原因就是小王没有将企业的自身情况和综合能力充分展示给对方，而创业计划书恰恰可以帮助解决创业中的种种问题。

应知应会

创业计划书又称"商业计划书"（Business Plan，BP），是详细介绍创业项目的书面材料，对当前形势、预期需求及新企业可能实现的结果进行描述。创业计划书是引领创业的纲领性文件，是创业者的行动方案。

在创业之前，大家应做份创业计划书来审视一下自己的创业想法，不要过于乐观，而是应理性、客观地将商业设想落实为书面形式，以更好地推进创业项目。

一、创业计划书的作用

创业计划书具有重要作用，主要体现在以下两个方面。

（一）对内统一创业团队的思想，明确发展战略

通过制作创业计划书，梳理创业项目，创业者的创业思路会更加清晰。创业计划书应当被一次次展示给创业团队成员，尤其是一些新加入的团队成员，在一次次倾听"创业故事"中统一创业团队成员的思想，为整个团队设定目标。在创业目标的引领下，创业团队一起努力工作，全力以赴地解决风险创业的各个细节问题。有一个深思熟虑的企划方案和目标，将大大提高创业成功的概率。

（二）对外获取资源，获得融资机会

没有一位投资人愿意投资给一个连自己想法都不能"落实到纸上"的创业者。很多创业者制作创业计划书的主要目的是给潜在的投资者或其代理人看，帮助投资者了解自己的创业项目及自己团队运营该创业项目的优势。一份好的创业计划书有助于帮助企业建立可信度，尤其是在由大学、教育部、团中央及一些基金组织举办的创业大赛中获奖的项目，更容易获得投资人的关注。

二、创业的基本流程

创业的基本流程是什么？有哪些关键要素呢？根据蒂蒙斯的创业模型，创业的关键要素包括创业机会、创业团队和创业资源。创业的基本流程可以概括为以下4步。

（一）创业机会的识别、分析和判断

创业机会是创业过程的核心驱动力，创业团队是创业过程的主导者，创业资源是创业成功的必要保证。创业过程始于创业机会，而不是资金、创业团队或创业计划。开始创业时，创业机会比资金、创业团队的才干和能力等更重要。通过对大量创业成功者的实例研究证明，选择好的创业项目是创业成功的前提和基础。在选择创业项目时，不但要对自身的兴趣、特长、实力进行全面客观的分析，而且要善于发现市场机会、把握未来发展趋势。

（二）组建创业团队

组建一支优秀的创业团队是创业成功的重要保障。创业团队的组建、创业团队的合作水平及创业团队成员的素质决定着创业团队资源整合的效率，决定着创业成功与否。

（三）创业资源的整合

巧妇难为无米之炊，创业也是一样，创业者发现创业机会之后，就需要整合相应的创业资源。从广义上来说，创业资源包括人员、资金、设备、技术等，但创业资源主要说的还是资金，创业必须有一定的资金，否则创业活动无法开展。由于创业者一般都缺乏资金，因此筹集创业资金就成为创业者必须解决的一个重要问题。创业模型（创业三要素）如图 7-1 所示。

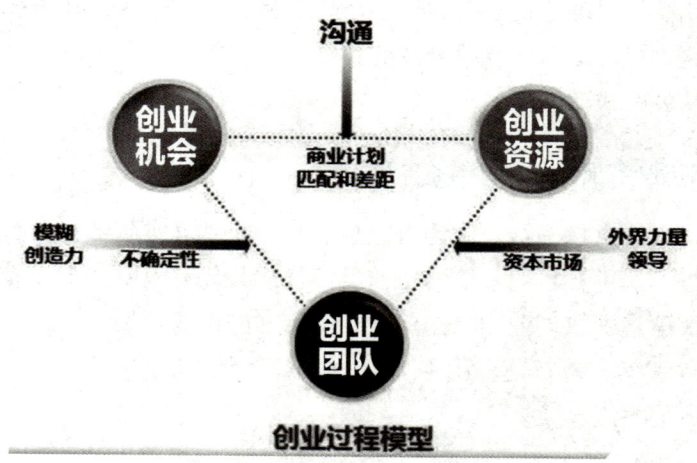

图 7-1　创业模型（创业三要素）

（四）创业企业的初期管理

创业往往是通过组建企业的形式进行的，那么对新组建的企业如何有效管理，便成为创业成功与否的关键要素之一。

三、创业计划书的制作

（一）创业计划的梳理

1. 研讨创业构想

创业者要不断梳理创业计划，厘清以下问题：创业的目的是什么；要做什么及如何做；资金怎么找；创业团队怎么组建；产品的市场营销怎么开展等。创业构想是创业者在创业想法形成及实施过程中，对创业计划的思考、论证和分析。创业构想涵盖创业计划的方方面面，在研讨创业构想时应该明确一些问题或原则。要想让创业构想在创业企业日后的经营过程中发挥良好的作用，创业者要确立正确的创业目标，找到适合的创业模式。

2. 梳理创业项目

通过图 7-2 所示的"创业计划九宫格（示例）"的思维逻辑来梳理你的创业项目。九宫格的三行内容代表创业计划的不同层次。

市场问题	解决方案	客户定位
市场规模	竞争优势	商业模式
收入描述	团队介绍	投资期待

图 7-2　创业计划九宫格（示例）

第一行的三项内容（市场问题、解决方案、客户定位）是基础：需求是主导，解决是核心，一切以"需求－解决"的思维模式来开展。

第二行的三项内容（市场规模、竞争优势、商业模式）是实现：当你可以评估市场有多大、为什么你们来做、你们如何去完成等一系列问题时，创业项目就会逐渐明朗起来。

第三行的三项内容（收入描述、团队介绍、投资期待）是完善：如果你们的项目对财务、团队及未来发展有着清晰的期待和设想，项目发展也就变得更为可信、理性和完整。

> **议一议**
> 你的创业计划九宫格中的内容分别是什么？

（二）创业计划的信息收集

创业计划中涉及的市场、客户、竞争对手、融资方式、创业资源等信息可以通过互联

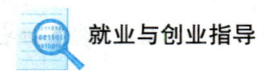

网、企业、会议资讯等渠道获取，通过观察法、提问法、比较法、文献检索法等方法收集所需信息。

（三）做好创业相关的市场调查

通过问卷、访谈、座谈、讨论、观察、写实等调查形式和手段对创业环境、竞争对手、消费者需求状况等展开调查。通过市场调查，对创业项目进行可行性分析。

四、创业计划书的撰写

（一）创业计划书的基本结构

一份完整的创业计划书包含封面、目录、执行概要、正文、附录5个部分，需要用清晰明了的文本形式加以表达，篇幅一般为20~30页。

（二）创业计划书的主要内容及撰写技巧

1. 封面

封面应明确创业项目的名称，体现企业的经营范围，同时以醒目的字体标示出创业计划书的标题，如《××创业计划书》。

封面上还应有企业名称、地址、电子邮件地址、电话号码、日期、主创业者的联系方式和企业网址（如果企业已建网站），这些信息放在封面的上半部分；如果企业有徽标或商标，将其置于封面正中间；封面下面提醒读者对创业计划书的内容进行保密。

重要提醒：封面上应留有计划书撰写者的联系方式，便于投资者联系。

2. 目录

目录是正文的索引。目录可以自动生成，显示一级、二级、三级标题为宜，并有对应的页码。

3. 执行概要

执行概要又称执行概览（Executive Summary），是创业计划书第一页的内容，是整个创业计划书的概述，能让忙碌的投资者快速对创业计划书有一个简单的了解，向读者提供他想了解的新企业的主要信息。

最清晰简洁的执行概要是依序介绍创业计划书的各个部分，其中的章节顺序应与创业计划书中的顺序一致，各部分的标题以加粗显示。

专家建议，如果撰写创业计划书的目的是筹集资金，则最好在执行概要中明确筹集的资金数额及性质，如果是股权投资甚至可以明确投资者不同投资额下所占企业的股权比例，这样会更吸引投资者的关注，也更容易获得资金。

特别强调，执行概要并非创业计划书的引言或前言，恰恰相反，它是篇幅为一两页、对整个创业计划高度精练的概括，是整份创业计划书的精华和亮点，也是整份创业计划书的灵魂。执行概要的撰写应在完成创业计划之后，因为只有这样，才能形成对创业计划的高度凝练。

4. 正文

（1）企业概述。

① 概述。

② 行业背景。

③ 企业发展目标及潜力，里程碑事件。

（2）产品/服务。

① 产品分析：突出产品/服务的核心价值。

② 产业分析：产业规模、成长速度和销售计划；产业结构及产业趋势。

③ 市场分析：市场参与者的性质；目标市场规模；目标顾客的描述与分析；市场容量和趋势的分析、预测；关键成功因素。

（3）创业团队与组织架构。

① 创业团队。

② 法律方面：股权协议、雇佣协议、所有权。

③ 董事会、顾问、专业咨询人士。

（4）研发计划、生产计划、营销计划。

① 总体营销策略（商业模式）。

② 价格策略。

③ 销售过程。

（5）竞争分析。

对企业所面对的竞争格局进行分析，主要包括：市场中主要的竞争对手有哪些，是否存在有利于本企业产品的市场空白，本企业预计的市场占有率是多少，本企业进入市场会引起竞争对手怎样的反应，这些反应对企业会有什么影响，等等。

竞争对手的实力、产品情况（种类、价位、包装、营销、市场占有率等），以及潜在的竞争对手情况和市场变化分析。

通过上述描述，可以向风险投资者展示自己的企业相对于竞争对手有哪些竞争优势。

（6）财务分析。

① 资源需求分析。

② 融资计划。

③ 财务报表及投资回报。

（7）风险。

创业风险主要有技术风险、市场风险、管理风险、财务风险、资源风险、研发风险、成本风险、政策风险等，要有应对措施。

要求：风险、应对措施、敏感性、风险管理方案；风险较低，并且风险管理方案应包括具体应对措施。

① 潜在问题。

② 障碍与风险。

③ 备选方案（退出机制）。

（8）收获战略。

① 股权。

② 战略的可持续性。

③ 明确传承者。

（9）里程碑进度表。

① 时间表及目标。

② 最后期限与里程碑事件。

③ 时间之间的联系。

5. 附录

① 企业营业执照。

② 审计报告。

③ 查新报告。

④ 用户报告。

⑤ 产品鉴定报告。

⑥ 商业信函、合同等。

⑦ 相关荣誉证书等。

创业计划书是创业的行动导向和路线图，可以为创业者行动提供指导。创业计划书需要阐明新企业在未来要达成的目标，以及如何达成这些目标。创业计划要随着执行的情况而进行调整。创业计划书撰写完之后，创业者要认真检查一遍，看看该创业计划书是否能准确回答投资者的问题，争取投资者对本企业的信心。

 总结案例

事半功倍的创业计划书

本节"导入案例"中的小王，在困惑许久之后，突然想起在学校读书的时候，有一位讲授创业课程的赵老师。于是，小王抱着试试看的想法，回到学校向赵老师请教，为什么没有机构和个人愿意投资给他。赵老师听了小王的经历，问了小王3个问题："人家凭什么相信你说的行业真的会有发展前景？凭什么认为你一定会把企业做好？凭什么觉得你说的都是真实而正确的呢？"这让小王恍然大悟。接下来，小王在赵老师的指导下，开始查阅资料，走访市场客户，详细分析和论证市场容量和客户需求，初步完成了一份创业计划书，随后又请教多位老师和专家，反复修改，最终完成了一份翔实的创业计划书。小王不久就和一家风险投资机构达成协议，资金问题也迎刃而解了。

【分析】小王从资金匮乏到融资成功的过程，告诉大家创业计划书对每个创业者来说都是至关重要的，创业计划书的制作和撰写是创业者必须掌握的技能。在现实环境中，虽然有了创业计划书未必一定成功，但是对想要成功创业的人来说，没有创业计划书是很难达成愿望的。

活 动 与 训 练

创业计划九宫格

目标：通过创业计划九宫格，梳理你的创业项目。

时间：10分钟。

活动步骤：

1. 学生用一句话概括各部分；
2. 学生互评；
3. 教师总结。

创业计划书分析

目标：帮助学生掌握创业计划书的撰写技巧，明晰创业计划书的优点和缺点。

时间：15分钟。

活动步骤：

1. 准备一份创业计划书（优秀的创业计划书或者一般的创业计划书）。
2. 要求学生分组对该创业计划书的各个部分逐一进行点评。
3. 老师对小组发言进行总结。

思 考 与 讨 论

1. 你认为撰写好一份创业计划书的关键是什么？
2. 创业团队由哪些人组成？他们分别负责哪些工作？为什么这样安排？

7.4 实施创业计划

1. 学会如何有效地进行项目市场调查；
2. 学会如何筹措启动资金；
3. 学会如何选址开业。

想到的和遇到的往往有差距

一位杰出的科学家到银行借贷创业资金，但他说不清产品的市场在哪里，也未曾接触任何可能的潜在客户。这位科学家认为做市场调查没有必要，只要产品功能强大，顾客自然就会上门。结果，尽管他有高明的创意和高科技产品，银行还是没有贷款给他。

思考：银行为什么没有贷款给他？

【启示】孤芳自赏，是许多创业者的通病；不知道市场在哪里，是创业者的极大缺陷。一个创业者如果不能从市场的需求来客观地审视自己的成果和创意，如果不能客观地说明自己将遇到的风险因素，想到的只有成功，那么等待他的大概率是市场的"惩罚"！值得提醒的是，如果你想创业，首先就要记住：想到的和遇到的往往有差距。

一、项目市场调查

创业的关键是要做好创业计划，创业计划中的市场营销计划是整个计划的核心。切合实际的市场营销计划一定是在充分的市场调查的基础上做出来的。市场调查首先需要了解顾客和竞争对手的情况，即市场需求和供给情况。

（一）了解顾客

顾客是企业的根本，如果不能提供他们需要的产品或服务，他们就会去其他地方购买。没有足够数量的顾客，你的企业就会面临倒闭。你只有解决了顾客的问题，满足了顾客的需求，才有可能获得成功。开办企业，必须了解足够多的顾客信息。一般做市场调查，需要了解顾客的以下信息。

（1）你的企业满足顾客哪些需要？
（2）顾客需要什么样的产品或服务？
（3）顾客愿意支付的产品或服务的单价是多少？
（4）顾客在哪儿？
（5）顾客购物的频率怎样？
（6）顾客购买的数量是多少？
（7）顾客潜在的需求是什么？
（8）顾客潜在数量是多少？

市场调查的方法多种多样，经常使用的有经验判断法、观察法、访谈法、实践法、问卷法、信息检索法等。

（二）了解竞争对手

市场上提供同类产品或服务的企业都是你的竞争对手。世界上没有竞争对手的企业很难找到。不知道竞争对手或找不到竞争对手的企业，是非常危险的。竞争对手不仅是你的"敌人"，更是你的师父，它们可以教会你做生意的方法。创业者应了解竞争对手的以下信息。

（1）它们的产品或服务的价格是多少？
（2）它们的产品或服务的质量怎样？
（3）它们如何推销产品或服务？
（4）它们所处的地理位置如何？
（5）它们的设备先进吗？
（6）它们做广告吗？
（7）它们的员工待遇如何？受过培训吗？
（8）它们的优势和劣势是什么？

二、筹措启动资金

启动资金一般用来支付场地、办公设备、机器、原材料、广告、工资、培训费、水电费及电话费等费用。

通过对毕业半年后创业人群的风险因素研究发现，2011届到2015届的创业者认为，"缺少资金""缺乏企业管理经验""市场推广困难"是导致创业失败的三大风险因素，其中"缺少资金"稳居三大风险因素之首。

大学生创业，资金从哪里来？一般来说，启动资金的来源如下：一是天使投资；二是借钱；三是向家里要；四是自己攒。

一般来说，投资人对于创业者并不看好，原因是大学生的创业项目绝大多数难以盈利，商业模式不清晰，持续性不够，一般半年即告结束，很难吸引投资人的目光。因此，大学生创业，靠天使投资行不通。饿了么做了两年、大众点评网做了三年才拿到A轮投资，大学生创业一开始就想拿到风投，简直是天方夜谭。

借钱可以吗？债权人有保证才能借钱。大学生能给债权人提供什么样的保证？没有保证，一般情况下是借不到钱的。因此，大学生在创业时，很难借到创业资金。

向家里要和自己攒其实是一码事，都是家人给的。即便家庭富裕，家长一般也会让孩子以学业为重，很少会大力支持其创业。

启动资金是大学生创业的拦路虎。

三、选址开业

选址是指选择企业开设的地址。不同的企业，选址时考虑的因素不尽相同。

如果计划开办一家零售店或一家服务企业，那么地址的选择非常重要。地址应该选择离顾客较近的，这样便于顾客光临你的店铺或企业。一般来说，如果竞争对手离顾客较近，顾客就不会跑很远的路来你的店铺或企业。

对制造商来说，离顾客远近并不是最重要的，最重要的是否容易地获得生产所需的原材料，交通是否通畅，地方的产业是否配套，人力资源是否充沛等。

种植业和养殖业一般都在户外，需要考虑气候、土地、水源等自然因素和充足的劳动力供给。

此外，选址时还要考虑产品的分销方式和运输问题。分销方式是指采用什么样的方式让顾客方便地购买到你的产品。一般来说有以下方式。

（1）直销——制造商直接把产品销售到顾客手中，减少了中间环节。

（2）零售——制造商把产品卖给零售商，零售商又把产品卖给顾客。

（3）批发——制造商以追求销量为目标，把大量产品批发给批发商，批发商又把产品卖给零售商，零售商再把产品卖给顾客。

总结案例

小小水果带蕴含大商机

在和平村的小胡，响应走入基层的号召，在大学毕业的当年，选择回到家乡，为家乡的发展贡献一分力量。在工作中他发现，江苏近几年袋装水果因表面光洁无虫斑而畅销，而果袋的产量却无法满足果农的需求。发现这个商机后，他立即买了一台制袋机大量生产果袋。但原来果农捆袋用细线，既费事，又不好使，小胡又买了机械生产套袋卡，配套销售，深受果农欢迎。

在3～4月份果树套袋时期，果袋及套袋卡供不应求，方圆百里的果农都登门求购，有的一户就买几万个甚至十几万个。制作果袋和套袋卡利润虽小，但由于原料便宜，制作简单，销售量大，经济效益十分可观。

【启示】小胡的成功说明商机实实在在存在于我们的日常生活中，很多情况下是"有心栽花花不开，无心插柳柳成荫""众里寻他千百度，蓦然回首，那人却在，灯火阑珊处"。

有人说：商机＝运气＋等待。尽管这个说法有一定的道理，但是如果没有强烈的市场意识、合理的选择及分析信息的本领是很难发现商机的。机遇只是垂青那些有头脑的人，创业者识别商机需要敏锐地关注到具有时效的有利可图的情况，捕捉到甚至创造出创业机会。发现商机——发掘那些已经存在于市场中的获利机会；开发商机——使可能的创业机会转化为现实的创业机会；创造商机——构造创业机会。

商机寻找画板

目标：1. 让学生通过活动了解创业机会的来源。
　　　2. 让学生通过活动学会寻找创业机会。

时间：课上用时30分钟，课下时间自定。

材料：笔、A4纸、便利贴。

活动步骤：

1. 思考生活中存在的问题（你的烦恼）或未被满足的需求。
2. 对这些问题进行分类。

问题一	问题二	问题三	问题四	问题五

3. 选出最具代表性的问题。
4. 描述通过这些问题挖掘出的顾客需求。

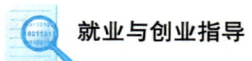 就业与创业指导

需求一	
需求二	
需求三	

5．调研所挖掘出的需求是否得到目标顾客的认可。

1．前文小胡的"果袋"满足了顾客的哪些需求？
2．分析并记录你的潜在竞争对手的优势和劣势。

单元八　初创企业管理与发展

📖 引导语

　　毕业后创业做老板，努力实现自身价值是很多职业院校毕业生的梦想和追求。他们在学生时代就孕育了一个美妙的想法，想着一旦时机成熟，就开始重点确定创业的行业、发展思路，拟定创业计划书，并进行具体的操作，着手创业，进入创业初期。

　　初创企业什么都不完善，存在产品不成熟、团队不成熟，以及管理制度不健全等一系列问题，如果不认真对待并解决这些问题，企业就做不大甚至"活不久"，因此初创企业的首要目标是提高生存能力且好好"活下去"。

　　要想实现"活下去"的首要目标，初创企业应深入研究市场、研究顾客、研究竞争对手，完善自己的产品与服务，采取有效的市场营销策略；初创企业的员工要在创始人的带领下，人人都做"CEO"（首席执行官），全员重视并参与企业的危机管理与风险管控，防范因应对危机与风险不及时或经营管理不善而导致企业"夭折"；初创企业要在简单、有效的企业管理制度规范下，采用扁平化、家庭式的管理模式，增强员工的企业认同感、归属感和责任感，逐步打造具有特色的企业文化，提高企业的竞争力；同时，初创企业还应善于收集和整合信息、市场、人脉等各类有效资源，并且应管理和运用好这些资源，这样企业才会逐步发展壮大，才会实现创业者最初的梦想。

📖 单元学习目标

1. 了解营销与管理；
2. 了解初创企业面临的困难与问题；
3. 把握初创企业生存管理的基本原则与路径；
4. 了解财务风险管控的基本知识，辨别各类风险；
5. 认识企业文化建设与资源管理对初创企业生存和发展的重要性。

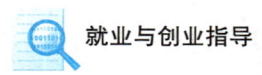

8.1 营销与管理

1. 能够认识市场营销对企业生存和发展的重要性；
2. 能够分析顾客需求及消费习惯；
3. 能够认识初创企业的特点及初创期管理的特殊性。

导入案例

大学生创业开运动鞋店

王海是某职业学院2018届国贸专业的一名毕业生，大学毕业后他找了一份工作，但他不是很满意，工作半年后选择了离职。离职后的王海在朋友们的建议下选择了自己创业，他在威海市菊花顶附近租了一间门市，开了一家运动鞋店，专营NBA篮球明星珍藏版篮球鞋。

王海比较喜欢打篮球，大学时曾经入选过系篮球队，他崇拜很多NBA篮球明星，平时也喜欢珍藏一些NBA篮球明星的珍藏版篮球鞋。王海的家庭条件较好，鞋店里摆放的都是美国的同学帮忙代购的NBA篮球明星的珍藏版篮球鞋，加上运费，每双鞋的成本都很高，售价都在2000元人民币以上。他的店铺周围客流量不大，来往的人主要以中老年人为主。鞋店经营了一段时间，但生意惨淡，大部分顾客抱怨价格太高了，买不起。王海发现之前卖的鞋价格太高，不能满足大部分人群。他为了照顾到不同消费层次的消费者，把鞋店中售卖的鞋做了分类：一类是美国代购的珍藏版篮球鞋，另一类是知名正品篮球鞋，还有一类是高仿的篮球鞋，涵盖高、中、低3个档次。王海原以为这样的改变会带来业绩的提升，但没有想到的是生意更加惨淡，还不如以前，最终只好关门。

（资料来源：王祖莉.就业与创业指导[M].北京：高教京出版社，2017，有改动）

【启示】王海经营鞋店市场定位不准，没有找到目标顾客，更没有对目标顾客进行分析，同时他不懂营销，没有针对产品采取适宜、有效的市场营销手段。

单元八　初创企业管理与发展

应知应会

一、开展市场营销

市场营销是企业以顾客需求为出发点，根据经验获得顾客需求量及购买力等信息，有计划地组织各项经营活动，为顾客提供让其满意的产品或服务，从而实现企业目标的过程。

企业在开展市场营销工作时需要了解谁是目标顾客，他们需要什么，怎样满足他们的需求并从中获取利润。此外，企业还需要了解顾客为什么选择购买其产品或服务，而不购买其竞争对手的产品或服务。企业可以根据这方面的信息制订市场营销计划。

（一）了解顾客和竞争对手

1. 了解顾客

（1）确定目标顾客。

顾客是企业的生存之本，如果企业不能以合理的价格为他们提供所需要的产品或服务，他们就会到别处去购买。对企业感到满意的顾客会成为企业的回头客，他们会向自己的朋友及其他人宣传企业，让顾客满意往往会给企业带来更高的销售额和利润。

目标顾客是指企业生产的产品或提供的服务所面向的对象，是产品或服务的直接购买者或使用者。面对众多人员，企业需要知道谁有可能购买产品或服务，他们在哪里，他们有什么共同的特点，以及需要针对哪些群体开展营销活动。也就是说，企业需要弄明白哪些群体是自己的目标顾客。

企业可以通过以下两个步骤确定目标顾客。

步骤一：根据顾客的需求及购买习惯的不同对其进行分类，并描述每类顾客的特点。

步骤二：选择一个或多个顾客群体作为要了解或选择进入的目标市场。

（2）了解顾客的有关信息。

企业要想了解顾客的有关信息，需要做顾客方面的市场调查，这对其制订市场营销计划至关重要。为了更详细也更有针对性地了解顾客的情况，建议企业思考以下问题。

- 准备满足哪些顾客的需求（建议把所能提供的产品或服务列一张清单，并记录顾客需要的产品或服务）？目标顾客是男性还是女性，是老人还是儿童（其他企业也可能成为潜在顾客）？
- 顾客需要什么产品或服务？这些产品或服务的哪些方面最重要，是规格、颜色、质量，还是价格？

- 顾客愿意为每款产品或每项服务付多少钱？
- 顾客在哪里？他们一般在什么地方和什么时间购物？
- 顾客多长时间购物一次，一个月、一个星期，还是每天？
- 顾客购买的产品或服务的数量是多少？
- 顾客购买的产品或服务的数量在增加吗？是持续增加吗？
- 为什么顾客购买某种特定的产品或服务？
- 顾客是否在寻找有特色的产品或服务？

企业在做顾客方面的市场调查时，要努力获取上述问题的可靠答案，这对制订可行性市场营销计划是非常有帮助的。企业做顾客需求调查、收集顾客信息可以采用以下几种方法。

- 经验判断法——如果企业对某行业很了解，可以凭经验进行判断。
- 观察法——直接观察调查对象，收集相关信息。
- 访谈法——从业内人士那里了解本行业市场方面的有用信息，可以与该产品的主要销售商交流，从中获取相关信息。
- 实验法——用实验的方法将调查对象置于特定的条件下，对其进行观察，以获取相应的信息，特定的条件可以是产品或服务的价格、品质、包装等。常见的实验法有市场销售实验和消费者使用实验。
- 问卷法——通过设计调查问卷并让调查对象根据自己的实际情况填写，从而获得调查对象的信息。问卷法在网络市场调查中应用较为普遍。
- 信息检索法——通过阅读行业指南、杂志等查找所需要的信息，也可以利用互联网检索顾客相关情况。

想一想

假设你开展产品营销服务，按照你自选的主营产品，填写表8-1。

表8-1　顾客调查表　　主营产品：_____

顾客的特征	情况
谁将成为你的顾客（一般性描述）	
年龄	
性别	
地点（他们住在哪里）	
工资水平（具体数据）	
他们平均多长时间购买一次你的产品	
他们愿意出多少钱购买你的产品	
他们的购买量有多大	

顾客的特征	情况
未来的市场规模和趋势（未来顾客的数量会增加、减少还是保持不变）	

续表

2. 了解竞争对手

面对激烈的市场竞争，企业只了解顾客的情况是不够的，还需要了解竞争对手的情况。通过了解竞争对手的优势、劣势，可以学到很多东西，做到知己知彼；通过观察它们做生意的方法，可以得到关于怎样将企业构思变成现实的启发。

（1）确定竞争对手。

竞争对手的产品或服务与你的产品或服务类似，竞争对手与你的企业有共同或相近的市场，与你的企业有利益冲突，并且会对你的企业造成一定的威胁。从广义上讲，所有与你的企业争夺同一目标顾客群体的企业都可视为你的竞争对手，但事实上只有那些有能力与你的企业抗衡的竞争者才是你真正的竞争对手。

通常情况下，可以从以下3个方面来确定你的竞争对手。

- 与你的企业在同一区域。
- 与你的企业有共同的目标顾客群体。
- 其经营对你的市场份额有一定的影响。

（2）了解竞争对手的有关信息。

创业者可以通过回答下列问题来了解竞争对手的情况。

- 它们提供的产品或服务的价格怎样？
- 它们提供的产品或服务的质量如何？
- 它们如何推销产品或服务？
- 它们提供什么样的增值服务？
- 它们坐落在地价高昂的地方还是地价低廉的地方？
- 它们使用的设备先进吗？
- 它们的雇员受过培训吗？他们的雇员待遇好吗？
- 它们做广告吗？
- 它们怎样分销产品或服务？
- 它们的优势和劣势是什么？

整理通过调查收集到的信息，然后回答下列问题。

- 成功的企业有相似的运作方式吗？
- 成功的企业有相同的价格策略及服务、销售、生产方法吗？

收集竞争对手信息的方法与收集顾客信息的方法相同，可以根据竞争对手的情况参照使用。

> **练一练**

根据实际情况，对你的主要竞争对手进行调查，并将表 8-2 补充完整。

表 8-2 竞争对手调查表

比较项目	你创办的企业	竞争对手甲	竞争对手乙	竞争对手丙
价格合理性				
质量				
购买方便性				
顾客满意度				
员工技术水平				
企业知名度				
品牌信誉度				
广告有效性				
交货及时性				
地理位置优越性				
价格策略（如赊销、折扣）				
售后服务				
设备				
销售量				

（二）制订市场营销计划

在掌握了顾客和竞争对手的情况之后，就可以着手准备市场营销计划了。在制订市场营销计划时，一般从产品（Product）、价格（Price）、地点（Place）、促销（Promotion）4个方面入手，紧紧围绕顾客需求这一核心进行考虑。

- 为顾客提供他们需要的产品或服务。
- 为产品或服务制定顾客愿意支付的价格。
- 为顾客提供便于购买你的产品或服务的场所。
- 为顾客传递有关你的产品或服务的信息，吸引他们购买。

这 4 个方面通常被称为"市场营销组合策略"，简称"4P 组合"（见图 8-1）。

1. 产品

产品是指计划向顾客销售的东西。企业要确定想出售的产品的类型、质量、颜色和规格等。如果是服务企业，那么所提供的服务就是"产品"。例如，文秘类企业可以提供打字、记账和复印等服务项目。

对零售商和批发商来说，产品就是它们所销售的商品，它们往往会按照商品的性能、价格和顾客的需求来分类。例如，一家商店会把所有水果罐头归为一类。

此外，产品的概念还包括与产品或服务有关的其他属性，如产品的质量、包装，以及附带的产品说明书、售后服务等。具体来说，产品属性一般包括 3 个层次，如图 8-2 所示。

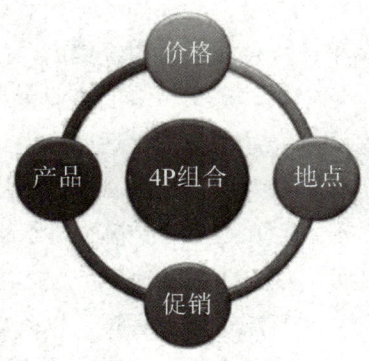 

图 8-1 "4P 组合"　　　　　　　　图 8-2 产品属性

- 核心产品——指向顾客提供的产品或服务的基本效用或使用价值。例如，顾客购买洗衣机是为了洗衣服方便、快捷、干净，顾客到影院消费是为了获得良好的视听感受等。
- 形式产品——指核心产品借以实现的形式，通常由品质、式样、特征、商标及包装 5 个方面构成。例如，人们购买的生日蛋糕往往配有精美的包装。
- 附加产品——指顾客购买产品或服务时附带获得的各种利益的总和，包括产品说明书、产品质保书、安装服务、维修服务、送货服务、技术培训等。

产品的生命是有限的，一般会经历投放、成长、成熟、衰退等阶段，选择或开发新的替代产品是企业经营中要预先计划的工作。但是，新产品的开发往往具有较大的风险，而且需要企业付出巨大的成本。企业必须对目标顾客、市场和竞争对手有深入的了解，才能开发出顾客需要的产品。

2. 价格

在确定产品之后，要为其定价。价格是指用产品换回的钱，但实际收入还会受其他因素影响，如产品打折、赊销等。在制定产品价格时，创业者需要了解以下几点。

- 产品的成本。
- 顾客愿意出多少钱购买产品。
- 竞争对手同类产品的价格。

3. 渠道

渠道（Channel）在商业领域有营销渠道、分销渠道，引申意为商品销售路线，是商品的流通路线。厂家的商品通过一定的社会网络或代理商、经销商卖到不同的区域，以达到销售的目的。

营销渠道（Marketing Channel）是指产品或服务转移所经过的路径，由参与产品或服务转移活动以使产品或服务便于使用或消费的所有组织构成。营销渠道可以根据主导成员的不同，分为以制造商为主导、以零售商为主导、以服务提供者为主导的营销渠道，以及其他形式的营销渠道。营销渠道的根本任务是把生产经营者与顾客联系起来，使生产经营者生产的产品或提供的服务能够在恰当的时间、恰当的地点，以恰当的形式送给恰当的人。

现代营销渠道已从原来的长线渠道变得逐渐扁平化。传统渠道由经销商，即一级批发商、二级批发商、终端店组成，利润被各级瓜分。近年来，越来越多的企业舍弃一级批发商和二级批发商，直接对终端店进行掌控，这样有利于产品的分销。适度在渠道上狙击对手，控制渠道可以说是做好营销的必要手段，甚至有渠道为王的说法。

从本质上说，渠道在商业领域，是由一些独立经营而又互相依赖的组织组成的增值链。产品或服务经过渠道的增值变得更具吸引力和可用性，能更好地满足顾客的需求。

渠道管理是指制造商为实现企业分销的目标而对现有渠道进行管理，以确保渠道成员间、企业和渠道成员间相互协调与合作的一切活动，其意义在于共同谋求最大化的长远利益。渠道管理包括选择渠道成员、激励渠道、评估渠道、修改渠道决策、退出渠道。生产厂家可以对其分销渠道实行两种不同程度的控制，即绝对控制和低度控制。

4. 促销

促销是指把产品或服务的信息传递给顾客，吸引他们购买产品或服务的活动。促销通常采用以下 4 种方式。

（1）广告。

向顾客提供产品或服务信息，让他们有兴趣购买你的产品或服务，可以通过报纸、广播、电视等打广告。招贴画、小册子、价格表、名片，以及论坛、微信、QQ 等网络媒体也是你为企业及产品或服务做广告的途径。

（2）人员推销。

由企业派出销售人员与一个或一个以上可能购买你的产品或服务的人交谈，做口头陈述，说服他们购买你的产品或服务，以达到促进和扩大销售的目的。

（3）营业推广。

当顾客来到企业或以其他方式与企业接触时，你要想方设法让他们购买产品或服务。营业推广的手段很多，如可以用醒目的陈列、竞赛活动吸引顾客，也可以用买一赠一等方式来刺激顾客的购买欲等。

（4）公共关系。

企业为改善与社会公众的关系，加深社会公众对企业的认识、理解，树立良好的形象，促进产品或服务的销售，会开展一系列促销活动。企业的公关活动主要包括宣传类活动、交际类活动、赞助类活动、服务类活动、科普类活动、公关特别节目等。

促销很费钱。为了降低费用，你要向美工、印刷商和其他专业人员询价，要先了解竞争对手使用的促销方式，再确定对你的企业奏效的促销方式。

> **试一试**
>
> 按照自选的产品或服务,尝试制订一个市场营销计划,并将内容填入表 8-3。

表 8-3　市场营销计划

维度	第一种产品或服务	第二种产品或服务	第三种产品或服务
产品属性(质地、颜色、规格、包装、维修等)			
价格信息(成本价、批发价、零售价)			
分销方式			
促销方式			

二、初创企业管理

(一)初创企业的界定

通常把处于创立初期和发展期的企业界定为初创企业。在创立初期和发展期,初创企业能否生存和健康成长至关重要,既关系到创业的成败,又关系到企业今后能否持续发展。

如表 8-4 所示,与成熟企业相比,初创企业有如下特点:初创企业具有高成长性,属于超常规发展;初创企业往往面临高风险;初创企业基于生存和发展的机会导向……

表 8-4　初创企业和成熟企业管理特点的比较

维度	初创企业	成熟企业
成长性	高成长性、超常规发展	低成长性、常规发展
风险程度	高风险	低风险
主导策略	基于生存和发展的机会导向	基于强化内部控制的经营导向
驱动因素	商机驱动	资源驱动
关注焦点	销售收入和现金流	顾客维持与内部效率
管理团队	创业者个人或小规模的团队	职业化的管理团队替代企业家团队
管理模式	信任与合作基础上的松散管理	具有完善的管理机制与控制系统
创新来源	依赖个人创新	系统的组织创新
风险承担	最大限度地规避风险	能够适度承担风险
外部环境	高度不确定,至少创业者感觉如此	不确定性基本在可控的范围内

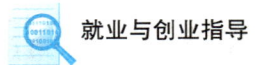 就业与创业指导

（二）初创企业管理的特殊性

1. "生存"管理是首要目标

据统计，全球每年有高达70%的创业企业在成立两年内倒闭。相关全国内资企业生存时间分析报告显示：成立三年的企业死亡率最高。"三年死"代表了很多初创企业难以顺利熬到第三年的窘境。中央电视台《致富经》曾指出：创业要关注两年盈利的情况，两年之内不能盈利的初创企业很有可能被淘汰，这与创业者的忍受力和资金限度是有关系的。

因此，初创企业成立的前两年，首要任务就是在市场上找到立足点，千方百计地使自己生存下来，不要被市场所"消灭"。在这一阶段，生存是第一位的，基本目标是把自己的产品或服务销售出去，尽快实现盈亏平衡，争取正现金流。在初创阶段，亏损、赚钱、又亏损、又赚钱的状况可能要经历多次，直到最终持续稳定地赚钱，才算是度过了创业的生存阶段。在"死亡地带"内，一切围绕生存而运作，应避免一切危及生存的做法，最忌讳的是在初创期提出不切实际的扩张目标，盲目铺摊子、上规模。

> **看一看**
>
> **长期关注自主创业存活率，为大学生创业成功增加砝码**
>
> 近年来，我国大学生创业群体的数量一再创下新高。中华人民共和国国家发展和改革委员会在2020年全国大众创业万众创新活动周上公布的双创数据显示，2019年创业的大学生达到74万人，2020年大学生创业者人数继续增加，达82万人。《2020年中国大学生就业报告》（就业蓝皮书）显示，2019届本科毕业生自主创业比例为1.6%，高职毕业生自主创业比例为3.4%。随着毕业时间的延长，毕业生自主创业比例持续上升。2014届本科生毕业半年内自主创业比例为2%，毕业3年内自主创业比例升至4.1%，毕业5年内升至4.8%。
>
> 不过，创业热情并不代表成功，更应长期关注大学生自主创业存活率与创业效果。相关跟踪调查显示，选择创业的大学毕业生中，3年后仍坚持创业的仅有44.8%，超过一半创业人群退出创业市场，创业失败风险不容忽视。
>
> 毕业生自主创业有助于创造更多就业机会，故而应合力为大学生创业成功增加砝码。潘升龙是电商专业的学生，他充分利用自己的专业优势，从电商做起，依托线上C2C、B2C平台，销售特色食品，在创业初期就引起了学校和老师的重视，并对其展开了专业的创业指导，提供创业意见，同时这一项目还受到了市领导的关注。在几方的帮助下，他最终建立起属于自己的"三颗红枣"等品牌，成功创业。以他为代表的2021届大学毕业生自主创业者认为，大学期间对其创业帮助最大的是假期实习，学校、政府提供的创业培训和咨询及大学的模拟创业活动也有显著帮助，如创业大赛等。因此，高校可以加强学生自主创业意识的培养，并多举办相关的创业比赛活动。
>
> 此外，大学毕业生创业具有持续性，所以评价和扶持大学毕业生创业不能只着眼于

毕业时。很多企业管理的经验，需要在实践中积累，这也提醒高校教育教学改革中，有意识地强化创业的课程设置。政府、高校、创业者几方合力，以提高自主创业存活率，为大学生创业成功增加砝码。

2. 依靠自有资金创造正现金流

现金流是指一定时期企业的现金和现金等价物的流入和流出的数量。现金流一旦中断，企业就将面临偿债危机，甚至可能破产。对初创企业而言，由于融资条件苛刻，很难从商业银行获得贷款，只能主要依靠自有资金运作来创造正现金流。

现金对企业来说就像人的血液，企业可以承受暂时的亏损，但不能承受现金流的中断。创业者中有六成选择主要用自己的钱创业，还有一部分创业者选择接受外部天使投资。正是由于创业初期企业的资金主要来自自有资金，因此在自有资金有限的情况下，努力控制成本、想方设法节约开支不失为上策，创业者应当思考并学会"抠门"的理财之道，能省就省，千万别把浪费当大方。

创业者在"节流"的同时应当想方设法"开源"。例如，创业者可以采取各和营销优惠或价格折扣获得顾客的预付款，与供应商协商延长付款期限等，来增加应付账款和减少应收账款，尽量实现"早收账，迟付账"；集中力量抓最畅销的产品或服务，尽快实现资金回笼；采用科学规划库存量、优化供应链等措施来创造正现金流。

3. 充分调动所有的人做所有的事

企业在初创时，尽管建立了正式的部门结构，但很少有按正式组织方式运作的。典型的情况是，虽然人员有名义上的分工，但运作起来是哪里急、哪里紧、哪里需要，就到哪里去。这种情况看似"混乱"，实际是一种高度"有序"的状态。每个人都清楚组织的目标和自己应当如何为组织做贡献，没有人计较得失，相互之间只有角色的划分，没有职位高低的区别，这才叫作团队。这种运作方式能够培养团队精神、奉献精神和忠诚。

在初创阶段，创业者应当尽力使新事业部门成为真正的创业团队，否则创业很难成功。这种在创业时期锻炼出来的团队领导能力，是创业者将来领导大企业高层管理班子的基础。

4. 创业者亲自深入运作细节

经历过创业初期的创业者大都有这样的体验：曾经直接向顾客推销产品；亲自与供应商就折扣进行谈判，亲自到车间里追踪顾客急需的订单；在库房里卸货、装车；跑银行、催账；策划新产品方案；制订工资计划；曾被经销商欺骗；遭受顾客当面训斥等。由于创业者对经营全过程的细节了如指掌，因此生意越做越精。

亲自深入运作细节的管理并不意味着管理者应当方方面面都兼顾到，无疑，管理者的精力大部分应当放在"大事"上面：战略、产品、市场、员工……但一些重要的运作细节还是需要创业者列入日常的管理工作中，要根据企业、产品、顾客的具体情况，在特定的时间段，判断哪些方面的细节至关重要,即确定几个关键的控制细节,全程参与,亲自管理。比如,顾客的意见及投诉、产品的测试效果、与供应商的联系与谈判、底层员工的反馈等。

当然,随着企业的逐步发展,创业者不可能再亲自参与企业运营的每个环节,授权和分权则成为必然。

总结案例

从故宫口红开始的文创IP跨界营销爆火

2018年年底,故宫博物院再次"上新"刷屏,这次刷屏是由故宫博物院开发的口红等彩妆系列文创产品热销而引发的。2018年12月9日,"故宫博物院"微信公众号推送了一篇文章——《故宫口红,真的真的来了!》,这篇文章刷爆了朋友圈,短时间内阅读量达到10万人次以上,引发网友的广泛关注。几乎在同一时间,"故宫淘宝"官方微博也发布了《故宫彩妆,明天见》《久等了!故宫原创彩妆!》等文章,让故宫口红热度不减,引发了消费者持续的购买热情,现货在很短的时间内销售一空。为了满足广大消费者的购买需求,故宫博物院又进行了加急生产,加急生产的产品也是供不应求。

之后,故宫陆续开了故宫出版、故宫文创、朕的心意(宫廷食品)、上新了故宫等网络店铺。

早在2017年,故宫博物院的文创产品营收就达到15亿元。巨大的社会效益、炸裂的口碑加上良好的经济效益,故宫博物院文创IP的打造的示范作用是巨大的。一直生存于"体制内"的博物馆不再捧着金饭碗还饿肚子,开始纷纷"破圈",集体上线"卖萌圈粉"。

陕西历史博物馆推出了唐妞IP,苏州博物馆推出了四大才子IP……很多产品都受到了年轻人的追捧。相关报告显示,截至2019年6月,阿里巴巴平台上20多家官方博物馆店铺已吸引超千万名消费者,且"90后"占比几乎均超过50%。

(资料来源:财富池.2021-08-07,有改动)

【思考】让我们试着使用倒推法,复盘一下故宫博物院精彩的营销活动。

活动与训练

为大学城商业街超市的粽子制订市场营销计划

目标:通过实践提高制订市场营销计划的能力。

时间:10分钟。

活动步骤:

1. 4~6人一组,结合活动要求,制订市场营销计划,追求市场营销活动的有效性和创新性。

2．每个小组轮流上台发表讨论结果。
3．教师对小组发言进行点评和总结。

1．根据你的目标顾客的特征，除了考虑年龄、性别、收入等因素，还需要考虑哪些因素？
2．创业者可以对竞争对手进行哪些方面的优势分析？
3．为什么说初创企业的建立不等于创业成功？
4．初创企业在初期为什么要以生存为首要目标？

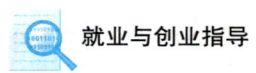

8.2 财务风险管控

1. 了解财务管理的概念和基本原理；
2. 能够认识企业经营中可能面临的各种财务风险；
3. 掌握企业财务风险的防范措施。

苏宁易购多元化扩张下财务危机分析

1990年，苏宁易购在江苏南京成立。经过多年发展，苏宁易购成为家电连锁零售行业的龙头企业。自从电子商务零售时代开启之后，打败五星电器和国美电器的苏宁易购经营业绩急转直下，无奈之下开始转型，进入全面扩张时期：2012年，收购"好孩子"进军母婴市场；2013年，斥资2.5亿美元收购PPTV，进军视频领域；2015—2016年，先后收购国内外两大足球俱乐部；2017年，收购天天快递，并投资恒大地产；2018年，以全资收购的方式收购迪亚中国100%的股权；2019年，并购万达百货，同年出资成为家乐福的控股股东。

自2012年起，苏宁易购走上多元化扩张的道路，业绩持续下滑，现金流入逐年减少。到2020年年底，苏宁易购的货币资金仅有259.6亿元，远远小于投出资金1106亿元。这说明苏宁易购在进行投资的时候并没有考虑资金剩余情况。此外，在资金不足的情况下，苏宁易购的第一选择是售卖资产，虽然暂时获得了资金，但长此以往会降低企业的资金流动性，若现金流断裂会直接引发财务危机。

（资料来源：余梦芸. 苏宁易购多元化扩张下财务危机分析[J]. 国际商务财会，2022（14），有改动）

【启示】为什么一家实力雄厚的企业经过多年发展会出现财务危机？投资决策要充分考虑现金流及负债结构的合理性，企业要完善预算管理，进行可持续发展的计划安排。

一、财务管理

财务管理是组织企业财务活动、处理财务关系的一项经济管理工作。它是在一定的整体目标下，关于资产的购置、资本的筹集和使用、经营中的现金流控制及利润分配等方面的管理。

（一）新企业财务管理的主要特征

新企业财务管理的主要特征是资金需求量大，融资成本高，投资回报慢。企业的创立、生存和发展，必须有一定数量的资金来支撑。资金问题的解决，特别是创业启动资金的落实，是关系到创业能否成功的关键因素之一，必须予以高度重视。

1. 确定合理的融资规模

新企业既没有稳定的客户基础和现金流，又需要通过投入来拓展市场，所以在制定发展计划和融资战略时，必须结合自身实际情况来确定合理的融资规模，既要保证创业资金的持续供给，又要保证企业的健康发展。

2. 把握合理的融资时机

新企业的融资要有计划性，不要等到出现严重资金短缺问题时才开始寻找资金，这样会丧失融资的主动权，增加融资成本和给企业发展带来不确定性。但新企业也不能过早融资，否则股权会不可避免地被大幅度稀释，甚至可能导致控制权的丧失。

3. 选择适合自己的融资方式

新企业要选择适合自己的融资方式，并将各种融资方式相结合，形成最有利的融资组合。例如，在创业初期要多采用自有资金、部分民间借贷等来启动创业项目，之后向天使投资人寻求股权投资或向政府部门申请创业支持基金，进入快速成长期后，则可向创业投资机构寻求股权投资，并开始申请银行贷款。

（二）成本管理

成本管理是企业经营的永恒主题，它在企业发展的任何阶段都占有非常重要的地位。企业的成本通常包括企业生产过程中实际消耗的直接材料、直接工资和制造费用等制造成本，以及不能直接归属于某种产品的管理费用、财务费用和销售费用等。成本管理通常包括以下几项重要工作。

1. 成本预测

成本预测是指依据成本与各种因素的依存关系，结合企业发展前景及采取的各种措施，通过对影响成本变动的有关因素的分析测算，对未来成本水平及其变化趋势做出的科学估计。

2. 成本核算

成本核算是指根据会计学原理和规定的成本项目，按照账簿记录，通过对各项费用的归集和分配，采用适当的成本计算方法，计算出完工产品成本和期末产品成本，并进行相应的账务处理。

3. 成本分析

成本分析是指根据成本核算资料、成本计划资料及其他有关资料，运用一系列专门的方法，揭示企业费用预算和成本计划的完成情况，查明影响相关任务完成的各种因素，寻求降低成本、节约费用途径的工作。

（三）现金流管理

现金流是维系企业正常生产运作所需的基本资金循环，以及企业价值评估和财务风险判断的重要指标与依据。如果现金流出现了问题，容易导致企业资金链断裂，影响正常的生产经营活动。因此，企业应当将现金流管理置于财务管理的核心地位，切实保证企业的现金流处于安全、合理的状态。×××公司的现金流量表如表 8-5 所示。

表 8-5　×××公司的现金流量表

税款所属期：2013 年 02 月 01 至 2013 年 02 月 28 日　　　　　　会小企 03 表

编制单位：×××公司　　　　　　　　　　　　　　　　　　　　单位：元

项目	行次	本年累计金额	本月金额
一、经营活动产生的现金流：			
销售产成品、提供服务收到的现金	1	50 000.00	50 000.00
收到其他与经营活动有关的现金	2	10 473.32	10 473.32
购买原材料、接受服务支付的现金	3	13 686.24	13 686.24
支付的职工薪酬	4	0	0
支付的税费	5	26 565.92	26 565.92
支付其他与经营活动有关的现金	6	0	0
经营活动产生的现金流净额	7	20 221.16	20 221.16
二、投资活动产生的现金流：			
收回短期投资、长期债券投资和长期股权投资收到的现金	8	0	0
取得投资收益收到的现金	9	0	0
处置固定资产、无形资产和其他非流动资产收回的现金净额	10	0	0

续表

项目	行次	本年累计金额	本月金额
短期投资、长期债券投资和长期股权投资支付的现金	11	0	0
购置固定资产、无形资产和其他非流动资产支付的现金	12	0	0
投资活动产生的现金流净额	13	0	0
三、筹资活动产生的现金流：			
取得借款收到的现金	14	0	0
吸收投资款收到的现金	15	0	0
偿还借款本金支付的现金	16	0	0
偿还借款利息支付的现金	17	0	0
分配利润支付的现金	18	0	0
筹资活动产生的现金流净额	19	0	0
四、现金净增加额	20	20 221.16	20 221.16
加：期初现金余额	21	289 584.32	289 584.32
五、期末现金余额	22	309 805.48	309 805.48

（1）利用现金流量表监控现金流。现金流量表是现金流管理的核心工具，也是分析和防范现金流断裂的有效手段，企业的现金流包括经营活动产生的现金流、投资活动产生的现金流和融资活动产生的现金流。

（2）强化经营活动的现金流管理。在经营活动产生的现金流中，销售产品或提供服务获得的现金是最主要的现金流来源。企业在市场需求不稳定、销售低迷和回款不及时等情况下，会出现现金流入不足，所以企业只有加强营销管理，才能保证现金流入量。

（3）防止盲目投资和占用过多资金。投资和支出构成了现金的主要流出，对此企业一方面要控制投资规模，另一方面要控制开支，避免因管理费用过高、人员负担过重和外包服务过多等造成现金流出过多，或者现金流不稳定和不平衡。

二、财务风险控制

企业财务风险是指在各项财务活动中，由于各种难以预料或控制的因素影响，财务状况具有不确定性，从而使企业有蒙受损失的可能性。企业是风险集中的组织，在企业经营过程中，风险是客观存在、不可避免的。这就要求创业者主动认识风险，积极管理风险，有效控制风险。企业要采取各种措施和方法，降低风险事件发生的概率，从而降低风险事件造成的损失。

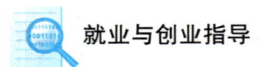

（一）企业经营面临的主要财务风险

企业财务风险贯穿生产经营的整个过程，主要包括筹资风险、投资风险、经营风险、流动性风险。

1. 筹资风险

筹资风险指的是由于资金供需市场、宏观经济环境的变化，企业筹集资金给财务成果带来的不确定性。筹资风险主要包括利率风险、再融资风险、财务杠杆效应、汇率风险、购买力风险等。利率风险是指由于金融市场金融资产的波动而导致筹资成本的变动；再融资风险是指由于金融市场上金融工具品种、融资方式的变动，导致企业再次融资具有不确定性，或者企业本身筹资结构的不合理导致再融资比较困难；财务杠杆效应是指由于企业使用杠杆融资给利益相关者的利益带来不确定性；汇率风险是指由于汇率变动引起的企业外汇业务成果的不确定性；购买力风险是指币值的变动给筹资带来的影响。

2. 投资风险

投资风险是指企业投入一定的资金后，因市场需求变化而导致最终收益与预期收益偏离的风险。企业对外投资主要有直接投资和证券投资两种形式。证券投资又可分为股票投资和债券投资两种形式。股票投资是风险共担、利益共享的投资形式；债券投资与被投资企业的财务活动没有直接关系，只是定期收取固定的利息，所面临的是被投资者无力偿还债务的风险。投资风险主要包括利率风险、再投资风险、汇率风险、通货膨胀风险、金融衍生工具风险、道德风险、违约风险等。

3. 经营风险

经营风险又称营业风险，是指在企业的生产经营过程中，由于供、产、销各个环节不确定性因素的影响，企业资金运动迟滞，企业价值相应发生的变动。经营风险主要包括采购风险、生产风险、存货变现风险、应收账款变现风险等。采购风险是指由于原材料市场供应商的变动而产生的供应不足的可能，以及由于信用条件与付款方式的变动而出现的实际付款时间与平均付款期的偏离；生产风险是指由于信息、能源、技术及人员的变动而导致生产工艺流程的变化，以及由于库存不足所导致的停工待料或销售迟滞的可能；存货变现风险是指由于产品市场变动而导致产品销售受阻的可能；应收账款变现风险是指由于赊销业务过多导致应收账款管理成本增加的可能，以及由于赊销政策的改变导致实际回收期与预期回收期的偏离等。

4. 流动性风险

流动性风险是指企业资产不能正常和确定性地转换为现金或企业债务和付现责任不能正常履行的可能。从这个意义上来说，可以对企业的流动性风险从企业的变现能力和偿付能力两个方面进行分析与评价。由于企业支付能力和偿债能力发生的问题，称为现金不足及现金不能清偿风险；由于企业资产不能确定性地转换为现金发生的问题，称为变现能力风险。

> **看一看**
>
> **史玉柱与"巨人大厦"**
>
> 　　1991年7月，史玉柱在获得创业的第一桶金后，将公司由深圳迁往珠海，成立"珠海巨人新技术公司"，后又升格为"珠海巨人高科技集团公司"（简称"巨人集团"）。到1993年7月，"巨人集团"下属全资子公司已经发展到38个，成为当时中国第二大民营高科技企业。1994年初，巨人大厦动土。这座最初计划建18层的大厦，在众人热捧中被不断加高，从18层升为70层，号称当时中国第一高楼，投资也从2亿元增加到12亿元，史玉柱以集资和卖楼的方式筹款1亿元。1995年，巨人集团把12种保健品、10种药品、10多款软件一起推向市场，投放广告费用达1亿元。1996年，巨人大厦资金告急，史玉柱决定将保健品方面的全部资金调往巨人大厦，保健品业务因资金"抽血"过量，迅速转向衰败。脑黄金的销售额达到过5.6亿元，但烂账有3亿多元。1997年年初，巨人大厦未按期完工，各方债主纷纷上门，巨人集团现金流彻底断裂，只完成了相当于3层楼高的首层大堂的巨人大厦停工，巨人集团名存实亡。
>
> 　　史玉柱第一次创业失败的案例，是新企业因盲目扩张而导致失败的典型案例。史玉柱在创业初步成功之后，急于追求企业的快速成长，大搞多元化经营，而对企业经营中可能出现的风险则明显估计不足、防范不够，这是他第一次创业失败的根本原因。而因投资规模过大和回款不及时等问题导致的资金链断裂，只是其失败的导火索。
>
> （资料来源：百度百科，有改动）

　　从源头上规避创业风险，关键是要提高创业者发现、分析、选择创业项目的能力。很多人创业失败，是因为其对商业的本质缺乏认知，不懂创业规律。因此，要想规避创业项目的选择风险，首先要提高创业者自身的素质，做一个合格的创业者。当然，任何创业项目都不可能完全没有风险，因此应当有切实可行的防范措施。

（二）企业财务风险的防范

　　在市场条件下，财务风险是客观存在的，完全消除财务风险是不现实的。企业在确定财务风险控制目标时不能一味追求低风险甚至零风险，而应本着成本效益原则把财务风险控制在合理的、可接受的范围之内。因此，企业财务风险的防范是企业财务管理工作的重点。

1. 帮助财务人员提高风险防范意识

　　财务活动贯穿企业活动的全过程，因此有必要帮助财务人员提高风险防范意识，具体可以从以下两点入手。

　　（1）完善企业管理机构。对企业的管理方式进行改革或重组，建立严格的检查考核和监督制度，健全财务管理规章制度，加强管理基础工作，提高财务人员对预测可能性风险的敏感度。

（2）完善财务监督机制。为了实现财务管理目标，降低财务风险损失，必须加强财务监督，使企业安全运行，达到预期效果。在企业内部建立内部审计体系，如设立专门的审计机构，配备审计专业人员，制定专门的审计程序和确定具体的审计内容；还要建立财务人员问责制，使企业的财务风险与每个人的利益挂钩，让财务人员真正重视财务风险，提高对财务风险的警惕性。

2. 实行多元化投资，分散风险

企业实行多元化投资能够有效地避免财务风险给企业带来的损失。多元化投资方法具体包括分配法和转移法。

分配法是指通过企业之间联营、多种经营及对外投资多元化等方式分散财务风险。对于风险较大的投资项目，企业可以和其他企业一同融资，以实现收益共享、风险共担，从而分散投资风险，避免因单独承担投资风险而产生财务风险。由于市场需求具有不确定性，企业可采用多种经营的方式，即同时经营多种产品来分散风险。在多种经营方式下，企业因滞销而产生的损失，会被其他产品带来的收益所抵消，也可以避免因企业经营单一而产生无法实现的预期收益风险。

转移法是指企业通过某些手段将部分或全部财务风险转移给他人承担的方法，包括保险转移和非保险转移。保险转移是指企业可以将财产风险通过购买财产保险的方式转移给保险公司。企业在对外投资时，可以采用联营投资的方式，将投资风险一部分转移给参与投资的其他企业。非保险转移是指将某类特定的风险转移给专门的机构或相关部门，如将产品卖给商品部门，将一些特定的业务交给拥有专门人员、丰富经验、机器设备的专业公司完成等。采用这种转移风险的方式，即将财务风险部分或全部转移给他人承担，可以大幅度降低企业的财务风险。

3. 合理调整资金结构，建立资金控制制度

创业者要想建立资金控制制度，可以从以下两个方面着手。

（1）健全企业的财务管理指标体系。指标是评价、考核责任主体完成任务的尺度。企业如果想减少风险的发生，应注重考核以下指标。

① 资本保值增值率。该指标主要反映企业资本的运营效益与安全状况，其计算公式为：资本保值增值率＝期末所有者权益／期初所有者权益×100%。

② 资产报酬率。该指标主要反映企业的盈利或发展能力，其计算公式为：资产报酬率＝（净利润＋利息支出）／平均资产总额×100%。

③ 净资产收益率。该指标主要反映企业的投资回报水平，其计算公式为：净资产收益率＝净利润／净资产×100%。

（2）限定负债比例。一般根据各行业的不同标准设定不同的负债比例，限定对外担保，将或有负债列入负债管理，设立"财务结算中心"，模拟银行存、贷款及货币结算功能，服务于企业内部关联性的企业。这种"财务结算中心"模式，能够发挥安全阀的作

用，保障整体资金的运行安全，壮大企业的整体实力。这一模式现在我国经济特区企业集团中广为推广，不失为规避财务风险的一项重要举措。

4. 合理决策，减少风险

企业在选择财务方案时，应综合评价各种备选方案可能产生的财务风险，在保证财务管理目标实现的同时选择风险较小的方案，以达到规避财务风险的目的。例如，对于投资方式的选择，如果各投资方式都能够使企业实现预期的投资收益，企业在选择投资方式时，就会尽可能采用债权投资。因为尽管股权投资可能带来更多的投资收益，但从规避风险的角度来考虑，企业还是应当谨慎选择股权投资，而债权投资的风险低于股权投资的风险，所以企业在选择投资方式时，就会尽可能采用债权投资。当然，规避风险并不是说企业不能进行风险性投资，企业为达到影响甚至控制被投资企业的目的，可以采用股权投资的方式，在这种情况下，承担适当的投资风险是必要的。

5. 合理应对外部风险

企业面对客观存在的财务风险，应努力找出能够降低财务风险的方式。例如，企业可以在保证资金需要的前提下，适当降低资产负债率，以达到降低债务风险的目的。企业在经营过程中，可以通过改进产品设计、提高产品质量、开拓新市场、开发新产品等手段，提高产品的竞争力，降低因产品滞销、市场占有率下降而产生的不能实现预期收益的财务风险。

另外，企业还可以以付出成本为代价来降低产生风险损失的可能性。例如，建立能够及时发现风险的风险控制系统，建立专项偿债基金，降低对企业经营活动的影响；还可以选择最佳的资本结构，使企业风险最小而盈利能力达到最大化。企业在筹集资金时，应根据自身行业特点与发展的不同时期，既考虑经营规模、获利能力及金融市场状况，又考虑企业现有资金及预期的财务收支状况，选择使综合资金成本最低的融资组合，确定融资规模与结构，动态地平衡短期、中期与长期负债比率，实现企业价值的最大化，使财务风险降到最低水平。

6. 建立财务风险预警机制

企业应额外建立财务风险预警机制，采用及时的数据化管理方式，通过全面分析企业内部经营、外部环境等各种资料，以财务指标数据形式将企业面临的潜在风险预先告知经营者，同时寻找财务危机发生的原因和企业财务管理中存在的问题，并明确告知企业经营者解决问题的有效措施，组成企业财务管理的一张疏而不漏的安全网。一般而言，企业财务风险预警机制包括两个层次，即总体财务预警机制和部门财务预警机制。总体财务预警机制的主要功能是让企业经营者掌握企业的总体财务状况，预先了解企业财务危机的征兆；部门财务预警机制，即对企业主要经营部门分别确定检查要点，设立相应的预警线，如对生产部门的生产成本、营销部门的销售费用、管理部门的管理费用等设立预警线，侦查企业财务运营可能失衡的地方，及时进行必要的改进。部门财务预警机制不但能帮助总体财务预警机制寻求财务问题产生的源头，而且有利于不同部门之间沟通协调，解决问题，提高企业的整体管理水平。

总之，财务风险是现代企业参与激烈的市场竞争的必然产物，是企业不可回避的问题。财务风险影响与制约着企业的生存和发展，因此企业有必要树立风险意识，提高应变能力，建立有效的财务风险预警机制，加强筹资、投资、资金回收及收益分配的风险控制，优化资本结构，防范财务危机，使企业健康、稳定、快速发展。

总结案例

分散投资：不要把所有的鸡蛋放在同一个篮子里

45岁的范先生是一家小印刷厂的老板，在辛苦经营下，印刷厂的业绩逐年增长。此外，他善于理财，已有4年的炒股经历。范先生具有灵活的商业头脑，经商多年，他总是能把经营风险降到最低。

2018年，他凭借多年的经商经验，开始拓展业务。虽然他的厂子不大，但是承包的业务五花八门：给药厂印商标，给出版社印书，给学校印作业本，给一些商品印说明书……这些都是范先生的小印刷厂承包的活儿，虽然形式分散，但他总能保证有一定的利润流入自己的腰包。

在股市上，范先生也是灵活买入，分散投资，不拘泥于一只股票上。在选股时，他并非只买一家公司的股票，最多时，他手中持有8只股票，这样风险就可被有效分散。范先生不会把投资集中于同一产业板块上，这样也可降低一定的风险。在购买股票前，范先生都会将资金按照一定的比例分配好，然后根据自己的分析和判断，按照风险的高低决定投资的多少。

保险起见，他把一半的资金用来购买债券。这样，范先生的保障性投资部分和风险性投资部分就各占到了50%，他准备一直保持这个比例。后来股市大涨，范先生的股票也稳赚了一笔，为了保持自己之前定的投资分配比例，他又从股市撤出一部分资金，给儿子购买了教育类保险。

他不但有效地分散了资金，更重要的是在很大程度上降低了投资风险，而且能够保证一定的投资收入。现在，他对自己的经商与投资理念越来越自信了，他相信只要人够灵活，就不会轻易陷入僵局。

（资料来源：财富池．2021-08-07，有改动）

【启示】树立财务风险防范意识、提高应变能力是个人或企业生存和发展的重要内涵，大家都应学会分散投资、分散风险。记住，不要把所有的鸡蛋放在同一个篮子里，这样能在一定程度上降低财务风险。

开办公司的固定成本

目标：了解创业者需要知道的财务常识。

时间：30 分钟。

活动步骤：

1．教师介绍本次活动的目的。

2．教师将学生分成若干小组（每组 6~8 人），假设每组开办一个公司。

（1）公司只雇用 1 个人，按当地最低工资标准发工资和缴纳五险一金。

（2）雇用 1 个兼职会计。

3．学生讨论并合理计算该公司的固定成本（参考表 8-6）。

表 8-6　公司固定成本统计表

一次性投入的固定成本	金额/元
工商注册代办成本（包括办理银行基本户 + 刻公章费用）	
公司基本户银行年管理费用（含购买 U 盾的费用）	
一年办公场地的房租（含办公场地装修和设备购置）	
按月支付的固定成本	
月办公费用（物业费、水电费、通信费）	
员工工资 + 五险一金开销（含创业者自己）	
会计代理记账费	
年固定成本开销汇总	

思考与讨论

1．创业者如何创造性地开发和利用资源？

2．如何看待不同融资方式的利弊？

8.3 企业文化建设

 学习目标

1. 了解企业文化的主要内容及作用，熟悉企业文化建设的内容；
2. 理解企业家对企业文化的影响；
3. 熟悉传承与发展企业文化的措施和方法。

 **导入案例**

女员工互扇耳光：造就禽兽不如的企业文化！

　　一段多名年轻女子跪在台上互扇耳光的视频被热传，声音很大，后面背板上还写着"狼性团队"。据悉，这是一家美容机构，相关负责人称，"这是特意安排的，不是在打架，目的是打造团队凝聚力"。

（资料来源：网易号．2017-12-22，有改动）

　　【启示】一场哗众取宠的演出，暴露的是企业的节操，揭露的是企业的低俗。管理者们自以为的"开明制度"，在外人看来只不过是一出哗众取宠的闹剧。哗众取宠，商业炒作尚可自行改正，而在操作和执行层面被扭曲了的企业文化，却是一些企业难以根除的管理之殇。

 应知应会

　　企业文化是企业长期生产、经营、建设、发展过程中所形成的管理思想、管理方式、管理理论、群体意识，以及与之相适应的思维方式和行为规范的总和。企业文化是企业成员共有的一套意义共享体系，它使企业独具特色，区别于其他组织。企业文化中最核心的是精神文化，精神文化中最核心的是价值观。

一、企业文化的作用

　　企业文化是企业中占支配地位的领导集体率领广大员工在长期的调查研究和工作实践

基础上，经多年培育、维持而创建的精神财富和物质形态。其包含的价值观、行为规范、传统作风等核心因素来自组织，具有相对独立性和稳定性。同时，这些因素具有巨大的能动作用。

（一）划界作用

企业文化具有划界（划清界限）作用，它能使本企业与其他企业和组织区分开来。

（二）导向作用

企业文化能将全体员工的思想行为统一到组织发展目标上来，不但对组织个体的心理与行为具有导向作用，而且对组织整体的价值取向和行为具有导向作用。

（三）凝聚作用

企业文化对员工具有潜移默化的影响，能使他们自觉或不自觉地接受组织共同的信念和价值观，从而把个人融入集体，使员工的归属感增强、凝聚力提高。

（四）激励作用

企业文化可以使员工认识自己组织的特点与优点，理解自己工作的意义和价值，进而产生集体荣誉感、自豪感，激发巨大的工作热情。

（五）稳定作用

企业文化是一种社会黏合剂，它通过为组织成员提供言行举止的恰当标准，以及由此产生的认同感，使员工愿意长期留在组织中。

二、企业文化建设的主要内容

企业文化建设的主要内容包括物质文化、行为文化、制度文化和核心文化4个方面。学习型组织的塑造是企业文化建设的宗旨和追求的目标，是企业文化建设的重要内容。

（一）物质文化

物质文化是产品和各种物质设施等构成的器物文化，是一种以物质形态加以表现的表层文化。

企业生产的产品和提供的服务是企业生产经营的成果，是物质文化的首要内容。另外，企业的生产环境、建筑、广告、产品包装与设计等也是物质文化的重要内容。

（二）行为文化

行为文化是指员工在生产经营及学习娱乐活动中产生的活动文化，指企业经营、教育宣传、人际交往活动、文娱体育活动中产生的文化现象，包括企业行为的规范、企业人际关系的规范和公共关系的规范。企业行为包括企业与企业之间、企业与顾客之间、企业与政府之间、企业与社会之间的行为。

（1）企业行为的规范是指围绕企业自身目标、企业的社会责任、保护消费者的利益等方面所形成的基本行为规范。企业行为的规范从人员结构上划分为企业家的行为、企业模范人物的行为和员工的行为等。

（2）企业人际关系分为对内关系与对外关系两部分。其中，对外关系主要指企业经营面对不同的社会阶层、市场环境、文化传播机构、主管部门、消费者、经销者、股东、金融机构、同行竞争者等所形成的关系。

（3）公共关系的规范是指企业公关策划及其规范。

（三）制度文化

制度文化主要包括企业领导体制、企业组织结构和企业管理制度3个方面。制度文化是企业为实现自身目标对员工的行为给予一定限制的文化，它具有共性和强有力的行为规范的要求。它规范着企业中的每个人。企业工艺操作流程、厂纪厂规、经济责任制、考核奖惩等都是企业制度文化的内容。

（1）企业领导体制是企业领导方式、领导结构、领导制度的总称。

（2）企业组织结构是企业为实现自身目标而筹划建立的企业内部各组成部分及其关系。企业组织结构的选择与企业文化的导向相匹配。

（3）企业管理制度是企业为求得最大利益，在生产管理实践活动中制定的各种带有强制性义务并能保障一定权利的各项规定或条例，包括企业的人事制度、生产管理制度、民主管理制度等一切规章制度。

企业的制度文化是行为文化得以贯彻的保证。

（四）核心文化

核心文化是指企业在生产经营过程中，受一定的社会文化背景、意识形态影响而形成的一种精神成果和文化观念，包括企业精神、企业经营哲学、企业道德、企业价值观念、企业风貌等内容，是企业意识形态的总和。

（1）"参与、奉献、协作"的企业精神，是现代意识与企业个性相结合的一种群体意识，是企业经营宗旨、价值准则、企业信条的集中体现，它构成企业文化的基石，通常通过厂歌、厂徽、厂训、厂规等形象地表现出来。

（2）"以市场为导向"的企业经营哲学，是指企业经营过程中体现的世界观和方法论，是企业在处理人与人、人与物关系上形成的意识形态与文化现象。其与民族文化、特定时期的社会生产、特定的经济形态、国家经济体制及企业文化背景有关。

（3）"以人为本"的企业价值观，是指企业在追求经营成功过程中所推崇的基本信念和奉行的目标，体现在处理股东、员工、顾客、公众等利益群体的关系中，包括利润价值观、经营管理价值观和社会互利价值观。

三、企业创始人与企业文化的形成

企业创始人对企业文化影响巨大，新企业的典型特点是规模比较小，有利于创始人把自己的愿景与企业所有成员分享。

企业创始人对企业文化形成的影响是通过以下3种途径实现的。首先，创始人仅仅聘用和留住那些与自己的想法和感受一致的员工；其次，创始人对员工的思维方式进行影响；最后，创始人把自己作为榜样，鼓励员工认同其信念、价值观和假设，并进一步内化为自己的想法和感受。

现代集团是韩国的知名企业，它的企业文化在很大程度上是创始人郑周永的个人写照。现代集团激烈的竞争型风格及纪律严明、高度权威的特色，也都是郑周永个人特点的体现。比尔·盖茨对微软的影响、弗雷德·史密斯对联邦快递的影响、理查德·布朗森对维珍集团的影响等，充分体现了企业创始人对企业文化的影响。

看一看

企业文化的经典案例故事：两只红鞋

有位留美女士逛美国一家百货公司的时候，在进口处看见一堆鞋子，旁边的标价牌上写着"超级特价，只付一折即可穿回"。她拿起一双鞋子一看，原价70美元的一双充满光泽的红色皮鞋只要7美元，这简直让人不敢相信。她试了试觉得皮软质轻，外观也完美无瑕，她感到开心极了。

她把鞋捧在胸前，然后赶快呼唤服务员，服务员微笑着走过来，对她说："您好，您喜欢这双鞋？正好配您的红外套！能不能再让我看一下这双鞋？"她把鞋交给服务员，不禁担心地问："有什么问题吗？价钱不对吗？"那位服务员赶紧安慰说："不，不！别担心，我只是想确认一下这是不是两只鞋。确实是！"

"什么叫两只鞋，明明是一双啊！"这位女士疑惑不解。

那位服务员诚实地说："既然您这么中意这两只鞋，而且打算买了，我一定要把事情的真相告诉您。"

服务员开始解释："非常抱歉！我必须让您明白，它们真的不是一双鞋，它们虽然皮质相同，尺寸一样，款式也相同，看上去颜色接近，但还是有点色差的，我们不知道

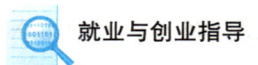 就业与创业指导

是以前卖错了,还是顾客弄错了,剩下的左右两只正好凑成一双,我们不能欺骗顾客,免得您回去以后发现真相而责怪我们欺骗您,您现在知道了真实情况,建议您选选别的鞋子!"这真挚的一席话,怎能让人不感动!这位女士决定买了那"两只鞋",不知不觉又买了"两双鞋"。

时过几年,那两只鞋仍是她的最爱。当朋友夸赞"那双鞋"时,她总是不厌其烦地诉说那个动人的故事。唯一的"后遗症"是,每次她到纽约时,总要抽空到那家百货公司捧回几双鞋。

(资料来源:百度文库. 企业文化经典故事. 2015-10-29,有改动)

【启示】谁也不愿意被别人当傻瓜欺骗,尤其是花钱的顾客,留住顾客的心的有效方法是以诚待人。

四、企业文化的传承与发展

企业文化一旦建立,企业就会采取一系列措施使其得以传承与发展。在维系企业文化的过程中,员工甄选、管理活动和教育培训起着非常重要的作用。

(一)员工甄选

企业在招聘员工的时候,所雇用的人明显受到决策者对其是否适合组织的判断的影响。这种试图确保员工与组织相匹配的努力,会使受聘员工的价值观与组织的价值观大体一致,至少与组织价值观中的相当一部分保持一致。

(二)管理活动

高层管理者通过自己的举止言行建立起规范,并将其渗透到组织当中。例如,企业是否鼓励冒险;管理者应该给自己的下属多大自由度;什么样的着装是得体的;什么样的活动可以获得加薪、晋升或其他奖励等。

(三)教育培训

新员工入职后,许多企业都会通过教育培训帮助新员工适应组织文化。例如,星巴克的新员工要参加教育培训,学习星巴克的经营理念、价值观念、企业精神等。通常情况下,"适应"企业文化的员工会得到奖励,而"挑战"企业文化的员工会受到惩罚。

 总结案例

古井精神:"敢为人先"永相传

古井酒厂建于 1957 年。建厂初期,共有 32 名职工,12 间简陋厂房,1 口酿酒锅甑,7 条发酵池。1963 年,"古井贡酒"被评为八大名酒第二名,并且荣获了各种奖项。慢慢地,古井酒厂发展成为以名优白酒生产为龙头,致力于多元化经营和国际化发展、集科工贸于一体的大型集团公司,拥有众多子公司。

古井集团乘改革的风帆,凭借现代化的经营管理,以人为本,强化管理,开拓市场,取得了卓越的经营业绩。其先后投资建设的项目有合肥古井大酒店、九方制药公司项目、热电站项目、乳制品项目等。

古井集团在从一个传统的手工酿酒作坊向多元化经营的集团公司发展的过程中,以"效忠古井、业绩报国"为使命,树立了"敢为人先"的古井精神,通过"两场效应"管理法,走出了一条"名牌、名企、名人"的发展道路,培育了独具特色的"以人为本、天人合一"的古井文化。

活动与训练

企业文化调研

目标:了解企业的组织架构,熟悉企业文化的传递方式。

时间:20 分钟。

活动步骤:

1. 教师将学生分成若干小组,每组 4~6 人。每个小组选择 3~5 家企业为调研对象,在课下完成调研,并进行交流,形成一份完整的调研报告。

2. 每个小组选出一个代表,在课堂上进行汇报,教师进行点评和总结。

思考与讨论

1. 创业者应该怎样利用网络进行企业文化宣传?
2. 企业在自己的网站上发布招聘信息时应注意哪些问题?

参考文献

[1] 张玉利. 创业管理 [M]. 3版. 北京：机械工业出版社，2016.
[2] 刘万韬. 大学生创新与创业教程 [M]. 天津：南开大学出版社，2013.
[3] 李时椿，常建坤. 创业基础 [M]. 2版. 北京：高等教育出版社，2017.
[4] 王国红，邢蕊，唐丽艳，等. 创业与企业成长 [M]. 2版. 北京：清华大学出版社，2019.